MEDIUNIDADE

Aos bondosos e dedicados Instrutores do plano espiritual que nos assistiram com suas luzes, inspirando e estimulando a realização deste modesto trabalho, que se destina, principalmente, aos milhares de médiuns necessitados de orientação e esclarecimento, dedico estas páginas, como homenagem humilde.

O Autor

EDGARD ARMOND

MEDIUNIDADE

SEUS ASPECTOS, DESENVOLVIMENTO
E UTILIZAÇÃO

Aliança

Copyright © 1956 *Todos os direitos reservados à Editora Aliança.*
7ª edição, 2ª reimpressão, Março/2024, do 170º ao 172º milheiro

TÍTULO
MEDIUNIDADE

AUTOR
Edgard Armond

REVISÃO
Maria Aparecida Amaral

DIAGRAMAÇÃO
Jaqueline Silva

CAPA
Jaqueline Silva

IMPRESSÃO
Melting Color Gráfica e Editora Ltda.

FICHA CATALOGRÁFICA

Dados Internacionais de Catalogação na Publicação (CIP)
— Câmara Brasileira do Livro | SP | Brasil —

Armond, Edgard.
   Mediunidade / Edgard Armond
São Paulo : Editora Aliança, 2019.

   ISBN: 978-85-8364-071-4 / 224 páginas

   1. Cura espiritual 2. Espiritismo 3. Mediunidade 4. Médiuns
   I. Título.

12-05417   CDD-133.901

ÍNDICE PARA CATÁLOGO SISTEMÁTICO:

1. Mediunidade: Espiritismo   133.901
2. Médiuns: Espiritismo   133.901

EDITORA ALIANÇA
Rua Major Diogo, 511 - Bela Vista - São Paulo - SP
CEP 01324-001 | Tel.: (11) 2105-2600
www.editoraalianca.com.br|editora@editoraalianca.com.br

Sumário

EXPLICAÇÃO NECESSÁRIA..9

PRIMEIRA PARTE
A MEDIUNIDADE E SEUS ASPECTOS

1 DEFININDO CONCEITOS... 13
2 CONSIDERAÇÕES GERAIS
Ortodoxia. Teorias sobre Mediunidade................................. 14
3 RESUMO HISTÓRICO 18
4 EVOLUÇÃO DA MEDIUNIDADE.. 25
5 MEDIUNIDADE DE PROVA
Seus Aspectos. Valores mediúnicos.......................................31
     6   Controle da Mediunidade 37
7 SENSIBILIDADE INDIVIDUAL 39
8 DIVISÃO DA MEDIUNIDADE 42
9 A LUCIDEZ
Telepatia. Vidência. Psicometria.
Audição. Intuição. Sono e Sonho 43
10 O SONO
O Sonho. Sonhos do Subconsciente. Sonhos Reais.......................... 54
11 A INCORPORAÇÃO
Divisão. Forma Consciente, Semiconsciente e Inconsciente.
Incorporações Parciais. Transmentação.
Psicografia. Transfiguração.. 59
12 EFEITOS FÍSICOS
Levitação. Transporte. Tiptologia.
Materialização. Voz direta 71
13 FENÔMENOS CORRELATOS
Desdobramento. Bilocação. Bicorporeidade.
Dupla Personalidade. Mediunidade Curadora.
Obsessões. Mediunidade entre os Animais............................. 80
14 OS ELEMENTAIS 97

15	A EDUCAÇÃO DOS MÉDIUNS	102
16	DOS FRACASSOS E DAS QUEDAS	105
17	AMADURECIMENTO MEDIÚNICO	108
18	PRÉ-MEDIUNISMO	110

SEGUNDA PARTE

DESENVOLVIMENTO MEDIÚNICO

19   CONSIDERAÇÕES GERAIS 117

20   VERIFICAÇÕES INICIAIS 120

21   ADAPTAÇÃO PSÍQUICA
O Ambiente. A Corrente. Os Passes. Câmara de Passes.
Radiações. Sessões de Cura. O Elemento Cor 124

22   O DESENVOLVIMENTO
Passividade Mediúnica. Regras 133

23   OPORTUNIDADE DO DESENVOLVIMENTO 140

24   SINAIS PRECURSORES
Sonhos e Visões. Audição. Adormecimento. Fluidos.
Ideias e Impulsões Estranhas. Entorpecimento,
Frio e Rigidez. Alheamento, Esvaimento e Vertigem.
"Ballonnement" 142

25   NA INTIMIDADE DO PROCESSO 146

26   A DIREÇÃO DOS TRABALHOS 148

27   ESTADOS CONSCIENCIAIS
O Subconsciente. O Consciente. O Supraconsciente 151

28   MODALIDADES DE TRABALHOS
Efeitos Físicos. Psicografia. Vidência e Audição 155

29   A DOUTRINAÇÃO 160

30   AS COMUNICAÇÕES 165

31   O TRABALHO DOS GUIAS 167

32   UMA PRÁTICA A SEGUIR 169

33   AUXILIARES INVISÍVEIS 172

34   AMBIENTES BONS E MAUS 174

35   OUTRAS REGRAS
Devoção e não Curiosidade. Concentração e Silêncio.

Ordem e Disciplina. Autodomínio Mediúnico.
Intercâmbio com Espíritos Superiores.. 178
36 AUTO-APERFEIÇOAMENTO... 182
37 FALSOS PROFETAS... 187
38 CONCLUSÃO... 191

TERCEIRA PARTE
MISSÃO SOCIAL DOS MÉDIUNS

39 ASPECTOS GERAIS
Preâmbulo. Revelação e Mediunidade.
Situação das Religiões Dominantes.
Reforma da Humanidade. Agentes dessa Reforma.
Apóstolos de Ontem e de Hoje.
O que Separa e o que Une 195
40 MEDIUNIDADE EM AÇÃO
O Ambiente Adequado. Fermento que Leveda a Massa.
Programa de Ação. A Dor como Elemento de Progresso.
Os Tempos se Precipitam. No Terceiro Milênio.............................. 203
SINOPSE GERAL DO LIVRO 215

EXPLICAÇÃO NECESSÁRIA

O campo da mediunidade é complexo e sua descrição não comporta fantasias literárias nem opiniões pessoais de natureza especulativa.

É um conjunto de fatos que se afirmam por si mesmos, e não de teorias, mais ou menos atraentes, que possam ser convertidas em sistemas nos moldes das muitas criações filosóficas que conhecemos. Fatos naturalmente sujeitos a leis que podem e devem ser conhecidas por todos, já que a todos interessam, justamente por ser a mediunidade uma herança comum dos seres humanos.

Ao recolher as apreciações, generosas e construtivas, dos abalizados confrades, do país e do estrangeiro, que se dignaram opinar a respeito do livro, conforme apareceu na primeira e segunda edições, a partir de 1947 constatamos algumas lacunas que nos apressamos a corrigir na edição subsequente.

A rapidez com que se esgotaram essas edições demonstrou a aceitação que elas tiveram e, nesta de agora, pouco se acrescenta, a não ser o necessário à atualização dos assuntos — coisa que é sempre útil fazer.

Esperamos que esta modesta obra possa atingir seus objetivos, que são: esclarecer doutrinariamente, difundir conhecimentos práticos e tornar-se útil a todos os estudiosos do espiritualismo em geral, independentemente de sectarismos de qualquer natureza.

São Paulo, outubro de 1956

O Autor

PRIMEIRA PARTE

A MEDIUNIDADE E SEUS ASPECTOS

CAPÍTULO 1

DEFININDO CONCEITOS

Para melhor compreensão do modo porque entendemos e definimos a mediunidade, aqui resumimos os argumentos de alguns capítulos, para dizer:

— à medida que evolui e se moraliza, o indivíduo adquire faculdades psíquicas e aumenta, consequentemente, sua percepção espiritual.

A isso denominamos MEDIUNIDADE NATURAL.

A muitos, entretanto, ainda que atrasados em sua evolução e moralmente incapazes, são concedidas faculdades psíquicas como graça. Não as conquistaram, mas receberam-nas de empréstimo, por antecipação, numa posse precária, que fica dependendo do modo como forem utilizadas, da forma pela qual o indivíduo cumprir a tarefa cujo compromisso assumiu, nos planos espirituais, ao recebê-la.

A isso denominamos MEDIUNIDADE DE PROVA.

A primeira situação é ideal a atingir por todos os homens no Tempo e a *intuição* é a sua forma mais avançada e perfeita.

Permite o conhecimento das coisas e o intercâmbio com as entidades espirituais, sem necessidade do trabalho mediúnico obrigatório.

A segunda é uma tarefa individualizada, recebida em determinadas condições, para utilização imediata, e importa na prática mediúnica como cooperação compulsória.

Edgard Armond

CAPÍTULO 2

CONSIDERAÇÕES GERAIS

ORTODOXIA

Já é tempo de se abandonar a ortodoxia sistemática, deixar de parte qualquer propensão a misticismo, para verificar as lacunas que porventura existam no edifício maravilhoso da codificação kardeciana.

Um século já transcorrido, bem se pode agora, sem embargo da admiração e do respeito que nos inspira a majestade da obra realizada pelo grande Missionário, perguntar:

— Ela está completa?

— Há algum detalhe que não tendo sido, naquela época, devidamente explicado, possa sê-lo agora?

— Alguma coisa a rever ou encarar de forma mais avançada?

A resposta à primeira pergunta é: não há obra completa das realizadas por mão humana; tudo evolui e toma, dia a dia, aspectos novos; a vida é mudança e seu ritmo se processa no tempo, sem limites.

A verdade eterna, revelada em parte por Moisés, Buda, Zoroastro e outros enviados do Cristo planetário, que desceram à Terra em épocas diferentes; exemplificada pelo próprio Messias quando viveu entre nós e sob aspectos mais perfeitos; desenvolvida, enfim, com mais detalhes, pelos autorizados Mensageiros que ditaram a Terceira Revelação ainda em curso, sofrerá, ao perpassar dos séculos, com o apuramento espiritual do homem, desdobramentos mais amplos e mais altos.

E às demais perguntas, a resposta é: sim, há detalhes que convém rever ou encarar, segundo pontos de vista mais atualizados.

Haja vista, por exemplo, a mediunidade.

Encarada, na Codificação, sob quase todos seus aspectos não foi, todavia, classificada, ou dividida, tendo sido, porém, quanto à sua natureza, considerada fenômeno orgânico.[1]

Podemos, então, agora, fazer uma revisão e penetrar mais a fundo em certos assuntos sem, contudo, nos abalançarmos a atentar, de alguma forma, contra as bases fundamentais da Doutrina?

---

[1] A codificação não tratou, por exemplo, dos fenômenos de voz direta.

MEDIUNIDADE

Talvez o possamos, e crer o contrário seria negar a lei do progresso — que é incessante e irresistível; seria ir de encontro ao próprio caráter divino da revelação, que é também progressiva e metódica.

E como a Verdade tem que ser conquistada pelo homem, passo a passo, milímetro a milímetro, já que somente lhe é concedida na medida do próprio mérito, devemos tentar agora esse esforço, para conhecer melhor esses detalhes e torná-los mais acessíveis.

É preciso provocar um movimento de opinião nesse rumo e interessar nele todos aqueles que tenham boa vontade e amor à Doutrina que, como sabemos, é a única que pode realizar no homem a reforma espiritual exigida pelo Cristo.

E este livro é uma pequena contribuição nesse sentido.

TEORIAS SOBRE MEDIUNIDADE

Há muitas teorias e explicações sobre mediunidade, e vamos passar-lhes aqui uma ligeira revista sem, contudo, nos determos em analisá-las.

1 — A da *mistificação*. Tudo é resultado de arranjos, habilidade mecânica, truques.

2 — A da *ilusão*. Nada há de real; há somente ilusionismo. Os realizadores e assistentes de trabalhos espíritas ficam *alucinados, sugestionados,* e por isso veem, sentem e ouvem coisas que não existem.

3 — A *demoníaca*. Tudo é obra de demônios, porque nenhuma entidade "celeste" pode andar pelo espaço, em liberdade, falar com os vivos ou fazer-se passar por almas de mortos. Somente o diabo o pode, por ser rebelde às leis divinas.

4 — A dos *elementais*. Os elementos da natureza, seres não humanos, como *gnomos, silfos, fadas* e *gênios,* formas inconscientes e inferiores da vida, atuam sobre os homens em certas circunstâncias, produzindo manifestações e fenômenos insólitos.

5 — A dos *cascões astrais*. As almas dos mortos, verdadeiramente não influem sobre os homens a não ser em casos muito raros; mas seus cascões astrais, que são envoltórios semimaterializados e destinados à decomposição (após a morte, como sucede também com o corpo físico), atuam sobre os sensitivos e produzem fenômenos. Esta é a teoria predileta dos *teósofos*.

6 — A da *loucura*. Os médiuns são indivíduos anormais, loucos mais ou menos pacíficos, e tudo o que dizem e fazem é resultado de sua própria perturbação mental.

7 — A da *emoção*. Segundo os swedenborguianos, o mundo espiritual nos rodeia e, sob a ação de uma emoção forte, os sentidos podem adquirir um desenvolvimento anormal que permite ligações com o mundo dos Espíritos.

8 — A do *automatismo psicológico*. Toda ideia tende a realizar-se e todas as manifestações ditas mediúnicas são simples fenômenos do *subconsciente* individual.

9 — A da *força psíquica*. Há indivíduos que possuem uma força especial e definida, *magnetismo, fluido nervoso* ou o que quer que seja, que produz os fenômenos.

10 — A de *São Martinho*. Pode-se chegar, pela graça dos próprios méritos, a estabelecer ligações com a divindade.

11 — A do *dom*. A mediunidade é um dom que será derramado sobre uns e outros, segundo a vontade de Deus.

12 — A do *batismo do Espírito Santo*. A mediunidade é uma virtude que baixará sobre todos aqueles que forem beneficiados pelo Espírito Santo.

13 — A do *personalismo*. O subconsciente dos *sensitivos* tem a tendência de apropriar-se do nome e do caráter de personalidades estranhas, reproduzindo-os em seguida. Esta teoria confunde-se com a do *automatismo psicológico*.

14 — A do *animismo*. O sensitivo sofre um *desdobramento* de consciência, que se coloca fora do corpo físico, formando um centro de força que produz fenômenos, não só psíquicos, como também físicos e plásticos. Esta teoria se confunde com a da *força psíquica*.

15 — A *teoria espírita*, segundo a qual os indivíduos denominados *médiuns* possuem uma aptidão especial para servirem de intermediários entre os mundos físico e espiritual. Esta é a teoria predominante, que hoje em dia domina as atenções, explica a maioria dos fatos e é plenamente confirmada pelas realidades. Não nega que haja fenômenos de psiquismo individual, de *animismo*, como se costuma dizer; estes são também fenômenos de mediunismo, que reforçam a teoria espírita e em nada lhe afetam a autenticidade científica.

A lista, como se vê, é grande, podendo ainda ser aumentada, e não cabendo aqui analisar, como dissemos, cada uma destas concepções de per si, nos limitamos a apresentar mais para diante nosso ponto de vista e defendê-lo à luz de conhecimentos gerais do campo espiritualista.

No que respeita, porém, ser a mediunidade um fenômeno orgânico, desde já divergimos em parte, para dizer que a mediunidade normal natural, é uma circunstância toda pessoal, que decorre do grau de evolução de cada um de nós. Evoluindo, conquista o indivíduo crescente percepção espiritual, que lhe vai permitindo cada vez maiores contatos com a criação divina, conquan-

MEDIUNIDADE

to possa, também, em certos casos, obter tais percepções como dádiva, como graça, conforme veremos mais adiante.[2]

Mas, quanto à faculdade em si mesma, julgamo-la toda espiritual, não orgânica, e todos nós a possuímos e a estamos exercendo, nos limites de nossas possibilidades próprias.

Cada Espírito possui sua "tonalidade" própria, como sua "luz" própria, seu *diapasão* próprio de vibrações e, por força desses valores intrínsecos, se manifesta e interfere nos ambientes em que vive, que lhes sejam correspondentes ou, melhor dito, afins. É tudo uma questão de grau que faz com que os fenômenos naturais e as coisas espirituais sejam mais ou menos aparentes, perceptíveis, compreensíveis a uns e outros.

Se as próprias Escrituras dão a mediunidade como uma herança do homem, desde que se edifique no campo da vida moral, compreende-se que a mediunidade natural não é privilégio de alguns, mas patrimônio comum de todos, quando atingidos estiverem degraus mais altos da escada da evolução.

---

[2] Trata-se da forma corrente de mediunidade, a mais generalizada, que denominamos **de prova.**

Edgard Armond

CAPÍTULO 3

RESUMO HISTÓRICO

A faculdade mediúnica, tanto a natural como a de prova, não é fenômeno de nossos dias, destes dias nos quais o Espiritismo encontrou seu clímax, mas sempre existiu, desde quando existe o homem. Sim, porque foi principalmente por meio dela que os Espíritos diretores puderam interferir na evolução do mundo, orientando-o, guiando-o, protegendo-o.

Vindo conviver com os homens ou dando-lhes, pela mediunidade, as inspirações e os ensinamentos necessários, foram sempre eles, esses guias devotados e solícitos, elementos decisivos dessa evolução. E, coisa notável, quanto à mediunidade a faculdade quase não se modificou desde milênios; manteve quase os mesmos aspectos; pouco variaram os fenômenos e as manifestações, o que prova ser muito lenta a ascensão espiritual do homem neste terreno.

Se é verdade que, antigamente, o assunto não era bem conhecido e muito menos generalizado, nem por isso deixou de ser admitido, estudado e utilizado em benefício individual e coletivo.

Nas épocas em que a humanidade vivia no regime patriarcal, de clãs ou de tribos, a mediunidade era atribuída a poucos, que exerciam um verdadeiro reinado espiritual sobre os demais.

Passou depois para os círculos fechados dos colégios sacerdotais, criando castas privilegiadas de inspirados e, por fim, foi se difundindo entre o povo, dando nascimento aos videntes, profetas, adivinhos e pitonisas, que passaram, por sua vez, a exercer inegável influência nos meios em que atuavam.

Na Índia como na Pérsia, no Egito, Grécia ou Roma, sempre foi utilizada como fonte de poder e de dominação, e tão preciosa, que originou a circunstância de somente ser concedida por meio de iniciação a poucos indivíduos de determinadas seitas e fraternidades.

E ainda hoje verificamos a existência dessas seitas e fraternidades que prometem a iniciação sob as mais rigorosas condições de mistério e formalismo, se bem que com medíocres resultados, como é natural.

Somente após o advento do Espiritismo, as práticas mediúnicas se popularizaram e foram postas ao alcance de todos sem restrições e sem segredos.

A começar por Homero, o poeta lendário da Grécia antiga, que à mediunidade se referia indiretamente, ao narrar os episódios heroicos da vida de Ulisses, podemos ver que muitos outros como, por exemplo, Sócrates,

MEDIUNIDADE

que possuía a que chamava de "demônios familiares"; Pitágoras, que era visitado pelos deuses; Apolônio de Tiana, médium extraordinário de *vidência* e *levitação*; Simão de Samaria, contemporâneo dos apóstolos, todos exerciam mais ou menos publicamente a mediunidade.

E papel preponderante teve também ela na administração pública e na vida política das nações de então, pois provado está que seus dirigentes (chefes e reis), jamais se aventuraram a qualquer passo importante, sem consulta prévia a videntes, astrólogos e oráculos.

Na própria Roma Imperial, apesar de sua visceral amoralidade, os césares não dispensavam essa consulta e submetiam-se de bom grado às inspirações e aos conselhos dos "deuses".

Ora, nós sabemos hoje o papel sobrelevante que os Espíritos do Senhor desempenham no plano da vida material e no fenomenalismo cósmico e compreendemos que eram, então, chamados demônios, deuses e gênios essas entidades operosas e nem sempre benéficas que agiam, como sempre agem, por de trás de todos os fenômenos naturais e sociais.

É por isso tão positiva e evidente a antiguidade das manifestações espíritas, que nos abalançamos a dizer que esta é, justamente, uma das maiores provas de ser o mediunismo realidade de todos os tempos, base fundamental de todas as religiões, mau grado as restrições que a deturparam.[3]

E, quanto ao cristianismo, valendo-nos de um conceito de Léon Denis — "ele repousa sobre fatos de aparições e manifestações de mortos e fornece imensas provas da existência do mundo invisível e das almas que o povoam".

A Bíblia, ela mesma, está cheia de semelhantes manifestações, todas obtidas por meio da mediunidade.

No Velho Testamento vemos os profetas, videntes e audientes inspirados, que transmitem ao povo a vontade dos Guias e, de todas as formas de mediunidade parece mesmo que a mais generalizada era a da vidência.

Samuel, no Livro I, cap. 9, v. 9, assim o demonstra, quando diz: "Dantes, quando se ia consultar a Deus, dizia-se vamos ao vidente; porque os que hoje se chamam profetas chamavam-se videntes".

É já de rigor citativo a consulta feita por Saul ao Espírito de Samuel, na gruta do Endor. (Samuel I, 28:7-20)

As pragas que, segundo se narra, por intermédio de Moisés foram lançadas sobre o Egito; as maravilhas ocorridas com o povo hebreu no deserto, quando conduzido por esse grande Enviado, a saber: a labareda de fogo que marchava à frente dos retirantes, o maná que os alimentava; as fontes que

---

[3] Na China, por exemplo, há 3000 anos a.C., o intercâmbio mediúnico era praticado: uma prancheta era usada, nas cerimônias mortuárias, para receber as palavras do morto, dirigidas a seus descendentes. O culto dos antepassados é fundamental na China, Japão e outros países orientais.

jorravam das rochas; o recebimento do Decálogo, etc., tudo é afirmação do extraordinário poder mediúnico do grande fundador da nação judaica.

Que maior exemplo de fenômeno de incorporação que o revelado por Jeremias — o profeta da paz — quando, tomado pelo Espírito, pregava pelas ruas contra a guerra aos exércitos de Nabucodonosor! E que outro maior, de vidência no tempo, que o demonstrado por João escrevendo o Apocalipse!

E como é notável de se observar que, nos remotos tempos do Velho Testamento, os fenômenos, em si mesmos, em quase nada difeririam, como dissemos, dos atualmente observados por nós!

Basta dizer os de *transporte*: II Reis 6:6; os de *levitação*: Ez. 3:14-15 e Atos 8:39-40; os de *escrita direta*: Êxodo 32:15-16 e 34:28; os *fenômenos luminosos*: 34:29-30 — além de muitos outros que seria longo enumerar.

E tão semelhantes eram as práticas antigas com as atuais, que até mesmo a música era empregada para a formação do ambiente. De fato, vemos que o profeta Eliseu reclama "um tangedor" (harpista) para profetizar: II Reis 3:15 — e muito vulgar é a citação de passagem em que Davi acalma e afasta os Espíritos obsessores de Saul, tangendo sua harpa.

E a obscuridade era também, em muitos casos, exigida, e Salomão, no ato de consagrar o templo que edificara, declarou significativamente: "O Senhor tem dito que habitaria nas trevas" II Cr. 6:1.[4]

No Novo Testamento, desde antes do Nascimento, então as provas são ainda mais concludentes e notáveis, maximé as de mediunidade curadora, o dom das línguas, as levitações e os fenômenos luminosos.

Maria de Nazaré não viu o Espírito anunciador? Jesus não foi gerado com intervenção do Espírito Santo? E os "milagres" seus e dos apóstolos?

Voltando a citar Léon Denis, é dele esta pergunta: os apóstolos do Cristo foram escolhidos por serem sábios ou notáveis ou porque possuíam qualidades mediúnicas?

Esses apóstolos, como sabemos, e seus discípulos, durante o tempo de seus trabalhos, atuaram como verdadeiros médiuns, bastando citar Paulo e João, um o mais dinâmico e culto, o outro o mais místico.

Que foi o Pentecostes senão a outorga de faculdades mediúnicas aos apóstolos e discípulos?

E, justamente por exercerem francamente a mediunidade, é que sabiam de seus perigos, dos cuidados que sua prática exigia, e sobre isso chamavam a atenção de seus discípulos.[5]

---

[4] Salmos 67:18 — Isaías 32:15, 44:3 — Ezequiel 11:19, 36:27 — Joel 2:28.

[5] João 14:26, 16:7 — Atos 1:2-3,5,8-11,16 — 2:4, 38-39 — 4:31 — 9:17 — 10:44 — 11:15 — 13:52 — 19:6 — 20:23 — Romanos 5:5 — 15:19 — I Cor. 12.

MEDIUNIDADE

Paulo dizia: "Os Espíritos dos profetas estão sujeitos aos profetas" e João ajuntava: "Caríssimos, não creiais em todos os Espíritos, mas provai que os Espíritos são de Deus". Advertiam, assim, contra a ação dos Espíritos *obsessores* e *mistificadores*.

Era tão comum a mediunidade entre os primitivos cristãos, que instruções escritas eram enviadas às comunidades das diferentes cidades, para regular a sua prática; e essas instruções foram sendo, com o correr do tempo, enfeixadas em livros para melhor conservação.

Hermas, que evangelizou no tempo de Paulo, adquirindo grande e justa autoridade, em seu livro *O Pastor*, dizia: "O Espírito que vem da parte de Deus é pacífico e humilde; afasta-se de toda a malícia e de todo vão desejo deste mundo e paira acima de todos os homens. Não responde a todos que o interrogam, nem às pessoas em particular, porque o Espírito que vem de Deus não fala ao homem quando o homem quer, mas quando Deus o permite. Quando, pois, um homem que tem o espírito de Deus, vem à assembleia dos fiéis, desde que se fez a prece, o Espírito toma lugar nesse homem que fala na assembleia como Deus o quer. Reconhece-se ao contrário o Espírito terrestre, frívolo, sem sabedoria e sem força, no que se agita, se levanta e toma o primeiro lugar. É importuno, tagarela e não profetiza sem remuneração. Um *profeta de Deus* não procede assim".

Estas instruções, dadas há séculos, como se vê, continuam com plena oportunidade ainda hoje, até mesmo no que se refere à ganância de alguns e à vaidade de muitos.

Essas manifestações de mediunidade pública continuaram a se dar até quando foi possível porque, à medida que o cristianismo foi-se transformando em religião oficial, foi perdendo sua espiritualidade e ganhando caráter mundano; e a partir do Concílio de Nicea, em 325, formaram-se duas correntes opostas, uma querendo permanecer no cristianismo primitivo e outra se esforçando por progredir no mundo dos homens. A partir daí, a Igreja, mais tarde chamada católica-romana, esquecendo, por seus continuadores, três séculos de vida exemplar e repudiando os ensinamentos do Mestre no seu verdadeiro sentido, consorciou-se com as forças do Mal para obter, como obteve, o domínio do mundo pelo poder temporal.

Essa Igreja, tornada então toda poderosa pela oficialização que lhe outorgou Constantino, declarou que a mediunidade era ilegal, herética, obra de magia, obra demoníaca e entrou, em consequência, a mover-lhe sistemática perseguição.

Renegou todos os atos mediúnicos praticados por Jesus e seus discípulos — que os fariseus do Sinédrio, já a seu tempo, taxavam de práticas do demônio — e nisso foi coerente consigo mesma porque, tendo criado o seu sistema fechado de dogmas obscurantistas e privilégios sacerdotais, verificou que o exercício público da mediunidade viria derruir, solapar pela base o edifício material que estava laboriosa e ardilosamente construindo para consolidar seu poderio avassalador.

Apesar dos testemunhos e dos protestos apresentados sincera e honestamente por vários de seus próprios luminares, como Gregório de Nissa, Clemente de Alexandria, Tomás de Aquino, Agostinho e outros, que admitiam e praticavam o mediunismo, não voltou atrás e durante séculos procurou, como até hoje procura, frear o pensamento e o espírito de compreensão dos fenômenos mediúnicos, perseverando nos propósitos iniciais.

Criou, assim, uma época muito extensa de obscurantismo, durante a qual tudo foi empregado para destruir a revelação divina: o ódio, a vingança, a perseguição e a morte pelo ferro, pelo fogo, pelo veneno, pela espada.

A Idade Média foi o período perfeito dessa verdadeira noite espiritual.

Como consequência dessa situação de terror oficializado, os círculos que cultivavam a espiritualidade pura foram se fechando, se restringindo, desaparecendo e a palavra da Verdade somente podia ser transmitida em segredo, de boca para ouvido, em sussurros débeis, numa forma tal que, realmente, nunca pôde ser derramada livremente em grande parte do mundo.

Até mesmo nos rituais das igrejas encontrava-se esta oração de recitação obrigatória: "Afugentai, Senhor, todos os Espíritos malignos, todos os fantasmas e todos os Espíritos que batem".

Ora, com o evolver das coisas e como era natural, todos aqueles de espírito não fanatizado e mais liberal, amantes do progresso, não encontrando nesses cultos assim organizados, nada que lhes satisfizesse a razão e os sentimentos, descambaram para o materialismo e, à obscuridade do fanatismo sucedeu a da descrença.

A ciência estava tomando pé e tentando quebrar os jugos que a escravizaram até então, e o mundo precisava de uma renovação para caminhar em melhores condições.

Surgiram nessa época as filosofias naturalistas, realistas, baseadas na Razão, a cuja frente se puseram os chamados enciclopedistas, que produziram uma verdadeira revolução no pensamento; e solapado então por essas novas concepções teorísticas, o mundo entrou a sofrer abalos profundos que, em breve, degeneraram em tremenda convulsão social, precursora, como sempre acontece, de acelerado movimento evolutivo.

Ao terror do fanatismo religioso sucedeu o da vingança popular desenfreada e, no cadinho daquela dura provação, os destinos do mundo entraram de novo a ser confundidos.

MEDIUNIDADE

E foi então que os Espíritos Diretores tiveram de intervir novamente para orientar o movimento e impedir que as paixões desencadeadas ultrapassassem os limites permitidos, prejudicando o progresso geral ou retardando-o demasiadamente.

Entraram a agir de forma enérgica e positiva, lançando em campo os elementos já de antemão preparados e dispostos nos setores mais convenientes.

Isso sucedeu no século XIX, bem nos nossos dias e em diferentes lugares ao mesmo tempo mas, notadamente, na América do Norte, onde fenômenos objetivos e por si mesmos impressionantes se revelaram, chamando a atenção do mundo.

É verdade que, ao tumulto causado pela explosão das massas, o Positivismo viera trazer uma certa derivação, metodizando o pensamento e orientando o raciocínio no sentido da justiça e da moral, mas, o que os Guias queriam era focalizar o aspecto nitidamente espiritual da vida, sobrelevante do material ou especulativo, para os quais, no momento, todas as forças vivas do homem se inclinavam.

E isso eles o conseguiram eficientemente, porque o interesse despertado por essas manifestações do chamado sobrenatural foi considerável; todas as classes intelectuais se movimentaram e a sábios de indiscutível autoridade foi dada a incumbência de examinar o assunto à luz da ciência contemporânea.

E então, para facilitar esse exame, os Espíritos Diretores determinaram o aparecimento de médiuns de ampla capacidade, com o que visaram também concorrer para que tais trabalhos resultassem concludentes e categóricos.

Esses médiuns que eram, realmente, excepcionais, submeteram-se a toda espécie de controle e os relatórios firmados por comissões científicas da América, Inglaterra, França, Itália e Alemanha, foram acordes em reconhecer que a vida realmente continuava além do túmulo e que era inegável o intercâmbio entre vivos e mortos.

Essa foi a missão de Kardec — o Codificador — e dos notáveis Espíritos de Crookes, Ochorowicz, Du Prel, Lombroso, Myers, Steed, Flammarion, Léon Denis, Aksakof, Notzing, seguidos logo de Lodge, Richet, Doyle, Geley, Bozzano e Delanne, para citar somente os mais conhecidos.

E assim, com o auxílio desses sábios, foi posto freio ao materialismo dominante, dada nova orientação ao pensamento religioso e a verdade é que, até hoje, o impulso dado naquela época vem crescendo de vulto e velocidade, produzindo um triplo resultado: a derrota do materialismo estéril, a destruição do fanatismo religioso medieval e a implantação dos fundamentos da verdadeira espiritualidade.

O mundo, desde então evoluiu mais depressa, numa fermentação interior e silenciosa, cujos efeitos sentiremos em tempos muito próximos, com o advento do Terceiro Milênio.

Os cientistas e os médiuns foram, inegavelmente, os artífices materiais dessa grande vitória.

CAPÍTULO 4

EVOLUÇÃO DA MEDIUNIDADE

A sensibilidade evolui com o ser no terreno moral, que se completa durante a evolução, com a conquista da sabedoria.

À medida que vai adquirindo virtudes no campo do sentimento, vai também o Espírito, através das vidas sucessivas, aumentando seu cabedal de conhecimentos sobre a vida, a criação, as forças e as leis que as regem.

O conhecimento atual, porém, é ainda restrito porque estamos, em relação ao Universo, muito baixos na escala evolutiva; o homem vai aprendendo mui lentamente, usando da razão e dos sentidos físicos, mas estaca sempre nas fronteiras do mundo hiperfísico, porque, para penetrar aí, necessita de elementos de outro campo, nem sempre conciliáveis com o intelecto utilitário e objetivador.

As vidas sucessivas em diferentes planos, com permanência mais ou menos demorada nos planos etéreos, são-lhe de grande auxílio, mormente quando já tenha ele sua consciência espiritual despertada para essa compreensão.

Toda vez que "morre" encarnando, ou "ressuscita" desencarnando, descendo nas sombras da matéria pesada, ou renascendo nas claridades da luz, o homem sempre realiza provas, adquire conhecimentos novos e progride, porque a vida não para, é movimento ascensional permanente, no campo da eternidade imóvel.

Para as experiências no terreno material, bastam a inteligência e os sentidos físicos mas, para as do campo espiritual, necessita de faculdades outras, mais elevadas e diferentes, colocadas acima da razão e já pertencentes ao mundo hiperfísico.

São as do campo mediúnico.

"Para conhecer as coisas do mundo visível e descobrir os segredos da natureza material, Deus deu ao homem a vista corpórea, os sentidos e instrumentos especiais. Assim, com o telescópio projetou seus olhares nas profundezas dos espaços, e com o microscópio descobriu o mundo dos infinitamente pequenos.

Para penetrar no mundo invisível deu-lhe a mediunidade. Sua missão é santa, porque sua finalidade é rasgar os horizontes da vida eterna."[6]

---

[6] Allan Kardec — *O Evangelho segundo o Espiritismo*.

A sensibilidade individual, desenvolvida além dos limites considerados comuns, resulta na faculdade de ver coisas que os outros não veem, ouvir o que não é normalmente ouvido, sentir de modo anormal e produzir fenômenos considerados absurdos em face das leis gerais de julgamento e análise. É preciso, enfim, que o indivíduo seja considerado um desequilibrado, segundo o modo de entender dos leigos e dos pretensos sábios.

Nos homens primitivos, que viviam ainda muito pelo instinto, a sensibilidade não ia além da epiderme e agia somente nos limites do ambiente próprio para a mantença da vida: calor, frio, fome, terror, sexo...

Depois passou o homem a compreender a natureza externa, naquilo em que ela influía diretamente na vida pessoal do ser.

Em seguida, avançou um pouco e descobriu as relações existentes entre as coisas e os seres vivos e consequentes reações.

Sentiu o vento e não mais se atemorizou; viu a chuva e a abençoou; produziu o fogo e aqueceu-se nele. Aplicou-se mais e promoveu a ligação entre as greis, as comunidades e as raças, iniciando assim os primeiros passos no terreno da coletivização; sentiu os reflexos e as consequências da vida social e esboçou então os primeiros rudimentos das leis.

Desenvolveu-se ainda e compreendeu a expressão simbólica da natureza, como demonstração visual do divino poder, esboçando assim seus primeiros gestos nos domínios da arte e da beleza.

De esforço em esforço, passo a passo, avançando por milímetros, assim vem sendo até hoje, quando, já evoluído a um grau mais avançado, inquietando-se com o sofrimento alheio, organizando a vida social em padrões mais justos e legislando com maior expressão fraternal, vai agora francamente a caminho de um mundo renovado, em bases aproximadoras do ideal evangélico.

E tende a prosseguir.

Num grau acima, o sensitivo, já como um homem renovado, penetrará nos mundos além-matéria, surpreendendo seus aspectos, movimentos e habitantes e, mais alto ainda, devassará os mundos espirituais completamente vedados aos olhos e à compreensão humana atuais, rematando, enfim, sua visão superior na contemplação do Cosmo, sentindo sua pulsação, sua beleza, sua grandiosidade e sua admirável unidade eterna.

Que será ele, então: um homem, um anjo?

O desenvolvimento das faculdades do Espírito tende, pois, à revelação das coisas divinas, em todos os seus aspectos e graus e à exemplificação de suas leis na vida comum.

Hoje os Guias lançam mão de "faculdades de empréstimo" para algumas dessas revelações e para demonstração de fenômenos ainda considerados sobrenaturais mas, futuramente, a humanidade, devidamente evoluída, fará o

MEDIUNIDADE

homem instrumento pleno e consciente das realidades espirituais aplicadas à vida coletiva.

São médiuns todos os profetas, instrutores da Verdade e também o são todos aqueles que as vivem, porque é por seu intermédio que tais verdades caminham, tomam corpo e se realizam.

A mediunidade, pois, não é um fenômeno individual, restrito ao homem, privilégio de uns e outros, mas um fato universal, comum a toda criação divina, no sentido de que as partes dessa criação se manifestam umas às outras e reciprocamente se revelam a síntese divina que representam e a essência universal que nelas se contém.

Assim como os seres se manifestam uns aos outros, Deus se manifesta aos homens por meio de sua Criação, e disso se conclui que todas as coisas e seres são fenômenos de intermediarismo.

O Espírito criado, posto à frente desse simbolismo natural, executa também, penetrando nele com a sua inteligência, ou pela revelação, um fenômeno mediúnico: o reconhecimento do Criador presente e expresso em sua criação.

A mediunidade é, pois, um fenômeno natural e se realiza em todos os graus da hierarquia da criação, numa escala que vai do verme aos anjos, tudo e todos reciprocamente se manifestando e dando testemunho de si mesmos. Assim, Jesus Cristo foi, inegavelmente, o médium de Deus junto aos homens, manifestando, transmitindo e realizando suas vontades divinas.

Para rematar, diremos que, como tudo o mais, a mediunidade evolui. Seus aspectos podem ser aparentemente os mesmos, porque neste mundo de matéria pesada, as relações com os planos espirituais seguem determinados padrões invariáveis; os processos não mudam muito, porém as faculdades se dilatam e atingem cada vez horizontes e extensões mais amplos.

A mediunidade natural, sendo um sinal de desdobramento ou apuração de sensibilidade, dá ao indivíduo mais amplo conhecimento do mundo material em que vive e, ao mesmo tempo, lhe proporciona conhecimentos mais ou menos dilatados dos planos de vida situados em outros mundos.

Portanto, em qualquer ponto do Universo em que esteja o indivíduo, ela se exerce com as mesmas características e consequências, sendo, pois, como dissemos, um fenômeno de constatação e aplicação universais.

Quanto maior o grau, o índice dessa sensibilidade, tanto maior a intuição e, consequentemente, tanto maior o campo que o indivíduo abrange na percepção dos fenômenos e dos aspectos da vida cósmica.

A natureza é um maravilhoso e amplo campo de manifestações fenomênicas, ainda muito pouco penetrado pelo nosso rudimentar conhecimento.

Um exemplo típico dessa mediunidade natural pode ser encontrado na pessoa do médium Pietro Ubaldi, por cujo intermédio recebemos *A Grande Síntese*.

Ele assim explica como adquiriu suas faculdades, no preâmbulo de *As Três Mensagens*:

"Devo esta comunicação a uma mediunidade, cujo surto se produziu após longa maturação, conseguida a poder de estudos, de renúncia material e de desenvolvimento moral. Observei que o progredir para a perfeição moral representa condição necessária ao desenvolvimento deste gênero de mediunidade, exclusivamente espiritual."

Ele diz — mediunidade exclusivamente espiritual — para explicar que suas faculdades não são semelhantes àquelas que muitos adeptos da doutrina espírita classificam como fenômeno orgânico, coisa pertencente ao corpo físico, e essa distinção que faz corrobora nitidamente e plenamente justifica o modo por que encaramos a mediunidade em sentido geral, separando a mediunidade-conquista da mediunidade-prova.

E Ubaldi acrescenta:

"Tornei-me médium imprevistamente há 19 anos, quando completei 45. A preparação cultural que me levou a isso foi, até aos 45 anos, uma vida de sofrimentos tremendos, suportados no isolamento e no silêncio, desprezado por todos. A dor é o maior livro da vida, aquele que nos revela a verdadeira ciência, porque através dela se chega a ouvir a voz de Deus."

"Inexperiente nestes assuntos, prossegue ele, de princípio classifiquei este meu novo estado, de mediunidade. Mas depressa reparei que nunca caía em transe e que não era instrumento passivo e inconsciente. Classifiquei-o então como 'mediunidade ativa e consciente', depois 'ultrafania', isto é, captação das correntes do pensamento (Nouri) e, por fim, 'inspiração'. O meu fenômeno não é inato, mas sim maturação biológica, como o desenvolver da criança que se torna homem."

"Assim, o meu primitivo estado, chamado mediúnico, transformou-se num estado de inspiração, que se assemelha ao misticismo dos seres para quem tudo isso é apenas um meio de cumprirem a sua missão para o bem neste mundo."

E acrescenta: "Por certo que esta não é a mediunidade física que desprezo, porque o meu alvo é a ascensão moral até o fim da vida e na mediunidade física em geral não se manifestam os santos, mas sim os Espíritos inferiores. A fonte inspirativa e o método de inspiração são a origem das minhas obras".

Há indivíduos que vivem aqui na Terra vendo da matéria somente os aspectos mais objetivos e grosseiros e não têm percepção alguma de sua transitoriedade. Para eles, o mundo material é definitivo e estável, e por isso

MEDIUNIDADE

se vinculam fortemente a ele, fazem parte integrante dele e nada compreendem ou sentem fora ou além dele.

Para tais indivíduos, uma laranja é unicamente uma fruta que se come, e um vaso com lindas rosas, nada mais que um simples ornamento.

O sentimento somente os interessa na parte que corresponde às suas próprias paixões ou comodidades e não se preocupam em conhecer-lhes as origens ou causas espirituais.

Mas há outros, mais evoluídos, para os quais a sensibilidade se estende e amplia, permitindo compreender, sentir e penetrar mais fundo nas coisas que os rodeiam, descobrindo-lhes a beleza, o sentido moral, a significação espiritual.

E outros, ainda mais sensíveis, que devassam esferas além do mundo ambiente, penetram seus detalhes, surpreendem seus aspectos e sentem a presença da divindade em toda a criação.

Se para uns, a sensibilidade se resume em ouvir o zumbido imperceptível de um inseto, para outros vai ao ponto de perceber, como se costuma dizer, a sinfonia das esferas.

Sempre e sempre uma questão de grau na capacidade de percepção íntima, que deriva de maior ou menor adiantamento espiritual.

Por isso, as escolas do mundo antigo, em seus cursos iniciáticos, tentavam sempre o despertamento e o desenvolvimento de faculdades psíquicas para que, por meio delas, fosse adquirido um conhecimento mais exato do universo criado e da própria alma humana, nas suas ligações entre si e com a divindade.

Formavam médiuns, mesmo que tal coisa não pretendessem como nós o entendemos hoje, e sempre e somente com auxílio de faculdades mediúnicas é que conseguiam obter efeitos concretos no campo das realizações práticas.

Para isso submetiam o neófito a um aprendizado custoso e a um regime duro de sacrifício e renúncias, para purificar o Espírito e desprendê-lo das coisas do mundo; sabiam que para apurar a sensibilidade, era necessário abater ou, pelo menos, disciplinar as paixões animais, governadas pelo instinto.

Mas, com o transcorrer do tempo, o sistema clássico das iniciações foi sendo posto de lado, porque os resultados eram sempre precários; raros aqueles que conseguiam atingir os objetivos visados e, como consequência natural, o conhecimento passou a ser, em sua maior parte, intelectual e teórico, sem nenhuma realização aproveitável no terreno prático.

É claro que os que possuem hoje sensibilidade já evoluída, colhem o que plantaram em vidas anteriores, recebem o resultado das experiências que já realizaram, das provas que suportaram, e seu número é restrito. São esses os que, sem a coação da dor, adotam mais depressa e sem discussão ou vacilações, os ensinamentos da Terceira Revelação, porque já têm, para as verdades que ela prega, mais ou menos acentuada afinidade espiritual.

Mas, como estamos vendo, a grande maioria dos homens que não teve ainda sua atenção despertada para essas verdades, as únicas capazes de reformá-los moralmente, permanece à margem da extensa renovação espiritual que está se processando no planeta.

São ainda fortemente animalizados e para eles a vida se resume na satisfação das paixões do instinto. A meta, para eles, ainda não está visível. De quase nada lhes valem os esforços, sacrifícios e dedicação dos companheiros encarnados e desencarnados que se inquietam com sua posição de inferioridade evolutiva, porque se fazem surdos, cegos e impermeáveis a todo esforço de esclarecimento.

Representam um elemento de estagnação, de parada, de retardamento para a evolução da espécie. O Umbral e as Trevas são ainda suas moradias naturais.

Para eles, os açoites da Providência estão sempre vibrando, e vibrarão até que sejam atingidos os limites da própria obstinação e, esgotados então todos os recursos da tolerância divina, restará o remédio heróico da rejeição para mundos inferiores, onde a vida do Espírito exilado deve ser honrosamente edificante.

E esse trabalho já está sendo feito.

CAPÍTULO 5

MEDIUNIDADE DE PROVA

SEUS ASPECTOS

Já sabemos que a mediunidade é problema complexo no que se refere às suas manifestações e natureza, podendo, por isso, ser encarada sob vários pontos de vista.

Quanto à sua razão de ser, todavia, afeta somente dois aspectos que são fundamentais e originalmente opostos, a saber: ou é faculdade própria do Espírito, conquista sua, quando já adquiriu possibilidades maiores, quando atingiu graus mais elevados na escala evolutiva, ou é capacidade transitória, de emergência, obtida por graça, com auxílio da qual o Espírito pode apressar sua marcha e redimir-se.

No primeiro caso, o Espírito, já convenientemente evoluído, é senhor de uma sensibilidade apurada, que lhe permite vibrar normalmente em planos superiores, sendo a faculdade puramente espiritual.

No segundo caso, foi fornecida ao médium uma condição psicossomática especial, não hereditária, que lhe permite servir de instrumento aos Espíritos desencarnados para suas manifestações, bem como demonstrar outras modalidades da vida espiritual.

Conquanto os efeitos sejam, nos dois casos, mais ou menos semelhantes, diferentes são, todavia, as causas e os valores qualitativos das faculdades.

Como a maioria dos médiuns pertence a esta segunda categoria, vamos em seguida nos deter mais demoradamente em seu estudo.

Em sua trajetória evolutiva, o Espírito, como dissemos, se purifica, se aperfeiçoa, aumenta sua sensibilidade e adquire cada vez maiores, mais altas e mais amplas faculdades psíquicas.

Essa é a lei natural.

Porém, estamos cansados de ver indivíduos moralmente retardados, de sentimentos imperfeitos, que possuem faculdades mediúnicas das mais diversas naturezas.

Se a posse de faculdade decorre de elevação espiritual, como podem tais indivíduos possuí-las, enquanto outros, evidentemente mais adiantados, não as possuem?

Que sucede nestes casos?

Alterações dessa lei geral? Anomalias? Privilégios?

Nada disso! Somente a ocorrência de uma forma de mediunidade que chamarei — como já disse — "DE PROVA" — isto é, posse de faculdades não propriamente conquistadas pelo possuidor, fruto de sua superioridade espiritual, mas dádiva de Deus, outorga feita a uns e outros em certas circunstâncias e ocasiões para que, no seu gozo e uso, tenham oportunidade de resgatar dívidas, sair de um ponto morto, de um período de estagnação, de um letargo ruinoso, despertando assim para um novo esforço redentor.

Recebendo essa prova da misericórdia de Deus, concedida quase sempre pela intercessão de Espíritos amigos interessados no seu progresso ou a pedido próprio[7], de duas uma: ou o beneficiado cumpre eficientemente a tarefa retificadora e, neste caso, sobe um degrau na trajetória espiritual, ou fracassa e então sofre as consequências naturais de sua obstinação ou fraqueza.

Em seu livro *Nos Domínios da Mediunidade*, André Luiz também confirma integralmente o termo "mediunidade de prova", proposto por nós desde 1945, quando diz no Cap. 9:

"Ninguém pode avançar livremente para o amanhã sem solver os compromissos de ontem. Por esse motivo Pedro traz consigo **aflitiva mediunidade de provação**."

E mais adiante: "Médiuns repontam em toda parte, entretanto raros já se desvencilharam do passado sombrio para servir no presente à causa comum da humanidade, sem os enigmas do caminho que lhes é particular".

Essas consequências são todas de ordem moral e representam sempre um retardamento na marcha ascensional do Espírito que deverá, então, tentar de novo e agora em condições mais desfavoráveis e custosas.

A posse dessas faculdades de prova é dada a muitos Espíritos em determinadas épocas, entre outras quando, por exemplo, os Guias do Mundo necessitam promover no seio da humanidade determinados efeitos, movimentos de compreensão mais energéticos, impeli-la mais decisivamente para novos rumos ou chamar a atenção para determinados aspectos da vida espiritual, necessários à regularidade da marcha evolutiva.

Então, legiões de Espíritos recebem essa possibilidade, essa chance e reencarnam na posse de faculdades que, por si mesmos não conquistaram, faculdades de empréstimo, se podemos assim dizer, e que devem devolver na forma de bom trabalho realizado e de aproveitamento próprio.

Produz-se, assim, uma generalização, um derrame de dons mediúnicos, que fortemente atuam sobre os Espíritos endurecidos ou incrédulos, fomen-

---

[7] A reencarnação, para a maioria dos Espíritos inferiores, é padronizada e compulsória, porém para médiuns e Espíritos mais esclarecidos, cada caso é estudado e providenciado individualmente, com participação do interessado.

MEDIUNIDADE

tando no meio social coletivo, modificações irresistíveis do ponto de vista moral ou religioso.

E esse acontecimento é plenamente justificável e apropriado porque as massas humanas, desviadas quase sempre das coisas divinas, somente por efeito do chamado sobrenatural se detêm, meditam e se reformam.

Basta, aliás, se olhar para a história da vida humana para compreender isso. Toda vez que é preciso chocar a opinião, interessar os homens nas práticas religiosas, modificar-lhes os sentimentos e impulsioná-los para a espiritualidade, vive-se uma época de milagre. Assim foi, mesmo não recuando muito no tempo, quando se tornou necessário estabelecer na Terra uma religião tipicamente monoteísta:

— O homem dos milagres foi Moisés.

Dezesseis séculos depois, quando novo impulso devera ser dado e plantados mais fundamente os alicerces da verdade eterna, nova época surgiu com o próprio Mestre e seus discípulos. E agora, quase vinte séculos depois, para oferecer aos homens maiores detalhes e conhecimentos mais objetivos da vida espiritual superior, repetem-se os mesmos fatos com o Espiritismo, e os "milagres" se desdobram surpreendentemente, com tendência ainda a se tornarem mais generalizados.

E aqui convém relembrar que todos os chamados milagres são fenômenos provocados através de dons mediúnicos.

Por isso, já que são poucos os homens que possuem faculdades próprias, os Guias do Mundo lançam mão dos médiuns de prova, isto é, de faculdades de empréstimo, para promoverem os fenômenos desejados e obterem os resultados necessários; e, no momento que vivemos, o que se visa obter, como sabemos, é preparar o maior número possível de Espíritos encarnados para o advento de um mundo renovado, que está bem próximo.

Feito o apelo nas esferas da erraticidade e exposta a situação, muitos, de sua própria vontade e outros, como já dissemos, por intercessão de amigos espirituais, obtêm à mercê de cooperação nesse trabalho sagrado e legiões, então, baixam ao planeta dispostas ao esforço redentor; e por isso, constatamos que as manifestações, hoje, como nos dias da Codificação, são mais ou menos uniformes e sistemáticas, obedecendo a um plano determinado.

Eis o que, a respeito desta forma de mediunidade, diz o iluminado Espírito Emmanuel:[8]

"Os médiuns, em sua generalidade, não são missionários, na acepção comum do termo: são almas que fracassaram desastradamente, que contra-

---

[8] *Emmanuel*, de Emmanuel, psicografia de Francisco Cândido Xavier, Cap. XI, Editora FEB.

riaram sobremaneira o curso das leis divinas e que resgatam, sob o peso de severos compromissos e ilimitadas responsabilidades, o passado obscuro e delituoso. O seu pretérito, muitas vezes se encontra enodoado de graves deslizes e de erros clamorosos. Quase sempre são Espíritos que tombaram dos cumes sociais pelo abuso do poder, da autoridade, da fortuna e da inteligência e que regressam ao orbe terráqueo para se sacrificarem em favor do grande número de almas que desviaram das sendas luminosas da fé, da caridade e da virtude. São almas arrependidas, que procuram arrebanhar todas as felicidades que perderam reorganizando, com sacrifícios, tudo quanto esfacelaram nos seus instantes de criminosas arbitrariedades e de condenável insânia."

E em outro pronto:

"— Médiuns, ponderai as vossas obrigações sagradas.

Preferi viver na maior das provações a cairdes na estrada larga das tentações que vos atacam, insistentemente, em vossos pontos vulneráveis.

Recordai-vos de que é preciso vencer se não quiserdes soterrar a vossa alma na escuridão dos séculos de dor expiatória.

Aquele que se apresentar no espaço como vencedor de si mesmo, é maior que qualquer dos generais terrenos, exímios na estratégia e no tino militares.

O homem que se vence faz o seu corpo espiritual apto a ingressar em outras esferas e, enquanto não colaborardes pela obtenção do organismo etéreo, através das virtudes e do dever cumpridos, não saireis do círculo doloroso das reencarnações."

André Luiz, em *Missionários da Luz,* Cap. III, transcrevendo as explicações do instrutor Alexandre, sobre os médiuns, diz o seguinte:

"É verdade que sonham edificar maravilhosos castelos sem base; alcançar imensas descobertas exteriores sem estudarem a si próprios; mas, gradativamente, compreenderão que mediunidade elevada ou percepção edificante não constituem atividades mecânicas da personalidade e sim conquistas do Espírito, para cuja consecução não se pode prescindir das iniciações dolorosas, dos trabalhos necessários, com a auto-educação sistemática e perseverante."

Com estas duas transcrições, fica bem patente o acerto e a realidade da divisão que fizemos em 1945, da mediunidade "DE PROVA" e "NATURAL", uma concedida como ferramenta de trabalho comum e outra como conquista do Espírito de evolução mais avançada.

MEDIUNIDADE

VALORES MEDIÚNICOS

O valor mediúnico e sua natureza, residem no grau ou na qualidade da sensibilidade orgânica possuída pelo médium, no tom, vamos dizer assim, em que a harpa humana foi afinada.

A Terra é um mundo inferior e os Espíritos que aqui vêm, forçosamente comparticipam dessa inferioridade, salvo raras exceções.

E os médiuns não se excluem dessa regra geral mas, muito ao contrário, dão-lhe maior evidência.

A mediunidade da maioria, portanto, sendo uma marca de inferioridade, de retardamento, de imperfeição, indica que esses médiuns possuem tonalidade baixa, vibração lenta, luz vaga e imprecisa, sensibilidade grosseira, somente podendo afinar-se com elementos de igual espécie e condições, isto é, com forças e entidades de planos inferiores.

Decorrentemente, o intercâmbio que por eles se estabelece com o invisível é de valor espiritual inferior ou, na melhor das hipóteses, medíocre. Por isso é que os médiuns de alto valor são raros.

Se dividirmos os médiuns em três categorias, correspondentes a três valores qualitativos, veremos logo que os da primeira categoria — bons — são raros; os da segunda — médios — são comuns; e os da terceira — maus — são maioria.

É claro que não estamos subestimando ou desmerecendo aos médiuns pessoalmente, mas, simplesmente classificando-os segundo seus valores mediúnicos; todos nos merecem o maior respeito e suscitam em nós, pela própria natureza edificante de suas tarefas, os melhores sentimentos de afeto e solidariedade.

Essa condição generalizada de inferioridade espiritual é também a razão porque a mediunidade de prova traz consigo esse cortejo doloroso de perturbações físicas que lhes transforma a vida muitas vezes em longo e sagrado martírio.

É ainda a razão porque a faculdade não é, na maioria dos casos, estável, permanente, segura, mas flutuante, incerta e alternativa, sofrendo altos e baixos, acusando períodos de estagnação ou recrudescimentos mais ou menos prolongados.

E nem podia deixar de ser assim, porque esta mediunidade de prova em si mesma, como já vimos, é posse transitória, outorgada ao Espírito culposo por tempo determinado e para determinado fim.

E, como é natural, os próprios protetores individuais desses médiuns possuem qualidades correspondentes, estão mais ou menos em igualdade de condições, muito embora no desempenho de tarefas úteis e na posse, como é lógico, de um certo adiantamento ou superioridade espiritual sobre aqueles que protegem ou auxiliam; como cooperadores de entidades mais elevadas, que dirigem agrupamentos e serviços mais amplos e importantes, cumprem eles assim também seu dever e obtêm, por esse modo, oportunidade de, a seu turno, melhorarem e evoluírem.

CAPÍTULO 6

CONTROLE DA MEDIUNIDADE

Conquanto se possa, dentro de limites razoáveis, exercer controle sobre os médiuns, desde o início do desenvolvimento, orientando-os moralmente, esclarecendo-os sobre a maneira mais perfeita de exercerem as faculdades que possuam ou, noutro sentido, impedindo ou reduzindo ao mínimo as possibilidades de mistificação, de quedas e fracassos, já o mesmo não sucede em relação às faculdades em si mesmas, porque seu domínio nos escapa.

Não há processo algum que se possa empregar, de forma sistemática e ao alcance de todos, que realmente inspire confiança e represente segurança para enfrentar os múltiplos e complexos aspectos que a mediunidade constantemente nos apresenta na prática.

Apesar do avanço extraordinário da ciência e porque este avanço ainda não se deslocou do terreno material, o intercâmbio entre os mundos físico e hiperfísico continua a depender inteiramente da faculdade mediúnica e, se o Espiritismo, como a Terceira Revelação, levantou grande parte do velário misterioso que a esse intercâmbio se opunha, criando um corpo de doutrina perfeito e francamente acessível, nem por isso conseguiu estabelecer condições positivas desse controle.

Quer dizer que, tecnicamente, tudo é compreensível, aceitável, perfeito mas, quanto à prática, quanto à execução, não há ainda elementos seguros e ao alcance de todos que permitam um procedimento comum, sistematizado, "standard".

Nunca se pode saber com exatidão, qual o caminho a seguir, em partindo de um ponto dado, para atingir outro ponto determinado, com segurança e uniformidade. Há sempre imprevistos, retardamentos ou acelerações, desvios ou flutuações de toda sorte.

Por mais aprofundados que sejam os estudos ou a observação de determinado problema, surge um momento em que ele nos escapa, foge-nos das mãos, sofre interferências, remonta a planos onde não podemos ter acesso.

Se apurarmos o controle em torno ao médium, muitas vezes sucede que a solução passa a depender do Espírito ou Espíritos manifestantes e, se tentamos controlar a estes, fica-nos o problema ainda mais difícil por impossibilidades que decorrem da diferença de planos ou por carência de elementos objetivos de observação.

Edgard Armond

E isso sempre sucede de maneira a não podermos afirmar nem negar, por falta de dados positivos, do que resulta ficarmos sempre com o nosso julgamento em suspenso.

E aqueles que, por se julgarem mais argutos ou mais ousados, formularem julgamentos radicais, terão o desprazer de verificar, mais hoje, mais amanhã, que foram precipitados e cometeram erros.

Não estamos, é claro, nos referindo aos fenômenos, às manifestações dos Espíritos, sobre os quais estamos seguros, podendo mesmo classificá-los segundo seus aspectos, mas sim à mediunidade em si mesma e às suas manifestações através dos médiuns.

Não se venha também, do que fica dito, concluir falsamente que o Espiritismo é um terreno movediço, instável, desorientador — o que todos sabem que não é — mas admitir, isto sim, e prudentemente, que quanto à mediunidade, nós constatamos sua existência e utilizamo-la sem, contudo, possuirmos em mãos as rédeas que a dirigem.

MEDIUNIDADE

CAPÍTULO 7

SENSIBILIDADE INDIVIDUAL

Já falamos da sensibilidade de um modo geral, e agora vamos estudá-la mais particularizadamente e de um ponto de vista mais científico.

Existem o mundo físico e o mundo hiperfísico, e as diferenças entre as diversas manifestações de **matéria**, **energia** e **espírito**, resultam de ordens variáveis de vibrações.

No Universo tudo vibra e se transforma, ora involuindo: espírito para energia – energia para matéria; ora evoluindo: matéria para energia – energia para espírito. E nessa perene transformação, os mundos se entrelaçam harmoniosamente, formando um todo uno e indivisível.

Quando as vibrações entre os dois mundos se equilibram, se sintonizam, ligações íntimas se estabelecem, em maior ou menor ressonância. E essa sintonia, quando se verifica entre habitantes desses mundos, permite, como é natural, intercâmbio entre essas entidades.

Pois a faculdade de oferecer tal sintonização é que constitui o que chamamos de mediunidade. E todos nós possuímos essa faculdade em maior ou menor grau, porque viemos da mesma origem, temos a mesma constituição e caminhamos para o mesmo fim. Todos nós oferecemos essa possibilidade, que tanto mais ampla e perfeita se torna quanto mais alto subimos e disso se conclui, portanto, que a faculdade mediúnica é *espiritual* e *não material*.

É verdade que o que se julga é coisa diferente, sendo, para muitos, ponto assente que a mediunidade é fenômeno orgânico. Mas acreditamos que isso seja resultado de haverem encarado o problema somente do ponto de vista objetivo, e não sob o transcendente.

André Luiz — que reputamos grande autoridade sobre realidades da vida espiritual — afirma o seguinte: "mediunidade não é disposição da carne transitória e sim expressão do Espírito imortal".

Admitindo-se, porém, que a sede dessas faculdades não está situada no corpo físico, mas sim no corpo etéreo[9], isto é, que não se exercem pelos órgãos dos sentidos físicos mas sim pelos órgãos dos sentidos psíquicos, fica-se com o assunto desde logo esclarecido.

---

[9] Corpo etéreo — duplicado físico formado em parte pelas emanações fluídicas dos citoplasmas. Funciona como um desdobramento (o mais exterior) do perispírito.

Ora, se todos somos médiuns, sensíveis, porém, em maior ou menor grau a vibrações de outros planos, o primeiro sintoma, vamos dizer assim, dessa faculdade, será a *sensibilidade individual*.

Prosaicamente admitimos que um indivíduo rude, pesado, maciço, sente menos, isto é – é menos *sensível*, ou melhor, menos *sensitivo* que outro de constituição mais delicada.

É admissível também que um lutador de boxe seja menos sensível que um poeta e um pintor, verdadeiramente artistas, muito mais influenciáveis pela beleza das coisas, que um magarefe; um pensador, mais que um "gangster".

Isto não quer dizer, é óbvio, que determinadas profissões afastem a possibilidade mediúnica, mas sim *que a faculdade não se manifesta em grau apreciável a não ser em organizações apropriadas.*

Também está visto que a faculdade natural não representa um "dom" – como muitos admitem – visto que isso viria constituir privilégio, quando, ao contrário, sua posse corresponde a méritos já conquistados, vale por um direito já adquirido, representa um acesso a determinado degrau da escada evolutiva, qualquer que ele seja.[10]

E, mesmo nos casos em que é outorgada como "prova" – e prova de fogo – aí então, muito menos, ela é um dom, justamente porque é uma prova.

Mas voltemos à sensibilidade no campo individual, para dizer que ela apresenta aspectos diversos, que vão desde o clássico "nervoso constitucional" até as formas mais avançadas do transe completo.

Vai-se desenvolvendo aos poucos, silenciosamente, com o despertamento das glândulas cerebrais[11] e aos poucos aumentando de intensidade, apresentando formas variadas de perturbações físicas e psíquicas, até que um sintoma mais positivo surge, transformando a sensibilidade – condição estática vegetativa – em mediunidade – estado dinâmico funcional.

É como um feto no ventre, que se está formando, ou como uma semente vegetal que, dia a dia, aumenta de força e se transmuda até o momento em

---

[10] Inúmeros são os que julgam ser a mediunidade um dom e o próprio Codificador assim o disse em suas obras, mas compreenda-se que o termo "dom" está aí empregado como uma outorga de Deus a Espíritos em prova, e não como um privilégio de alguns em relação a outros, o que seria clamante injustiça, tanto mais que a maioria dos médiuns são, como se sabe, Espíritos devedores em maior grau, que muitos que não são médiuns. Entenda-se dom como tarefa transitória a desempenhar e da qual se prestará contas e não como atributo ou privilégio permanente do Espírito. Aliás, o próprio Kardec, em outro ponto, diz que "o que constitui o médium propriamente dito, é a faculdade que possui", dando claramente a entender que não se trata de atributo pertencente à pessoa, ao Espírito, mas simples missão de trabalho a desempenhar.

[11] Vide capítulo 20.

MEDIUNIDADE

que, em plena eclosão expansiva, rompe as últimas resistências do solo e se transforma em árvore.

E assim como não podemos interferir no processo genético animal ou vegetal, tampouco o podemos no da faculdade mediúnica, cabendo-nos somente o cuidado de "adubar o solo" e oferecer à planta, condições favoráveis de vida e crescimento.

A sensibilidade é, pois, o prenúncio da mediunidade e todos os indivíduos que a apresentam, devem ir se aproximando do campo da vida espiritual, fornecendo a si mesmo o alimento sazonado e puro de que ele carece para desenvolver-se, fortificar-se e tornar-se digno do grandioso trabalho que o espera na seara da espiritualidade.

CAPÍTULO 8

DIVISÃO DA MEDIUNIDADE

Para maior facilidade do estudo que estamos empreendendo, dividimos a mediunidade da seguinte forma:

— quanto à NATUREZA: em *natural* e de *prova* ou *tarefa*.

— quanto ao MÉDIUM: em *consciente, semiconsciente* e *inconsciente.*

— quanto ao FENÔMENO: em *lucidez, incorporação* e *efeitos físicos.*

Na *lucidez* incluímos a telepatia, vidência, psicometria, audição e intuição.

Na *incorporação* — que pode ser total ou parcial — incluímos as manifestações orais e escritas, bem como o sonambulismo.

Nos *efeitos físicos*, finalmente, incluímos todas as extensas e impressionantes séries de fenômenos assim denominados, inclusive as curas.

Esta divisão é puramente pessoal, nada ortodoxa, mas como dissemos, facilita o estudo, sendo, além disso, simples e assente na prática. Vide sinopse no fim do livro.

CAPÍTULO 9

A LUCIDEZ

Richet definiu lucidez como sendo "o conhecimento pelo indivíduo A de um fenômeno qualquer, não-perceptível ou cognoscível pelos sentidos normais, fora de qualquer transmissão mental consciente ou inconsciente".

Com esta definição puramente científica, quis o eminente investigador dizer que se trata de uma faculdade espontânea, não ligada aos sentidos físicos e não dependente de efeitos telepáticos, faculdade do próprio indivíduo, independentemente de interferências externas e que se manifesta por si mesma. Em uma palavra: a intuição.

Mas, como incluímos também a vidência e a audição nos quadros da lucidez, não podemos, em que pese o respeito que nos merece o criador da metapsíquica, aceitar *in-totum* essa definição.

E isso nos obriga, por nossa vez, mesmo sem possuirmos a autoridade científica do insigne mestre, a definir a faculdade — o que fazemos para o nosso uso — da seguinte forma: *lucidez é a faculdade mediante a qual os médiuns podem ver, ouvir e conhecer além dos sentidos comuns e dos limites vibratórios da luz e do som, naturais ao mundo físico.*

Não veem nem ouvem, é claro, com os sentidos físicos, mas com outros mais elevados, abertos no plano hiperfísico, onde esses sentidos, por outro lado, não se localizam em órgãos, pois sabemos que se ouve e que se vê por todo o perispírito, e não percebem ou aquilatam com a Razão, mas por meio de um sentido interno, de grande poder e amplitude, ainda pouco desenvolvido no homem atual.

Isso não se pode materialmente explicar, porque está ligado ao conhecimento quadrimensional, que ainda nos escapa neste plano, mas tentaremos esclarecer por partes, alguns aspectos mais acessíveis do problema.

É sabido que o olho físico, como o ouvido físico, somente alcançam determinados limites de luz e de som, e que esses limites não são iguais para todos, isto é, há pessoas que veem e ouvem mais que outras.

Não se trata de nada orgânico, constitucional, mas de maior capacidade de percepção, de sensibilidade, de suscetibilidade espiritual.

Vivemos dentro de um verdadeiro mundo de vibrações diferentes, das quais a maioria de nós somente percebe, ou melhor, responde, a uma pequeníssima parte.

Se se antepuser um prisma de bissulfito de carbono aos raios solares, obteremos, sobre uma superfície neutra, uma projeção luminosa de cores diversas e básicas, denominada espectro solar.

Determinadas pessoas fixarão os limites dessa projeção em dado ponto e outras os marcarão em pontos mais amplos; uns verão o violeta atingir pontos mais afastados, outros menos, e igual circunstância ocorrerá com o vermelho. Em suma, todos demonstrarão percepção diferente.

Aquele, porém, que determinar limites mais amplos nos dois extremos do campo da projeção, esse terá forçosamente maior poder de visão.

Quanto à audição, dá-se o mesmo: produzindo-se um som excessivamente grave ou excessivamente agudo em local onde estejam várias pessoas, algumas o perceberão, outras não. Aquele que puder ouvir o som plenamente e conseguir identificá-lo na escala, esse terá maior poder auditivo.

E haverá um ponto ou um momento em que as vibrações dos dois mundos, cada uma na sua espécie, se equilibrarão, se sintonizarão, o mais alto do mundo físico fundindo-se ao mais baixo do mundo hiperfísico.

Ora, o médium de lucidez é aquele que possui a capacidade (visão, audição, intuição) levada a esse ponto de equilíbrio, de sintonia, que o coloca entre os dois mundos, sendo-lhe ambos acessíveis.

E, antes de entrarmos na análise mais detalhada dessa mediunidade de lucidez, devemos declarar que na vidência e na audição, o médium age tanto em estado consciente, como semiconsciente e como inconsciente.

No que respeita à intuição, finalmente, trataremos do assunto um pouco mais adiante.

TELEPATIA

Faculdade mediante a qual o médium recebe impressões mentais — ideias e pensamentos — provindos de um emissor encarnado ou desencarnado. Estas impressões permanecem no campo da atividade perispiritual. Vide Incorporação — Forma Consciente.

VIDÊNCIA

Também chamada clarividência, é a visão hiperfísica.

Usando do mesmo sistema de simplificação e acompanhando outros autores, dividimo-la em:

Vidência ambiente ou local.

Vidência no espaço.

Vidência no tempo.

Vidência Ambiente ou Local

É aquela que se opera no ambiente em que se encontra o médium, atingindo fatos que ali mesmo se desenrolam e pode ser considerada como sendo a faculdade em seus primeiros estágios.

O médium pode ver Espíritos presentes, cores, luzes, formas. Pode ver também sinais, quadros e símbolos projetados mentalmente pelos instrutores invisíveis, ou qualquer Espírito, no seu campo de visão.[12]

Quando o fenômeno ganha, com o desenvolvimento, maior nitidez, poderá ler palavras ou frases inteiras, também projetadas, no momento, pelos Espíritos comunicantes.

Nestes casos, nem sempre os símbolos, sinais e letras são claros, apropriados ou significativos, sendo mesmo, às vezes, bem inexpressivos, visto que dependem da capacidade imaginativa, da inteligência ou do poder mental do Espírito comunicante.

Vidência no Espaço

É aquela em que o médium vê cenas, quadros, sinais ou símbolos, em pontos distantes do local do trabalho.

Esta visão é obtida, comumente, por dois modos:

1º) pela formação do tubo astral, que é um processo de polarização de um número de linhas paralelas de átomos astrais, que vão do observador à cena que deve ser vista.

Todos os átomos sobre quais se age ficam, enquanto dura a operação, com seus eixos rigidamente paralelos uns aos outros, de sorte a formar uma espécie de tubo por onde o vidente olha.

Esta explicação é de Leadbeater e aceitamo-la na íntegra, somente acrescentando que as imagens assim obtidas são de tamanho reduzido, porém perfeitamente nítidas.

Esta maneira, porém, não é a única, nem mesmo a mais comum, do ponto de vista espírita, pois sucede que, na maioria das vezes, a ligação entre o local da cena distante e aquele no qual se encontra o médium, é feita pelos próprios instrutores invisíveis que, na matéria astral, estabelecem uma linha de partículas fluídicas, formando um fio transmissor de vibrações de extremo a extremo, por meio do qual a vidência então se exerce.

2º) pelo desdobramento, mediante o qual o Espírito do médium, abandonando momentaneamente seu corpo físico, ou melhor dizendo, exteriorizando-se, é levado ao local da cena a observar, então diretamente, sendo que, neste caso, a visão é muito mais nítida e completa.

---

[12] Quase sempre esses quadros e símbolos são formados com auxílio de fluidos pesados fornecidos pelos médiuns e assistentes.

Quando o médium não tem ainda desenvolvida a capacidade de desdobramento, os próprios instrutores o mergulham em sono sonambúlico e, nesse estado, o transportam aos lugares desejados; nestes casos, o vidente ou narra a cena vista somente após o regresso e o despertar no corpo físico, ou a vai narrando durante o próprio sono sonambúlico, à medida que a observa.

Vidência no Tempo

É aquela em que o vidente vê cenas representando fatos a ocorrer ou já ocorridos em outros tempos.

Opera, então, em pleno domínio quadrimensional. Ele está no Tempo, que é a sucessão interminável dos eventos. Abrem-se aí, para ele, as regiões pouco determinadas em que existem os registros da eternidade (akásicos), os quais, desfilando à sua frente, dar-lhe-ão como em uma fita cinematográfica, a visão nítida e sequente de acontecimentos passados e futuros.[13]

Colocados em um "ângulo de tempo", isto é, em "um momento", entre dois ciclos de tempo, seu olhar pode abarcar o que já foi e o que ainda vai ser, visto·que, segundo Marin, o futuro não está preparado, mas sim realizado constantemente no Tempo; as causas, passadas ou presentes, projetam no futuro seus efeitos, aos quais permanecem ligadas, de forma que, colocado o vidente fora dessa linha de ligação entre dois pontos, pode abrangê-los de extremo a extremo.

No primeiro caso, como se compreende, de coisas do passado, a visão é rememorativa e, no segundo, de coisas do futuro, é profética.

Há ainda a observar que, neste caso de visão no Tempo, tanto pode o médium ser transportado em desdobramento à região ou ponto onde se encontram os clichês astrais, como podem ser estes projetados, pelos Espíritos instrutores, no ambiente em que se encontra o médium.

PSICOMETRIA

Esta forma especial de vidência se caracteriza pela circunstância de desenvolver-se no campo mediúnico uma série de visões de coisas passadas, desde que seja posto em presença do vidente um objeto qualquer ligado àquelas cenas.

Apresentando-se, por exemplo, ao vidente, um pedaço de madeira, poderá ele ver de onde ela proveio, onde foi a madeira cortada, por quem foi

---

[13] Os fatos relacionados com a vida dos objetos, indivíduos ou das coletividades, gravam-se indelevelmente na luz astral, em registros etéreos e se arquivam em lugares ou repartições apropriadas do Espaço, sob a guarda de entidades responsáveis e, em certos casos, podem ser consultados ou revelados a Espíritos interessados na rememoração do passado.

MEDIUNIDADE

trabalhada, de que construção fez parte e tudo o mais que com ela se relacione. Vide nota anterior, nº 13.

Segundo se diz, o célebre romance *Últimos Dias de Pompeia* de Lord Bulver Litton, foi escrito dessa maneira: visitando o escritor, as ruínas daquela extinta cidade, tomou de um fragmento de tijolo e, usando-o como polarizador, viu desenrolar-se no seu campo de vidência, todos os acontecimentos ligados à destruição da cidade.

Uma forma também muito interessante de lucidez é aquela em que o Espírito do médium, exteriorizado, abandona sua "mente menor" (aquela que usa na vida comum, a que trouxe para as provas da presente encarnação) e penetra na "mente maior", na "mente total" (a que se liga a todos os fatos de sua evolução, a que contém todas as reminiscências do seu passado) e, integrado momentaneamente nela, revive determinadas cenas e fatos, ali indelevelmente registrados. Isto é o que sucede após cada encarnação, sistematicamente e de forma natural, quando o Espírito retorna ao Espaço.

Neste caso de que estamos tratando, de reintegração momentânea na mente maior, o processo é nitidamente sonambúlico, não do sonambulismo clássico, em que há sujeição forçada a um hipnotizador encarnado, mas de desdobramento natural, consciente, em que o médium vive de novo os fatos, os vê e os sente e, ao mesmo tempo, os vai descrevendo verbalmente ou por escrito, gozando ou sofrendo novamente tudo aquilo que já se passou há muito tempo, há milênios, talvez.

Normalmente, quando o Espírito encarna, a mente se reduz, para esquecer o passado e recapitular determinadas experiências e, quando desencarna, ela se expande, se integra, para relembrar e retomar a posse de si mesma. Extraordinariamente, nos casos de lucidez mediúnica, a expansão mental é momentânea, restrita.

Há ainda um aspecto, aliás pouco comum, de vidência, que é de interesse relatar: são as visões coletivas, isto é, cenas observadas ao mesmo tempo por várias pessoas.

Por exemplo: batalhões de soldados que fazem manobras em planícies cheias de habitações, às vezes em pleno dia, à vista de espectadores maravilhados; caravanas numerosas de homens e animais que atravessam montanhas, sumindo-se em desfiladeiros e precipícios, sem deixar vestígios; bandos irregulares de indivíduos conduzindo veículos; rebanhos de animais conduzidos por pastores...

Tais fatos têm-se verificado em alguns países, mormente na Escócia, presenciados por muitas pessoas, repetindo-se em datas determinadas e provocando assombro geral.

Não há, realmente, explicação aceitável para tais coisas e aqui as anotamos somente a título de curiosidade.

Realmente, não seria crível que os Espíritos tivessem promovido a materialização em massa de tantos indivíduos e animais, tornando-os francamente visíveis; nem também crível que, por coincidência, se agrupassem em determinados dias e horas e no mesmo local, tantas pessoas possuidoras de faculdade de vidência; nem ainda que sobre todas essas pessoas tivesse sido derramada, momentaneamente, tal faculdade, somente para aquele ato; nem, por último, que todas essas pessoas, durante várias horas, tivessem sido vítimas de uma tremenda ilusão dos sentidos e com tamanha uniformidade, vendo todas elas as mesmas coisas e da mesma natureza.

Como quer que seja, o fenômeno existe e tem sido observado inúmeras vezes.

Realmente, trata-se de imagens mentais projetadas por Espíritos dotados de alta capacidade realizadora, no campo das criações ideoplásticas.

AUDIÇÃO

É a faculdade mediante a qual o médium ouve vozes proferidas pelos Espíritos e sons produzidos por estes, bem como outros, ligados à própria vida da Natureza.

Quase sempre a audição desperta no médium que já manifestou vidência, visto serem faculdades que mutuamente se completam.

Assim como sucede com as imagens na vidência, as vozes e os sons reboam às vezes dentro do cérebro do médium e outras vezes são ouvidas exteriormente, de mais longe ou de mais perto, segundo a capacidade de audição que o médium manifestar.

No primeiro caso, o Espírito que fala transmite a palavra ou o som e as ondas sonoras não atravessam a cortina fluídica de proteção que separa o perispírito; tais impressões não são transmitidas aos órgãos dos sentidos físicos e, por isso, é que o médium tem a impressão de que ouve dentro do cérebro.

No segundo caso, as impressões sonoras são transmitidas através da cortina fluídica, atinge os órgãos dos sentidos e caem no campo da consciência física; afetam os nervos sensoriais da audição, mesmo sem passar pelo tímpano, simplesmente por indução.

E ainda pode suceder que o Espírito emissor dos sons ou vozes aja diretamente sobre a atmosfera ambiente, materializando-os, ou melhor, condensando-os, mais ou menos intensamente, a ponto de poderem ferir o tímpano do ouvido físico, para provocar uma audição direta e comum.

O mais comum é o primeiro caso, isto é, a permanência dos sons no campo da atividade perispiritual, sem atravessar a cortina fluídica de separação.

MEDIUNIDADE

O médium auditivo tanto pode captar ondas sonoras provindas de Espíritos desencarnados, que deliberadamente as transmitem, como quaisquer rumores, vozes, palavras e até mesmo conversações inteiras, provindas do mundo etéreo, mesmo quando não sejam emitidas deliberadamente para seu conhecimento. Aberto seu campo auditivo para esse mundo referido, o médium poderá captar muitas coisas do que nele se passa, de forma mais ou menos perfeita, segundo sua própria capacidade de audição.[14]

A forma mais comum desta faculdade e a mais simples, é a telepática.

O centro de força coronário, em certos casos, atua sobre a glândula pineal, desenvolvendo vidência e audição mentais.

INTUIÇÃO

O estudo da faculdade de intuição comporta vastas explanações; porém, devido ao exíguo limite deste trabalho, somos obrigados a nos limitar a uma ligeira síntese.

No esforço da evolução, o homem veio do instinto, adquiriu mais tarde a razão, e caminha agora para a intuição, que, todavia, apenas se vislumbra no horizonte.

O momento que vivemos, em sentido geral, é de pleno domínio da razão, em que as forças intelectivas preponderam; porém, alguns homens há, mais evoluídos, que já se governam, mais ou menos conscientemente, pelo uso desta faculdade mais perfeita.

No estudo da intuição, não cabe lugar para os termos correntes tão apreciados de "consciência, subconsciência e inconsciência", no sentido restritivo que se lhes dá, porque as realizações espirituais verdadeiras não dividem a mente, mas, ao contrário, a unificam, a dilatam, para integrá-las na mente universal.

A intuição é a percepção da verdade universal, total, e qualquer vislumbre que dela se tenha é uma partícula dessa verdade inteiriça, muito embora quando manifestada em relação a um caso particular ou isolado.

A verdade total tem poder e autoridade em si mesma, e não comporta restrições de qualquer natureza; e por isso o homem de intuição não discute nem analisa suas manifestações mas, simplesmente, obedece.

A obediência às manifestações da intuição é uma das condições fundamentais do desenvolvimento e ampliação dessa faculdade no indivíduo.

Um conhecimento mental pode ser adquirido pelo estudo, pela aplicação, pelo raciocínio, pela observação, pela experimentação; a intuição, porém, não depende de nada disso: é unicamente um conhecimento infuso, ou melhor, é um discernimento espontâneo de uma verdade pacífica e única.

---

[14] Vide nota nº 44, à pág. 203.

Edgard Armond

As mulheres, em geral são mais intuitivas que os homens, porque se deixam governar mais pelo sentimento que pela razão e a intuição não é um produto da razão, é uma percepção que se tem em certos momentos e circunstâncias, de determinado assunto, ou determinada situação, e quanto mais aflitiva ou imperiosa e urgente for a situação, mais alto e rápido falará a intuição, apontando o verdadeiro caminho ou a verdadeira solução.

Mas, o que é intuição e donde vem ela?

Já o dissemos: é uma voz interior que fala e que deve ser obedecida sem vacilações; é um sentimento íntimo que temos a respeito de certa coisa ou assunto; é a verdade cósmica, divina, existente em nosso Eu, em forma potencial, porque Deus é a verdade única e eterna e Ele está derramado em toda a criação universal, da qual somos uma partícula viva, operante e sensível.

A intuição é a nossa ligação direta e original com o Deus potencial, interior, assim como a razão é a nossa ligação com o mundo.

O homem é um ser limitado pelos seus corpos orgânicos e fluídicos, mas o ponto que não atinge com o braço, atinge-o com a inteligência e onde a inteligência não alcança, alcança a intuição.

Como Espírito, pois, possui ele vastos poderes.

O conhecimento vindo pelo intelecto nos faz conhecer o mundo ambiente, ao passo que a intuição nos dá o discernimento das coisas divinas; o primeiro se estriba na razão que mediu, pesou, dividiu, analisou, concluiu; a segunda, porém, se apoia na fé, porque somente crê e confia.

"A razão é metódica, mecânica, limitada, mas a intuição é intrínseca, ilimitada, independente, acima de qualquer lei, pleniciente.

O campo da razão vai até onde a inteligência alcança, mas o da intuição não tem limites, porque é o campo da consciência universal.

Por isso, às vezes a razão diz "sim", quando a intuição diz "não"; quando uma fala "prudência", a outra ordena "confiança"; uma diz: "raciocina primeiro", mas a outra determina: "crê e segue".

Uma é sombra sempre vacilante, outra é luz sempre clara; uma duvida e se nega, outra confia e se entrega.

Uma se exerce no campo da mente limitada, outra na esfera do Espírito livre, que não obedece a convenções, preconceitos ou leis humanas.

Porque a razão é a lei, ao passo que a intuição, em certo sentido, é a graça."

O apóstolo Paulo sempre se referia a homens que vivem debaixo da lei e realizam atos de acordo com a lei, mas apontava sempre como verdadeiro o caminho da graça, mediante o qual se deve ser honesto, não por haver leis contra a desonestidade; virtuosos, não por haver leis contra a licença;

MEDIUNIDADE

verdadeiros, não por haver leis contra a mentira, mas porque a graça eleva o sentimento humano e o purifica acima mesmo da lei; porque há um plano de vida espiritual não-afetado pela lei, um reino acima da lei onde só imperam predicados do Espírito emancipado do erro.

O homem funciona em três planos, a saber: o físico, o mental e o espiritual, que correspondem, respectivamente, ao instinto, à razão e à intuição; mas a verdade total, essencial, divina, só é percebida pelo homem de intuição.

O homem do futuro, isto é, o homem renovado, que se venceu a si mesmo, vencendo a dominação da matéria grosseira, será um homem de intuição.

Quando a intuição fala, não se limita somente ao aspecto local ou parcial dos problemas, mas abarca o que está atrás e na frente, atinge o aspecto total, segundo a projeção do indivíduo no campo geral de sua evolução.

É difícil localizarmos, no corpo físico, a região ou o órgão por intermédio do qual se exerce a intuição. O órgão do intelecto é o cérebro e podemos dizer que a razão tem sede nesse órgão. Mas, quanto à intuição, a não ser que se exerça pelas glândulas pineal e pituitária[15] (órgãos das manifestações mediúnicas), talvez sua sede seja no cerebelo, órgão sensório supra normal, que no futuro tende a desenvolver-se.

Amor, fé e intuição, eis pois as características sublimadas do homem espiritual.

O homem de intuição resolve seus problemas com elementos que obtém do plano divino, ao passo que o da razão os resolve segundo os recursos da própria inteligência humana, ligada às coisas do mundo.

Tanto mais o homem fecha seus ouvidos às vozes do mundo material, tanto mais se abre no seu interior a voz sublime dessa preciosa faculdade do Espírito. Tanto mais o Espírito se revela a si mesmo e se integra no Cosmo, tanto mais se une a Deus.

Diz Alexis Carrel, um dos mais acatados expoentes da ciência oficial, a respeito desta maravilhosa faculdade: "É evidente que as grandes descobertas científicas não são unicamente obras de inteligência. Os sábios de gênio, além do dom de observar e de compreender, possuem outras qualidades, como a intuição e a imaginação criadora. Por meio da intuição, aprendem o que os outros homens não veem, percebem a relação entre fenômenos aparentemente isolados, sentem inconscientemente a presença do tesouro ignorado. Todos os grandes homens são dotados do poder intuitivo. Sabem sem raciocínio e sem análise o que lhes importa saber".

---

[15] Glândulas geradoras e controladoras de energias psíquicas que, ligadas à mente através do eletromagnetismo do campo vital, comandam as forças do subconsciente e suprem de energias psíquicas todos os órgãos vitais do organismo humano, a primeira mais ligada ao campo espiritual e a segunda ao campo orgânico.

E prossegue: "As descobertas da intuição devem ser sempre desenvolvidas pela lógica. Tanto na vida corrente como na ciência, a intuição é um meio de adquirir conhecimentos de grande poder, mas perigosos. Por vezes, é difícil distingui-la da ilusão. Aqueles que só por ela se deixam guiar estão expostos ao erro. Mas aos grandes homens ou aos simples, de coração puro, pode ela conduzir aos mais elevados cumes da vida mental ou espiritual". *(O Homem, esse Desconhecido).*

Ouçamos agora *A Grande Síntese*, de Pietro Ubaldi.

"No mundo da matéria temos, em primeiro lugar, fenômenos; depois, a vossa percepção sensória e, por fim, através do vosso sistema nervoso, convergindo no sistema cerebral, a vossa síntese psíquica — a consciência. Até aqui chegastes no terreno da pesquisa científica e da experiência cotidiana. Não errou o vosso materialismo quando viu nessa consciência uma alma filha da vossa vida física e destinada, como esta, a extinguir-se."

"Se descermos mais no fundo, deparamos com a consciência latente, que está para a consciência externa, clara, como as ondas elétricas para as ondas acústicas. A essa consciência mais profunda pertence a intuição, que é o meio da percepção ao qual, como também já vos disse, necessário se faz chegueis para que o vosso conhecimento possa avançar."

Pois, para esse reino de plena consciência, é que a intuição leva e o faz por um caminho tão claro e tão horizontal, que até mesmo os cegos jamais se desviam da rota.

Mas sua voz só pode ser ouvida no silêncio, na pureza e na intimidade do ser, condições incompatíveis com os rumores do mundo. Débil, ao princípio, se for sempre obedecida sem vacilações e, com confiança, irá aos poucos se avolumando, ganhando força crescente e acabará por ser ouvida em qualquer circunstância e a qualquer hora, apontando ao indivíduo a orientação mais segura, mais elevada e mais reta, abrindo-se como uma flor às claridades e ao calor do sol supremo.

Das faculdades mediúnicas, é a mais elevada e a mais perfeita, porque põe o indivíduo não mais e somente em contato com coisas e seres do mundo espiritual, mas direta e superiormente, com a essência divina das realidades.

SONO E SONHO[16]

Neste capítulo das faculdades de lucidez, cabe um ligeiro estudo sobre os sonhos, interessante fenômeno espiritual, tão comum e ao mesmo tempo tão pouco conhecido.

---

[16] O sono, em si mesmo, é um fenômeno físico e está aqui incluído unicamente como um estado de transição para o sonho — que é fenômeno de lucidez.

MEDIUNIDADE

O sono, para o corpo físico, é uma morte de todos os dias, aparente e incompleta, durante a qual ele não perde sua integridade, cessando somente a atividade dos órgãos de relação com o mundo exterior; mas, em compensação, para o Espírito, o sono abre as portas do sonho, frestas mais ou menos amplas para a visão das estranhas cenas do mundo estranho do Além, suas paisagens de coloridos bizarros, suas luzes intensas e maravilhosas, seus misteriosos habitantes.

CAPÍTULO 10

O SONO

Tudo no mundo dorme, seres e coisas, pelo menos aparentemente. Um terço de nossa vida, no mínimo, passamos a dormir.

Enquanto é dia e sob a influência do Sol, cuja luz destrói as emanações fluídicas maléficas, predomina o dinamismo das forças materiais, regidas pela inteligência; mas, quando o Sol se vai e cai a noite, passam a imperar as forças negativas da astralidade inferior e o corpo humano adormece, então, sob seu domínio.

Para uns, o sono advém de uma congestão cerebral (hiperemia dos vasos sanguíneos do cérebro).

Para outros, justamente o contrário: ocorre uma anemia cerebral (isquemia dos mesmos vasos), o que quer dizer que, no sono, os vasos se dilatam e esgotam o sangue do cérebro.

Ao lado destas há a teoria dos neurônios, células nervosas cujos prolongamentos se retraem durante o sono, interrompendo a passagem da corrente vital, que restabelecem ao despertar, distendendo os referidos prolongamentos e pondo-os de novo em contato.

Pode também o sono resultar de uma asfixia periódica do cérebro e, para o velho Aristóteles, advém da ação das ptomaínas existentes nos resíduos digestivos.

Em contraposição, há outros que afirmam que, justamente, dormimos para nos desintoxicarmos, sendo assim, o sono, uma função defensiva do organismo.

Enfim, e para não alongar esta exposição, citamos Marin, segundo o qual o sono é um aspecto da lei de alternativa, em virtude da qual à atividade segue o repouso, como a noite ao dia, e como a morte à vida. E isso concorda com a "Lei do Ritmo", da filosofia egípcia, exposta admiravelmente na obra iniciática *Kaibalion*, segundo a qual a vida se manifesta por atividade incessante, que obedece a um ritmo invariável e cuja compensação é o repouso. Aplicada ao corpo humano, a teoria quer dizer que o organismo físico, na vigília, gasta energias que recupera no repouso do sono.

Ultimamente a ciência descobriu que, no momento do sono, ocorre uma inversão de origem das ondas cerebrais, do cérebro posterior para o anterior.

Mas, como se dá o sono?

MEDIUNIDADE

Com o abandono provisório do corpo pelo Espírito, da mesma forma como na morte, quando o abandono é definitivo.

O SONHO

As teorias científicas sobre o sonho são também diversas. Para Freud, os sonhos se originam de desejos reprimidos: não podendo o homem satisfazê-los na vida normal, se esforça para vivê-los quando dorme.

Para Mauri, os sonhos resultam de automatismos psicológicos; de cerebrações inconscientes ou de associações de ideias que, como é natural, originam imagens mentais.

Segundo Saint-Denis, no sonho há o desenvolvimento natural e espontâneo de uma série de reminiscências.

Delboeuf admite a conservação indefinida de impressões que Richet batizou com o nome de pantomnésia (reminiscência universal).

Conan Doyle admite somente duas espécies de sonhos: os resultantes de experiências feitas pelo Espírito livre e as provenientes da ação confusa das faculdades inferiores, que permanecem no corpo quando o Espírito se ausenta.

Flammarion, Rosso de Luna, Dunne, Lombroso, Maeterlink e muitos outros estudaram o fenômeno e deixaram sobre ele interessantes, mas não conclusivas teorias.

Podemos, entretanto, classificar os sonhos em duas categorias: sonhos do subconsciente e sonhos reais.

SONHOS DO SUBCONSCIENTE

São reproduções de pensamentos, ideias e impressões que afetam nossa mente na vigília; fatos comuns da vida normal, que se registram nos escaninhos da memória e que, durante o sono, continuam a preocupar o Espírito, com maior ou menor intensidade. Esses elementos, subindo do subconsciente, uns puxam os outros, se se pode assim dizer, e formam verdadeiros enredos, com reminiscências presentes e passadas, tornando tais sonhos quase sempre de difícil compreensão, justamente por serem confusos, complexos, extravagantes.

Nesses sonhos do subconsciente, entram também outros fatores, como sejam o temperamento imaginativo ou emocional do indivíduo, seus recalques, mormente os de natureza sexual, perturbações fisiológicas momentâneas etc. Os dormentes, nesses sonhos somente veem quadros formados em sua própria mente subconsciente, porque tais sonhos são unicamente auto-produtos mentais inferiores.

SONHOS REAIS

Finalmente, o que os define e caracteriza, além de seu aspecto confuso e nebuloso, é a incoerência, a falta de nitidez, de luz e colorido.

SONHOS REAIS

Enquanto o corpo físico repousa, o Espírito passa a agir no plano espiritual, no qual terá maior ou menor liberdade de ação, segundo sua própria condição evolutiva; uns se conduzem livremente, outros ficam na dependência de terceiros, mas todos são atraídos para lugares que lhes sejam afins ou correspondentes.

Pois, justamente aquilo que vê, ouve ou sente, os contatos que faz com pessoas ou coisas desses lugares ou esferas de ação, é que constituem os sonhos reais que, como bem se compreende, não são mais elaborações da mente subconsciente individual, mas sim perfeitas visões, diretas e objetivas, desses mundos; verdadeiros desdobramentos, exteriorizações involuntárias do Espírito.

Os encarnados, sujeitos como são às leis que regem o plano material, delas não se libertam senão com o desencarne e, por isso, mesmo quando exteriorizados durante o sono, as leis prevalecem, mantendo os véus de obscuridade vibratória entre os dois mundos.

Essa é a razão porque os sonhos, mesmos os reais, são *normalmente* indistintos, nebulosos, de difícil recordação. Por isso, também, é que quando há necessidade de obviar a esse estado de coisas, fazendo com que os sonhos sejam mais facilmente recordáveis, os agentes do invisível lançam na mente do adormecido poderosas sugestões, facilmente transformáveis, ao despertar, em imagens mentais alegóricas representativas dos ensinamentos, advertências ou experiências que o dormente deve recordar.

Costumam, também, conduzir o adormecido a regiões ou instituições do espaço, proporcionando-lhe contatos e experiências necessárias ao seu aprendizado espiritual, dos quais a recordação, pelo referido processo, sempre de alguma forma permanece.

E se isso acontece em relação aos Espíritos bons, também sucede com os maus que, valendo-se da lei das afinidades vibratórias, apoderam-se dos dormentes e os carregam para seus antros, inoculando-lhes ou alimentando em suas mentes desprotegidas, ideias ou tendências maléficas.

Os médiuns, pois, que se guardem dessas infelizes possibilidades, purificando-se em corpo e espírito, para que sua tonalidade vibratória se eleve e orando e vigiando como o Divino Mestre recomendou.

MEDIUNIDADE

Conforme, porém, seu desenvolvimento espiritual, pode o Espírito, assim desdobrado, viajar em várias regiões etéreas, vê-las e compreendê-las; instruir-se, penetrar acontecimentos passados ou futuros, do setor dos chamados sonhos simbólicos ou proféticos.

Nesse mundo diferente, no qual ingressamos diariamente, muita coisa está à nossa disposição, como auxílio ao nosso esforço evolutivo; material de estudo, elementos de investigação, contatos reparadores, conselhos e instruções de amigos desencarnados ou não, e de instrutores espirituais.

A luminosidade, a nitidez, a clareza, a lógica e o colorido, eis as características inconfundíveis desses sonhos reais, únicos verdadeiros.

O que é necessário, é que tenhamos durante esses sonhos relativa consciência do que se passa, e isso só podemos normalmente conseguir, por meio de continuados exercícios de auto-sugestionamento e disciplinamento da vontade, que devem ser feitos diariamente, antes de adormecer e em prévio entendimento com o guia espiritual.

Poucos são os que, ao despertar, se recordam dessa vida esquisita que viveram durante o sono. Em geral, só nos recordamos do último sonho, o que antecedeu o despertar e, esse mesmo, é logo varrido da memória com a interferência brutal dos acontecimentos materiais imediatos.

No livro *Os Mensageiros* — Cap. 37 — André Luiz, referindo-se aos encontros que se dão durante o sono, acrescenta: "Estas ocorrências nos círculos da crosta, dão-se aos milhares, todas as noites. Com a maioria de irmãos encarnados, o sonho apenas reflete perturbações fisiológicas ou sentimentais a que se entregam; entretanto, existe grande número de pessoas que com mais ou menos precisão, estão aptas a desenvolver este intercâmbio espiritual".

Vivemos atualmente na carne, com perda de mais de um terço de nossa vida consciente, que escapa assim ao nosso controle, nas brumas do esquecimento do sono.

O problema está, pois, em obtermos aos poucos esse domínio, vivendo conscientemente, tanto de dia como de noite, na vigília como no sono, para que a luz da verdade triunfe das sombras da morte, e para que a vida realmente seja eterna.

Outro meio de se conservar a consciência ao despertar, é desenvolver o centro de força coronário e auto-sugestão.

Estas faculdades de lucidez, tão belas e tão úteis, abrem ao médium educado e consciente, um mundo extraordinário de conhecimentos e revelações espirituais. Transformam o homem em um ser diferente, visto que possui o poder de, mesmo quando encarnado, viver nos dois mundos. Rasgam-se para ele ilimitados horizontes que abarcam muito do Universo e lhe permitirão compreender muitas das grandezas da criação divina.

Mas é preciso educação e desenvolvimento metódico e progressivo, o que só se torna possível quando o Espírito está em condições de mérito próprio, quando é digno e pode merecer a colaboração preciosa e indispensável de assistentes espirituais competentes.

Muitos processos são usados para esse desenvolvimento, sendo os mais comuns, para a vidência, por exemplo, os do grupo da cristalovidência, isto é, a fixação de superfícies lisas e brilhantes, como sejam bolas de vidro, garrafas ou copos contendo água, espelhos, lentes, objetos de metal polido, poças de água, borrões de tinta e a própria unha convenientemente polida.

Não havendo mediunidade-tarefa, nenhum processo material ou artificial dará resultado se, do ponto de vista moral, ou segundo as necessidades de sua própria evolução, o indivíduo não for digno.

As superfícies brilhantes provocam uma auto-hipnotização que nada resolve em definitivo, porque se os assistentes invisíveis nada projetarem sobre tais superfícies, nada poderá ser visto; costumam, todavia, os guias, aconselhar às vezes tais processos com o intuito de obrigar o estudante a fazer exercícios de concentração, familiarizando-se com a disciplina mental.

Costumam também agir diretamente sobre os médiuns em desenvolvimento, aumentando-lhes as vibrações da glândula pineal e projetando-lhes durante o sono ou no semi-sono, quadros simbólicos no campo da visão.

Valem-se, também, do ambiente formado nas sessões espíritas bem conduzidas, para produzir tais fenômenos, por terem, nessas condições, ao seu dispor, cargas poderosas de fluidos apropriados às formações ideoplásticas.

Mas repito, para o desenvolvimento dessas faculdades, a condição essencial é a reforma individual do médium, com a purificação de seus pensamentos e atos, porque disso decorrerá a elevação de sua vibração perispiritual a um nível compatível com a produção de tais fenômenos, isto é, ao nível das vibrações do plano etéreo.

CAPÍTULO 11

A INCORPORAÇÃO

Esta forma de mediunidade se caracteriza pela transmissão, oral ou escrita, da comunicação do Espírito e pode ser parcial ou total, como já dissemos.

Há uma corrente de investigadores psiquistas que não considera a incorporação como uma faculdade real porque, segundo alegam, os médiuns desta classe não revelam possuir uma força psíquica, especial e definida, que se manifeste por si mesma, produzindo fenômenos; trata-se, ajuntam, de um estado passivo que denota unicamente capacidade sonambúlica por parte do médium.

Mas tais pesquisadores não têm razão, segundo penso, porque:

1º) para ser médium, não é necessário possuir "uma força psíquica especial e definida" que produza fenômenos; já vimos que mediunidade é capacidade de percepção de vibrações mais altas, e vimos também que todos possuem essa capacidade em maior ou menor grau;

2º) mesmo aceitando a incorporação como um estado passivo, isso não seria argumento, porque um médium de efeitos físicos (que pertence à classe dos que possuem, segundo muitos admitem, "força psíquica própria"), esse médium, em transe sonambúlico, inteiramente passivo, concorre da mesma forma para produção de fenômenos; e

3º) a incorporação, como vamos ver, nem sempre é uma forma passiva.

Por outro lado, consideramos a incorporação uma das formas mais interessantes de mediunidade, e das mais úteis, porque não só nos faculta entendimento direto e pessoal com os Espíritos, como também a possibilidade de esclarecer e conscientizar os Espíritos inconscientes, imersos em escuridão mental, bem como os maldosos, realizando assim um ato de verdadeira caridade espiritual e cooperando com os companheiros que dirigem as organizações assistenciais do Espaço, dedicados a esse trabalho.

DIVISÃO

Segundo a divisão que adotamos, os médiuns podem ser: conscientes, semiconscientes e inconscientes.

Vamos agora entrar neste assunto.

Sobre cem médiuns observados, provavelmente oitenta serão de incorporação, representando esta modalidade, uma grande maioria. É de crer, portanto, que esta forma, do ponto de vista qualitativo (aspecto espiritual), seja, de um certo modo, inferior à de lucidez. Por outro lado, entretanto, devido à sua generalização, compreende-se que, no momento, é a mais útil e a mais acessível.[17]

Desses oitenta citados, cinquenta serão provavelmente conscientes, vinte e oito semiconscientes e os restantes dois, inconscientes. Esta forma inconsciente que é, portanto, a menos corrente, quase sempre apresenta dois aspectos que denominamos transe sonambúlico e transe letárgico.

Vamos agora examinar as formas orais de manifestação.

FORMA CONSCIENTE

É a mesma mediunidade erroneamente denominada intuitiva. O Espírito comunicante aproxima-se do médium, não mantém contato perispiritual e, telepaticamente, transmite as ideias que deseja enunciar. O médium, telepaticamente as recebe e, com palavras suas, fraseado, ademanes e estilo próprios, faz a transmissão com maior ou menor fidelidade e clareza.

Após a transmissão da ideia original, o Espírito não pode influir na retransmissão, porque não pode agir sobre o médium senão pelo pensamento.

Esta é a mediunidade dos tribunos, dos pregadores, dos catedráticos e, na forma escrita, dos escritores e poetas; a mediunidade, enfim, daqueles que manifestam "inspiração momentânea".

É muito comum taxarem de mistificação uma comunicação qualquer, porque o médium empregou palavras suas, termos que constantemente usa e, às vezes, de forma sistemática e invariável. Mas já dissemos que as palavras, o modo de coordená-las, o estilo etc., devem ser seus mesmos; nem há nada que estranhar, neste caso, porque qualquer um de nós também se acostuma a falar de um certo modo, repetir certas palavras ou frases, fazer certos gestos. Há professores que abrem e encerram suas aulas sempre de determinada maneira e usando sistematicamente as mesmas frases; pregadores e tribunos que fazem sempre os mesmos gestos, usam das mesmas figuras, analogias e exemplos.

Semelhantemente, há Espíritos que iniciam e encerram suas comunicações sempre do mesmo modo, saudando no início e no final, nos mesmos termos, sendo que isso, aliás, vem a servir justamente para identificá-los.

---

[17] A incorporação é a parte mais acolhedora e acessível para a manifestação objetiva dos Espíritos no plano material.

MEDIUNIDADE

Outra coisa que criticam, é o emprego pelo médium de termos chãos, muitas vezes inadequados, e erros de pronúncia e de concordância etc. Isso tudo é muito natural, porque nem todos os médiuns desta classe são cultos, havendo mesmo uma grande maioria que é inculta.

Neste caso, como falar corretamente, se quem fala é o médium e não o Espírito? Ao Espírito pertencem somente as ideias e não as palavras.

E isto ainda somente quanto à forma, porque, quanto ao fundo, à essência, ao substrato, pode suceder que o médium, recebendo uma ideia elevada, transcendente, para transmitir, não a compreenda bem, não penetre bem em seu verdadeiro sentido e venha a deturpá-la; como também, no seu vocabulário acanhado e restrito, não encontre palavras para expressá-la; ou, ainda, mesmo vencendo todas estas dificuldades, venha a fracassar no delinear os limites, o alcance, o significado profundo da ideia, do que resultará expressá-la de forma rudimentar ou insuficiente.

E, se o médium for culto, pode também suceder que a falha seja do Espírito comunicante; se este for atrasado, ignorante, inculto, como poderá transmitir coisas elevadas, requintadas?

Nesta classe de mediunidade, é sempre preferível, todavia, que o médium seja culto, porque assim terá mais facilidade e eficiência para traduzir, através de um entendimento amplo e um vocabulário rico, as ideias transmitidas telepaticamente pelo Espírito, já que a forma de transmissão telepática é essencialmente sintética e, muitas vezes, alegórica.

Vejamos o que diz Kardec sobre este particular: "Quando encontramos em um médium o cérebro povoado de conhecimentos adquiridos na sua vida atual, e o seu Espírito rico de conhecimentos latentes, obtidos em vidas anteriores, de natureza a nos facilitar as comunicações, dele de preferência nos servimos, porque com ele o fenômeno da comunicação se torna muito mais fácil do que com o médium de inteligência limitada e de escassos conhecimentos anteriormente adquiridos".

Ouvimos, assim, o Codificador Kardec, escrevendo há um século atrás.

Ouçamos agora Ramatis, Espírito autorizado que coopera conosco, nos nossos dias, no setor da propagação doutrinária e que é ainda mais detalhado e categórico.

Diz ele:

"A repressão ao animismo dificultará grandemente as tarefas mediúnicas e por isso não deve ser feita. O Mediunismo não dispensa a colaboração do médium, o qual jamais deve ser um simples autômato, um robô."

"Os guias espirituais têm alto interesse em desenvolver as qualidades morais dos médiuns, dos quais se servem e esse trabalho, na maioria das vezes, é ainda mais importante que o próprio exercício da mediunidade. Muitas vezes, os guias protelam revelações do Alto ou avançamento de conhecimentos, à espera que os médiuns primeiramente revelem seu adiantamento no campo da evangelização e do conhecimento espiritual. O esforço contínuo para o cumprimento dos deveres morais é sempre o que mais esperam dos médiuns, dos quais se servem."

"Nos casos de mediunidade consciente, quando coincidem ideias, índoles, pensamentos e conhecimentos entre os guias e os médiuns, estes, ao dar as comunicações, se tornam imediatamente mais animados, eloquentes e entusiasmados, porque se encontram em terreno conhecido; mas, ao contrário, cai o entusiasmo, formam-se hiatos e lacunas e surgem dificuldades até de falar, quando o Espírito trata de um assunto desconhecido ou complicado."

"Os guias não se preocupam em eliminar o animismo dos seus médiuns; o que importa é que estes progridam espiritualmente, a ponto de aqueles poderem subscrever o resultado de seus trabalhos, quando perfeitos."

"Como os médiuns devem caminhar com seus próprios pés e progredir sempre, os guias estão sempre a lhes oferecer oportunidades de produzir coisas próprias, mostrar o que valem. Por isso, os médiuns devem se esforçar constantemente em melhorarem seu padrão de conhecimentos, sua cultura doutrinária e suas qualidades morais, para que o que produzam mereça o endosso dos guias."

"Às vezes, os guias, muito de propósito, deixam lacunas e vazios no curso de uma comunicação, para que os médiuns completem a tarefa, continuando na explanação do assunto ou do tema com seus próprios recursos, demonstrando sua capacidade de exposição sem deturpar as ideias fundamentais dos guias."

"Assim, constantemente encorajados e postos à prova, os médiuns acabam por esposar pessoalmente, em público, tudo quanto assimilaram dos seus respectivos guias, identificando-se com eles. Desta forma, aos poucos, os mentores vão aumentando o crédito de confiança que depositam nos intérpretes e lhes oferecendo campo de trabalho cada vez mais amplo e importante. Isto é o que faz o progresso mediúnico individual."

"Muitas vezes os mentores fazem um contato inicial com os médiuns, transmitem-lhes as primeiras ideias do tema e se afastam, sem se desligarem, para ver como seus pupilos se desembaraçam na tarefa, por si mesmos. Se tudo vai bem, deixam que assim vá e, ao final, aproximam-se de novo e endossam tudo o que foi dito, com suas características de identidade pessoal."

"O esforço do trabalho mediúnico, como se vê, é sempre recíproco e benéfico a todos. Os guias, nestes casos, agem como pais solícitos que ensinam os filhos a andar, amparando-lhes os primeiros passos."

MEDIUNIDADE

"Outra coisa a dizer: a mediunidade não se desenvolve unicamente à hora do trabalho, está sempre presente para ser utilizada e as responsabilidades das tarefas obrigam o médium a estar sempre em comunhão com o messianismo do Cristo, exemplificando sacrifício e renúncia. Somente assim haverá bons resultados e os guias poderão endossar o trabalho dos medianeiros. Jamais eles subscrevem o animismo inferior, de médiuns que não cogitam da melhoria espiritual."

"Muitas vezes, a tarefa dos médiuns é preparada previamente, durante o dia do trabalho, nos encontros pessoais, nas leituras, nas meditações e até mesmo nas vicissitudes. Tudo serve para a organização do tema da noite. Entretanto, quando o médium tem cultura e é flexível ao recebimento telepático, esse trabalho preparatório pode ser dispensado; nestes casos, os guias transmitem o que querem, no próprio momento da comunicação, tendo em vista, é claro, a natureza e a capacidade de compreensão do auditório. Melhor médium é o que recebe com mais facilidade as ideias do guia e as interpreta pessoalmente com mais fidelidade e perfeição."[18]

Como se vê, do que fica dito, tanto o médium como o Espírito, nestes casos de mediunidade consciente, cada um faz o que pode, cumpre o seu dever nos limites de suas possibilidades individuais; mas o que importa saber, sobretudo, é que *se a ideia central transmitida pelo Espírito não foi modificada, deturpada, a comunicação é autêntica e perfeitamente aceitável.*

Esta forma de mediunidade consciente é aquela que mais permite interferência dos fatores subconscientes do médium, que se costuma denominar de "animismo", e que tem servido de motivo para se bater, injustamente, na tecla da mistificação; mas, pelo modo segundo o qual consideramos a mediunidade, bem se vê que isso não tem importância alguma. Não importa, repetimos, que entrem na transmissão elementos de forma ou de fundo que venham do próprio médium, já que é de sua própria capacidade individual que se aguarda a melhor ou pior maneira de veicular a ideia do Espírito comunicante. É claro que ele, médium, será obrigado a utilizar-se de todos os elementos que possuir no campo mental, para cumprir sua tarefa da melhor forma possível.

E àqueles que, por deficiência de conhecimentos sobre o assunto, são fáceis em admitir a mistificação por parte dos médiuns conscientes; e aos próprios médiuns conscientes, que por uma questão de escrúpulo, duvidam de si mesmos e, muitas vezes, por isso se abstêm do trabalho mediúnico, dando causa a lamentáveis recalques e fracassos de ordem espiritual, cabe aqui perguntar: como se pode saber, com segurança, *onde termina a influência*

---

[18] Comunicação recebida pelo médium Hercílio Maes.

exercida pelo Espírito, sobre o médium no ato do trabalho mediúnico e onde começa a interferência deste, nos casos em que ela se dá?

Por outro lado, se animismo é interferência de elementos vindos da alma do médium, e excluída a mistificação deliberada, representará o animismo algo pernicioso à manifestação da mediunidade, ou à autenticidade do fenômeno espírita?

Cremos que não e até concluímos pela negativa porque neste caso, quanto mais animismo, mais sensibilidade, e quanto mais sensibilidade, mais mediunidade.

FORMA SEMICONSCIENTE

Nesta modalidade, e havendo entre médium e Espírito comunicante, a indispensável afinidade fluídica (equilíbrio vibratório) o Espírito comunicante entra em contato com o perispírito do médium e, por intermédio deste, atua então sobre o corpo físico, ficando os órgãos vocais do médium sob controle do Espírito comunicante, e isso sucede sem que, como também na modalidade anterior, o Espírito do médium seja afastado do corpo ou perca ele a consciência própria, o conhecimento do que se passa em torno. O médium fica, vamos dizer, em semitranse, semi-adormecimento, sujeito, porém, à influência do Espírito comunicante e impossibilitado de furtar-se a ela, salvo se reagir deliberadamente.

Obtido esse estado, o Espírito comunicante, apesar de não ter domínio completo sobre o médium, pode, todavia, transmitir mais livre e desembaraçadamente suas ideias que ficam, é claro, dependendo da maior ou menor perfeição do instrumento usado, (educação mediúnica) e maior ou menor fidelidade de interpretação (capacidade intelectual do médium).

Nesta forma de manifestação, são ainda possíveis, se bem que em muito menor escala, as interferências subconscientes, mormente no que respeita a repetição de palavras, frases e gestos mas, quanto ao "estilo", esse já passa a ser, em determinada escala, do Espírito comunicante e já vem mesmo também a servir para sua identidade pessoal.

Há médiuns que repetem inúmeras vezes as mesmas palavras e frases e fazem os mesmos gestos, sistematicamente, em todas as comunicações e, no entretanto, nada há ali, tanto da parte do médium como do Espírito comunicante, que possa ser taxado de mistificação. *Esta só ocorre, em regra geral, quando o médium finge, ou simula o que não existe ou quando altera, deliberadamente, as circunstâncias, regra que também, em todos os casos, se aplica ao Espírito comunicante.*

MEDIUNIDADE

FORMA INCONSCIENTE

Esta última modalidade, como já dissemos, deve ser desdobrada em: transe sonambúlico e transe letárgico; e o que a caracteriza é o fato de o Espírito do médium exteriorizar-se do corpo físico temporariamente, passando então este, mais ou menos inteiramente, à disposição e controle do Espírito comunicante.

Como facilmente se compreende, somente neste caso é que se dá, realmente, incorporação; e é esta forma que maiores garantias oferece de fidelidade e segurança na comunicação, porque o Espírito transmite suas ideias e pensamentos diretamente, usando de suas próprias palavras, sem necessidade de intermédio intelectual que, quase sempre, altera e deturpa as ideias transmitidas telepaticamente.

O transe é sonambúlico quando o Espírito comunicante fala e tem liberdade ambulatória, podendo tomar objetos, levantar-se, sentar-se, locomover-se de um lugar para outro; e é transe letárgico quando, ao contrário, o Espírito fala mas o corpo do médium permanece imóvel, com ou sem rigidez.

Não me refiro, também neste caso, ao transe sonambúlico provocado por processos hipnóticos, que é coisa diferente porque, então, o Espírito do médium nem sempre abandona o corpo físico que fica, por outro lado, inteiramente sujeito à vontade do operador, ao passo que no transe de incorporação, sempre há a exteriorização mediúnica, justamente para que o Espírito comunicante ocupe o corpo do médium.

Além disso — e isto é o mais importante — no sonambulismo provocado pelo hipnotismo, o Espírito do próprio médium é quem fala, ao passo que no transe de incorporação, quem fala é o Espírito comunicante.

Nesta forma de mediunidade inconsciente, o médium está muito mais à vontade para enfrentar o rigor da crítica ou da observação porque, em nada intervindo e de nada sendo sabedor no momento, a manifestação é integral do Espírito comunicante e, conforme a maior ou menor perfeição e extensão da faculdade, pode ainda o Espírito comunicante assumir o aspecto físico, o mesmo tom de voz, as mesmas maneiras e revelar outros detalhes da personalidade que encarnou em vidas anteriores, sob a qual, no momento, se manifesta.[19]

Quem promove o afastamento do Espírito do médium é o Espírito comunicante, utilizando processo magnético e o afastamento tanto mais suave e regular será, quanto mais afins e equilibradas sejam as vibrações fluídicas de ambos.

---

[19] Os casos, aliás pouco comuns, de transfiguração, estão incluídos nesta modalidade.

Em grande número de casos de exteriorização, o médium, enquanto fora do corpo físico, permanece consciente do que se passa nesse outro plano, porém de nada se lembra quando regressa ao corpo carnal.

Quando os fluidos do Espírito comunicante são mais apurados que os do médium, é necessário que aquele baixe as vibrações dos seus, condensando-os; e, em todos os casos de fluidos pesados, inferiores, haverá sempre sobressaltos, mais ou menos violentos, para o lado do corpo físico do médium, no momento do transe, com reflexos secundários nos seus órgãos psíquicos, após a cessação deste.

Nestes casos de incorporação inconsciente, quando o indivíduo for mediunicamente bem educado e satisfatoriamente desenvolvida sua faculdade, durante o transe tanto pode ele permanecer ao lado do corpo físico, como mero assistente, como afastar-se temporariamente, com emprego do seu tempo em alguma recreação ou trabalho útil.

Nos casos, porém, em que é deficiente ou viciosa a educação mediúnica, não há esta liberdade e segurança; o médium não se afasta, dificulta o desligamento e quase sempre intervém na comunicação, criando embaraços ao Espírito comunicante, sendo algumas vezes necessário adormecê-lo com passes e afastá-lo para longe, a fim de que a tarefa do Espírito comunicante possa ser levada a termo.

E escusado será dizer que o estado de ansiedade e inquietação em que permanece o médium durante o transe, não lhe facultará um despertamento pacífico, harmonioso, suave, isento de perturbações.

Portanto, estando tudo em ordem e o ambiente merecendo confiança, entregue-se o médium despreocupadamente ao transe, auto-sugestionando--se com o pensamento de "ficar de lado", não atrapalhar, mas, ao contrário, ajudar o Espírito comunicante a desempenhar sua tarefa, entregando-lhe o instrumento mediúnico com boa vontade e espírito de colaboração.

Incluem-se rigorosamente nesta forma de mediunidade, os casos de xenoglossia (o chamado dom das línguas) tão interessantes e convincentes para os incrédulos, bem como os das intervenções mediúnicas operatórias, em que os Espíritos curadores operam os pacientes utilizando-se das mãos dos médiuns.[20]

Consideradas assim, devidamente, em todos os seus aspectos e detalhes, estas três formas da mediunidade de incorporação (conquanto as duas primeiras, rigorosamente falando, não o sejam) fica patente que não se deve exigir de uma o que somente a outra pode dar; não se pode pretender, por exemplo, que em uma manifestação da primeira modalidade (consciente), o

---

[20] Estas operações podem, ao mesmo tempo, ser classificadas como efeitos físicos.

médium fale como o Espírito falaria por si mesmo quando encarnado, ou demonstre sinais físicos ou atitudes características nos casos de incorporação inconsciente e assim por diante.

Desta falta de compreensão e conhecimento detalhado do assunto, tem resultado muita crítica descabida e descrédito injusto para os médiuns e para a Doutrina, na sua prática.

INCORPORAÇÕES PARCIAIS

Em seu livro *Nos Domínios da Mediunidade*, André Luiz, que é autoridade na matéria, mostra como o fenômeno se desenrola do lado de lá, no caso de doutrinação de Espíritos sofredores; dá à incorporação inconsciente, o título de psicofonia.

Ele mostra casos de médiuns que se desligam do veículo corporal, permanecem conscientes, até mesmo ajudando no trabalho dos Espíritos, o que prova tratar-se de médium de excepcional educação mediúnica.

Porém, visto do lado de cá, o fenômeno tem aspecto diferente, pois que o médium, para nós, permanece realmente em estado de inconsciência.

Já vimos que a forma consciente é um efeito meramente telepático, o Espírito comunicante agindo como transmissor e o médium como receptor; que a semiconsciente é um avançamento no sentido da posse do corpo do médium pelo Espírito comunicante; e que a inconsciente é uma inteiração dessa posse, com a indispensável exteriorização do Espírito do médium, de tudo se concluindo que a incorporação realmente só se dá no último caso citado.

Há, todavia e ainda, incorporações parciais, dentre as quais anotamos as que se seguem, e cujas características as colocam em situação de superioridade sobre as demais, do ponto de vista qualitativo.

TRANSMENTAÇÃO[21]

Trata-se de uma *incorporação mental*, que é, sem a menor dúvida, uma forma de incorporação parcial.

Como o seu nome o indica, esta modalidade é o processo mediante o qual o Espírito comunicante se assenhoreia da mente do médium, colocando-o em estado de inconsciência ou semiconsciência e assim exerce domínio, mais ou menos completo, sobre os campos físico e psíquico individuais.

---

[21] Fenômeno indicado por André Luiz como telementação.

O que caracteriza e distingue esta modalidade, em relação às demais já conhecidas, é o seguinte:

1º) não há transmissão telepática, como ocorre nas formas conscientes e semiconscientes já estudadas;

2º) não há incorporação física, com exteriorização do Espírito do médium, como ocorre na forma inconsciente;

3º) não é indispensável a presença do Espírito comunicante que, às vezes, atua à distância;

4º) o médium não perde sua capacidade ambulatória, nem há inibição de qualquer natureza para o lado do seu corpo físico;

5º) o médium não é submetido a sono sonambúlico e nenhuma interferência anímica se pode dar;

6º) opera-se uma substituição, ou melhor, uma sobreposição da mente individual do médium pela do Espírito comunicante que fica, assim, com inteiro domínio físico do médium, pelo comando dos centros cerebrais e anímicos.

Como bem se compreende, para esta forma de mediunidade, exigem-se médiuns especiais, dotados de sensibilidade apurada, de perfeito equilíbrio psíquico. Pode-se dizer que esta é uma mediunidade de exceção.[22]

Por outro lado, trata-se de um processo de eleição para comunicação de Espíritos superiores, dotados de alta capacidade mental, os quais, sem abandonar os planos que lhes são próprios no mundo espiritual, e utilizando-se de energias cósmicas ainda pouco conhecidas, lançam seus pensamentos através do espaço, estabelecem contato com o médium, assenhoreando-se de suas mentes e, através delas, filtram suas ideias e pensamentos.

Este processo tem curso preferencial quando ditos Espíritos, e por quaisquer circunstâncias, não desejam atravessar as espessas, rudes e baixas camadas espirituais ligadas ao planeta e resolvem assim manifestar-se a grandes distâncias.

PSICOGRAFIA

Outra forma de incorporação parcial é a manifestação escrita, cujo nome técnico é psicografia.

A maioria dos estudiosos da Doutrina inclui esta faculdade no rol dos efeitos físicos, mas julgamos mais conveniente incluí-la como incorporação parcial, justamente porque se trata de uma incorporação parcial.

---

[22] Conhecemos casos de artistas, pintores, músicos, poetas e outros, que produzem muitas de suas obras por meio ou com o auxílio desta modalidade de incorporação.

MEDIUNIDADE

O Espírito comunicante utiliza-se do braço e mãos do médium, previamente postos em condições de abandono e após um treinamento mais ou menos trabalhoso.

Normalmente o médium permanece nos estados consciente ou semiconsciente e é através desta modalidade preciosa que nos têm vindo as mais puras gemas da literatura espírita.

Seu melhor aspecto é quando o Espírito comunicante consegue a completa insensibilidade do braço do médium, porque assim este não oferece resistência alguma de caráter reflexo e a comunicação pode durar longo tempo, sem que haja cansaço para o médium.

Há, todavia, médiuns que escrevem comunicações ditadas pelos Espíritos sem que estes exerçam ação mecânica sobre o braço do médium. Nestes casos, o fenômeno é unicamente telepático e não psicográfico, como mais para diante veremos.

Pela psicografia são produzidos os desenhos mediúnicos e outros trabalhos em que o Espírito se utiliza das mãos do médium, diretamente e sem interferência deste.

Restam-nos agora algumas palavras sobre a transfiguração, para fecharmos este capítulo.

TRANSFIGURAÇÃO

A transfiguração, em sua natureza íntima, é aparentemente um efeito físico, porém, segundo os pontos de vista deste nosso estudo, deve ser classificada como incorporação.

O Espírito operante atua sobre o médium, adormece-o e o desliga parcialmente do corpo denso, e isso o faz para provocar um relaxamento dos centros nervosos e, consequentemente, dos tecidos orgânicos da região que pretende modificar em seu aspecto.

Em seguida, se interpõe entre o perispírito desligado e esse corpo denso, de forma a poder assumir o comando dos conjuntos orgânicos pertencentes ou ligados à região onde quer operar.

O parcial desligamento do médium produz um estado de liberação dos tecidos e centros nervosos, dos quais o Espírito operante assume então, como dissemos, o comando.

Com sua vontade, age ele fortemente, atraindo ao seu próprio perispírito, que passa então a servir de molde temporário, os tecidos relaxados e indefesos da região visada, os quais então se vão adaptando, acomodando-se ao novo molde e assim aparentando as formas e demais características orgânicas do Espírito operante.

Edgard Armond

Diz-se comumente que nestes casos há uma sobreposição de perispíritos, porém se fosse só isso, o fenômeno seria visível somente para videntes, porque todo ele se passaria no campo do invisível, o que nem sempre se dá, e se a sobreposição fosse do corpo denso do Espírito operante, teria havido uma materialização, caso então em que seriam visíveis dois corpos e não um somente.

Diz-se que há superposição porque o fenômeno se passa nos limites, no âmbito do corpo físico do médium, utilizando-se o Espírito operante dos próprios elementos constitutivos desse corpo.

De qualquer forma, estes fenômenos são raros e por isso merecem estudo especial: o que atrás dissemos representa somente um ligeira contribuição a esse estudo.

MEDIUNIDADE

CAPÍTULO 12

EFEITOS FÍSICOS

Como vimos atrás, há uma corrente de investigadores que não aceita a incorporação como mediunidade, por não manifestarem os médiuns desta classe a posse de uma força psíquica, especial e definida, que produza fenômenos. Dão, assim, a entender que os verdadeiros médiuns são somente os de efeitos físicos.

Já dissemos também que discordamos deste conceito e agora o repetimos porque, nesta modalidade de efeitos físicos, justamente ao contrário, o médium não é agente, não é produtor de fenômenos, mas unicamente um elemento que fornece parte dos fluidos necessários à produção de fenômenos; e dizemos parte dos fluidos porque há também necessidade de outros fluidos que o médium não possui e que são retirados de outras fontes.

Esta forma de efeitos físicos é a mediunidade em que fenômenos objetivos se revelam, envolvendo elementos materiais pesados, permitindo exame direto, do ponto de vista científico.

Nestas manifestações, o médium pode permanecer em transe ou completamente desperto, caso este em que então se coloca na posição de mero espectador.

De tais fenômenos físicos os mais comuns são os seguintes:

LEVITAÇÃO

É o fato de pessoas ou coisas serem erguidas ao ar, sem auxílio exterior de caráter material, contrariando assim, aparentemente, as leis de gravidade.

Muitas teorias foram aventadas para explicar o fenômeno, mormente esta já citada "da força psíquica possuída pelo médium", mas, o que realmente se dá é que os Espíritos operantes envolvem a pessoa ou coisa a levitar em fluidos pesados, isolando-os assim do ambiente físico sobre o qual se exerce normalmente a lei do peso; assim isolados, podem então ser, tais pessoas ou coisas, facilmente manejados, em qualquer sentido.

A ação do Espírito sobre o material a levitar se realiza pela utilização das suas próprias mãos, convenientemente materializadas, ou com auxílio de hastes, bastões, espátulas, etc., fluídicas, previamente condensadas; ou ainda, mas isto em casos mais raros, pela força do próprio pensamento, fortemente concentrado. Em todos os casos, porém, a ação do operador invisível se dá sempre sobre a substância isoladora, que passa, assim, a ser um suporte, uma base de ação.

Nada há, pois, de extraordinário, em que uma mesa pesada, por exemplo, ou o corpo do médium, sejam levantados do chão e movidos do seu lugar, como comumente acontece em trabalhos desta natureza; e quando estes se realizam com a presença de videntes bem exercitados, estes podem perfeitamente constatar o trabalho prévio de isolamento, tanto do médium como dos objetos a levitar.

Os casos mais raros desta modalidade são as levitações plenas do corpo do médium, que pode, durante o transcurso do fenômeno, permanecer às vezes plenamente consciente. Um exemplo clássico destes fenômenos foram as levitações do médium Home que, só na Inglaterra, foi levantado mais de cem vezes, em algumas indo até o teto do aposento, onde permanecia em várias posições e plenamente consciente.

TRANSPORTE

Não confundir com "desdobramentos", que é coisa diferente.

Pode se dar em presença e à distância.

No primeiro caso, a pessoa ou coisa é levantada e levada de um ponto para outro, no próprio local da sessão e, no segundo, transportada para fora, ou trazida de fora para dentro do local da sessão.

Nesta segunda hipótese, não havendo alguma passagem aberta (porta, janela, fresta) por onde a pessoa ou a coisa possa passar naturalmente, os Espíritos operantes são obrigados a proceder a desmaterialização no ponto de origem e rematerialização no ponto de chegada, o que demanda, está visto, maior capacidade realizadora da parte do operador.[23]

A desmaterialização nem sempre é utilizada pelos Espíritos, sendo mais simples, na quarta dimensão na qual vivem, penetrarem ou se afastarem dos locais do plano encarnado, utilizando as brechas abertas no material sólido por essa diferença de dimensões vibratórias.

TIPTOLOGIA

Nesta classe de fenômenos, tomando-se como tipo clássico as mesas falantes, verifica-se que ocorrem casos de levitação parciais, que facilitam as pancadas batidas com os pés da mesa. O emprego dessas mesas, muito usado

---

[23] Em nosso plano agimos em três dimensões, mas os Espíritos desencarnados agem em outras, acima destas, e assim produzem vários fenômenos pouco compreensíveis.

até há pouco tempo, passou agora de época, sendo usados diferentes tipos de aparelhos mecânicos, entre outros os que consistem em uma prancheta, um mostrador contendo o alfabeto, ou quaisquer outros sinais convencionados, sobre o qual se move, apontando os sinais gráficos, um ponteiro ultra-sensível, sobre o qual agem os Espíritos comunicantes.

Tiptologia também são os "raps", pancadas sobre móveis, etc., obtidos pelos Espíritos mediante a condensação de fluidos pesados, que projetam sobre as superfícies visadas; utilizam-se eles também de suas próprias mãos previamente materializadas, no nível necessário à produção destes fenômenos.

Os Espíritos produzem estes efeitos, seja para assinalar a sua presença e desejo de se comunicarem com alguém, seja para demonstrações em sessões de estudos; seja ainda para satisfazer intuitos malsãos de perturbar os encarnados.

Também deste ramo são os casos que se observam nas sessões de efeitos físicos, quando se desencadeia uma verdadeira tempestade de pancadas e ruídos, não havendo para o caso explicação razoável; trata-se simplesmente de uma ação preparatória: os Espíritos batem rápida e fortemente para sanear o ambiente de saturação intensa de forças físicas exteriorizadas pelos assistentes e que, quase sempre, prejudicam a manifestação de fenômenos mais elevados desta espécie, que em seguida enumeramos.

MATERIALIZAÇÃO

Para a produção deste fenômeno, o Espírito operante, tendo conseguido tirar do médium, dos assistentes e do ambiente que lhe é próprio, o volume necessário de fluido pesado, combina-o com fluido mais fino, oriundo do plano espiritual, condensa-o ao ponto que baste para revestir com ele o perispírito do Espírito que vai manifestar-se, tornando-o assim visível aos olhos materiais.

Em graus mais avançados, o "fantasma" se mantém íntegro durante tempo relativamente longo, tornando-se perfeitamente tangível e oferecendo à análise direta do observador todos os fenômenos do metabolismo fisiológico.

O caso mais notável de materialização, vamos dizer "a longo prazo" foi estudado e descrito pelo sábio inglês William Crookes que, operando com a médium Miss Cook, teve sob seu controle e análise, durante alguns anos, o Espírito materializado de Katie King.

Deste campo são também os casos de materializações luminosas em que os fluidos empregados são mais do próprio mundo espiritual.

Vejamos agora como André Luiz, o grande revelador de coisas novas no campo do Espiritismo objetivo, descreve uma sessão de materialização que presenciou durante seu aprendizado no espaço[24]:

"— Na noite aprazada, Alexandre, que me proporcionava a satisfação de seguir-me de perto, conduziu-me à casa residencial onde teria lugar a assembleia diferente."

"A reunião seria iniciada às vinte e uma horas, mas, com antecedência de cinquenta minutos, estávamos ambos ali, na sala íntima, acolhedora e confortável, onde grande número de servidores do nosso plano iam e vinham."

"...Demandamos respeitosos o interior doméstico. Admiradíssimo notei a enorme diferenciação ambiente. Não havia ali, como em outras reuniões a que assistira, a grande comunidade de sofredores às portas."

"A residência particular chegava a ser isolada por extenso cordão de trabalhadores de nosso plano, num círculo de vinte metros em derredor. Percebendo-me a estranheza, Alexandre explicou:

Aqui é indispensável o máximo cuidado para que os princípios mentais de origem inferior não afetem a saúde física dos colaboradores encarnados, nem a pureza do material indispensável aos processos fenomênicos. Em vista disso torna-se imprescindível insular o núcleo de nossas atividades, defendendo-as contra o acesso de entidades menos dignas, através de fronteiras vibratórias.

...Todo o perigo desses trabalhos está na ausência de preparo dos nossos amigos da Crosta, que, na maioria das vezes, alegando impositivos científicos, se furtam a comezinhos princípios de elevação moral. Quando não se verifica o devido cuidado por parte deles, o fracasso pode assumir características terríveis, porque os irmãos que estabelecem as fronteiras vibratórias, no exterior do recinto, não podem impedir a entrada dessas entidades inferiores, absolutamente integradas com as suas vítimas terrenas."

"Há obsidiados que se sentem tão bem na companhia dos perseguidores, que imitam as mães terrestres agarradas aos filhos pequeninos, penetrando recintos consagrados a certos serviços, com os quais não se compadece ainda o espírito infantil. Quando os amigos menos avisados ingressam na tarefa em tais condições, as ameaças são verdadeiramente inquietantes."

"...Surpreendido, notei o esforço de vinte entidades de nobre hierarquia, que movimentavam o ar ambiente. Em seus gestos rítmicos, semelhavam-se a sacerdotes antigos que estivessem executando operações magnéticas de santificação interior do recinto."

"...Não se trata, esclarece Alexandre, de hierofantes em gestos convencionais. Temos ali esclarecidos cooperadores do serviço, que preparam o

---

[24] *Missionários da Luz* — André Luiz.

MEDIUNIDADE

ambiente, levando a efeito ionização da atmosfera, combinando recursos para efeitos elétricos e magnéticos."

"Nos trabalhos deste teor, requisitam-se processos acelerados de materialização e desmaterialização da energia."

"...Não decorreram muitos instantes e alguns trabalhadores da nossa esfera compareceram trazendo pequenos aparelhos que me pareceram instrumentos reduzidos, de grande potencial elétrico, em virtude dos raios que movimentavam em todas as direções."

"Estes amigos, explicou meu generoso instrutor, estão encarregados de operar a condensação do oxigênio em toda a casa. O ambiente para a materialização de entidades do nosso plano invisível aos homens requer elevado teor de ozônio e, além disso, é indispensável semelhante operação a fim de que todas as larvas e expressões microscópicas de atividade inferior sejam exterminadas."

"O ectoplasma ou força nervosa, que será abundantemente extraído do médium, não pode sofrer, sem prejuízos fatais, a intromissão de certos elementos microbianos."

"Logo depois reparei, surpreendido, o trabalho de várias entidades que chegavam do exterior, trazendo extenso material luminoso."

"São recursos da Natureza, informou-me o instrutor, solícito, que os operários de nosso plano recolhem para o serviço. Trata-se de elementos das plantas e das águas, naturalmente invisíveis aos olhos dos homens, estruturados para reduzido número de vibrações."[25]

"...Não se passaram muitos minutos e a jovem médium, afável e simpática, deu entrada no recinto, acompanhada por diversas entidades, dentre as quais se destacavam um amigo de elevada condição, que parecia chefiar o grupo de servidores. Esse exercia considerável controle sobre a moça, que a ele se ligava através de tênues fios de natureza magnética."

"Alexandre, Verônica (enfermeira) e mais três assistentes diretos de Alencar (orientador do aparelho mediúnico) colocaram as mãos em forma de coroa, sobre a fronte da jovem e vi que suas energias reunidas formavam vigoroso fluxo magnético que foi projetado sobre o estômago e o fígado da médium, órgãos esses que acusaram imediatamente novo ritmo de vibrações... Em poucos minutos o estômago permanecia inteiramente livre."

"Agora, exclamou Verônica, serviçal, preparemos o sistema nervoso para as saídas da força."

"Reparei a diferenciação dos fluxos magnéticos, diante da nova operação posta em prática."

---

[25] Neste ponto André Luiz faz ligeira referência a seres inferiores denominados "Elementais", que se integram nos quatro reinos da natureza.

"Separaram-se os assistentes de algum modo e, enquanto Alexandre projetava a energia que lhe era peculiar sobre a região do cérebro, Verônica e os companheiros lançavam os recursos que lhe eram próprios sobre o sistema nervoso central, encarregando-se cada um de determinada zona dos nervos cervicais, dorsais, lombares e sacros. As forças projetadas sobre a organização mediúnica efetuavam limpeza eficiente e enérgica, porquanto via, espantado, os resíduos escuros que lhes eram arrancados dos centros vitais."

"...Prosseguindo o exame do trabalho em curso, reparei que Verônica alçava, agora, a destra sobre a cabeça da jovem, demorando-a no centro da sensibilidade."

"Nossa irmã Verônica, explicou meu generoso orientador, está aplicando passes magnéticos como serviço de introdução ao desdobramento necessário."

"...Entre os votos de êxito dos companheiros encarnados semiconscientes, a médium foi conduzida ao pequeno gabinete improvisado, fazendo-se em seguida, ligeira oração. Via-se, no entanto, que, como acontecia em outras reuniões, os amigos terrestres emitiam muitas solicitações silenciosas, entrando as vibrações mentais em conflito ativo, desservindo ao invés de auxiliar no trabalho da noite, que requisitava a mais elevada percentagem de harmonia. À claridade fraca e suave da luz vermelha que substituíra a forte lâmpada comum, notava-se-lhes as emissões luminosas do pensamento."

"...Diversos servidores espirituais começaram a combinar as radiações magnéticas dos companheiros terrenos, a fim de constituírem material de cooperação, enquanto Calimério, projetando seu sublime potencial de energias sobre a médium, operava-lhe o desdobramento que durou alguns minutos. Verônica e outras amigas amparavam a jovem, parcialmente liberta dos veículos físicos, mas algo confusa e inquieta, ao lado do corpo, então mergulhado em profundo transe."

"Em seguida, notei que, sob a ação do nobre orientador da tarefa, exteriorizava-se a força nervosa, à maneira de um fluxo abundante de neblina espessa e leitosa."

"...Fez-se música no ambiente e vi que o irmão Alencar, depois de ligar-se profundamente à organização mediúnica, tomava forma, ali mesmo ao lado da médium, sustentada por Calimério e assistida por numerosos trabalhadores."

"Aos poucos, valendo-se da força nervosa exteriorizada e de várias matérias fluídicas, extraídas do interior da casa, aliada a recursos da Natureza, Alencar surgiu aos olhos dos encarnados, perfeitamente materializado."[26]

---

[26] Transcrevemos na íntegra, com pequenas soluções de continuidade, estas páginas da citada obra, por conterem inúmeras lições de alto valor, que convém difundir o mais possível. Este é um caso em que o médium de efeitos físicos é submetido a transe de inconsciência.

VOZ DIRETA

Existe quando os Espíritos comunicantes, ao invés de falarem incorporados em um médium, ou usando de processos telepáticos, já estudados, fazem-no diretamente, através de um aparelho vocal improvisado no plano invisível.

Modalidades desse fenômeno são assobios, canto, etc., e para sua produção, em geral, é utilizada pelos Espíritos a matéria plástica fluídica denominada ectoplasma.

Quando a quantidade de fluido é suficiente, podem falar vários Espíritos ao mesmo tempo e em diversos pontos do aposento no qual se realiza o trabalho e, quando ele escasseia, os Espíritos são obrigados a falar o mais junto possível do médium de efeitos físicos, doador principal de fluidos.

Não temos espaço neste trabalho para entrar em análise mais detalhada do assunto e citamos apenas alguns de seus aspectos mais interessantes; mas podemos, entretanto, acrescentar que estas manifestações de voz direta apresentam duas modalidades que são: fenômenos de classe inferior e fenômenos de classe superior, sendo os primeiros, aqueles que os Espíritos provocam usando fluidos pesados, obtidos no próprio ambiente em que, no momento, atuam e os segundos, aqueles que exigem purificação e filtragem de fluidos, combinações com fluidos mais finos, obtidos do reservatório cósmico e com outros elementos operacionais que, no mais das vezes, não estão ao alcance da maioria dos operadores, exigindo por outro lado médiuns de maior capacidade.[27]

Em geral, para a obtenção dos fenômenos de efeitos físicos, entre os quais se enquadram os de voz direta, forma-se no plano invisível um grupo de Espíritos que agem em comum, sob a chefia do mais autorizado, com uma mais ou menos perfeita e detalhada distribuição de tarefas.

Uns, por exemplo, se encarregam de colher os fluidos pesados fornecidos pelos médiuns e assistentes; outros, de misturar e manipular esses fluidos em recipientes apropriados ou moldá-los em suas próprias mãos; outros, de isolar o ambiente do trabalho, tanto no plano físico como no etéreo, estabelecendo cordões vibratórios de segurança, às vezes a distâncias apreciáveis; outros, de ligar entre si fluidicamente os assistentes encarnados, para estabelecer a necessária corrente magnética; outros, de produzir os fenômenos diversos como levitações (de pessoas ou coisas), transportes, etc.; outros, de purificar o ambiente e higienizá-lo segundo as necessidades vibratórias do trabalho a produzir; outros, enfim, de produzir pancadas, etc.

---

[27] Destes médiuns, citamos, por exemplo: Valiantine, cujos trabalhos estão magistralmente descritos por Bradley em sua célebre obra *Rumo às Estrelas*, Editora LAKE, São Paulo.

Nas manifestações de voz direta, de que estamos tratando, surge ainda o trabalho mais delicado de preparar a máscara ou a garganta fluídica, conforme o caso, para a emissão de sons.

Vejamos como o Espírito já citado, André Luiz, descreve uma manipulação deste gênero:

"— André, falou o meu orientador em tom grave, improvisemos a garganta ectoplásmica. Não podemos perder tempo..."

"E identificando-me a experiência, acrescentou:

— Não precisa inquietar-se. Bastará ajudar-me na mentalização das minúcias anatômicas do aparelho vocal. A força nervosa do médium é matéria plástica e profundamente sensível às nossas criações mentais."

"Logo após, Alexandre tomou pequena quantidade daqueles eflúvios leitosos, que se exteriorizavam, particularmente através da boca, narinas e ouvidos do aparelho mediúnico, e como se guardasse nas mãos reduzida quantidade de gesso fluido, começou a manipulá-lo, dando-me a impressão de estar completamente alheio ao ambiente, pensando com absoluto domínio de si mesmo, sobre a criação do momento."

"Aos poucos, vi formar-se, sob meus olhos atônitos, um delicado aparelho de fonação. No íntimo do esqueleto cartilaginoso, esculturado com perfeição na matéria ectoplasmática, organizavam-se os fios tenuíssimos das cordas vocais, elásticas e completas, na fenda glótica e, em seguida, Alexandre experimenta emitir alguns sons, movimentando as cartilagens aritenóides."

"Formara-se, ao influxo mental e sob a ação técnica de meu orientador, uma garganta irrepreensível."

"Com assombro, verifiquei que, através do pequeno aparelho improvisado e com a cooperação do som de vozes humanas guardadas na sala, nossa voz era integralmente percebida por todos os encarnados presentes."[28]

Mas há, também, como dissemos, manipulação com filtragem do fluido pesado, cujo processo é o seguinte: recolhido esse fluido (cuja origem é o médium e os assistentes encarnados) em cubas, tigelas ou recipientes outros, é ele misturado então com fluidos mais finos, obtidos em esferas mais elevadas e, em seguida, depositado em um recipiente, em geral cilíndrico, ao qual é imprimido então, por processos especiais, intenso movimento rotatório circular, para efeito de centrifugação, da qual resulta, por fim, um material fluídico, semi-pastoso, suficientemente condensado e manipulável à mão.

Com essa substância, segundo o caso, os Espíritos constroem então uma máscara da parte inferior do próprio rosto, revestindo também com a mesma substância, seus próprios órgãos de fonação perispiritual.

---

[28] *Missionários da Luz* — André Luiz.

MEDIUNIDADE

Estabelecem em seguida uma ligação fluídica desse conjunto semi-materializado com os órgãos de fonação do médium e passam, em seguida, a emitir os sons e as palavras desejadas que, transitando pelo fio de ligação, agem sobre as cordas vocais do médium, que então vibram correspondentemente, reproduzindo esses sons e palavras.

Quando há bastante fluido, podem falar vários Espíritos simultaneamente, sendo então construídas várias máscaras e casos há de materializações mais avançadas, em que os Espíritos falam diretamente, sem ligações com os médiuns.

A mesma substância manipulada permite aos Espíritos atuarem sobre os megafones, que são usados para ampliação sonora.

Quando há fluido suficiente, os sons e vozes são claros, fortes e a manifestação dura por mais tempo; quando o fluido escasseia, tudo diminui de intensidade, de volume, de clareza e de extensão.

O mesmo sucede com o megafone que é ágil, vibrante, no primeiro caso, e dificilmente pode ser movimentado no segundo, sendo de notar, entretanto, que seu uso não é indispensável, como é claro, para a produção de fenômenos.

Abrimos agora um parêntese para dizer que os efeitos físicos tanto se podem dar no campo da matéria densa, como na rarefeita, sendo os primeiros de natureza concreta, direta e objetiva, como por exemplo a maioria dos fenômenos que acabamos de relacionar; ao passo que os segundos são de natureza subjetiva, de constatação indireta e de classificação correlativa, como se dá com os que em seguida passamos a descrever.[29]

---

[29] Vide *Passes e Radiações*, onde há matéria desenvolvida sobre processos e aplicações visando as curas espirituais.

Edgard Armond

CAPÍTULO 13

FENÔMENOS CORRELATOS

1 — DESDOBRAMENTO

Desdobramento é um processo de exteriorização do perispírito e dele decorrem vários outros fenômenos, de nomes bizarros, mais para diante enumerados, que os investigadores do psiquismo indevidamente entronizam em separado e de forma independente.

No desdobramento, o Espírito, no veículo menos denso do perispírito, abandona o corpo carnal ao qual, todavia, como sempre sucede nestes casos, permanece ligado pelo cordão umbilical fluídico.

Nesse estado de relativa liberdade, análogo ao sono, passa a agir de certa forma e pode afastar-se a consideráveis distâncias.

Por se tratar de um desligamento de corpos, é que incluímos o desdobramento na categoria dos efeitos físicos, na qual poderiam também ser incluídos os estados de sono e de morte, que são também efeitos físicos; e se o sono, neste nosso trabalho, está no capítulo de *lucidez*, é porque, como já dissemos atrás, representa um período de transição para o sonho, que é fenômeno de lucidez.

O desdobramento pode ser consciente ou inconsciente, segundo seja voluntário ou compulsório e, como ambos os casos interessam igualmente, vamos enumerar alguns detalhes e inverter a ordem para tratar em primeiro lugar do fenômeno inconsciente.

Este, tanto pode ser provocado por encarnados como por desencarnados que, comumente, se utilizam de processos hipnóticos, mergulhando o paciente em sono sonambúlico.

Podem também ocorrer em casos de morbidez psíquica: emoções profundas, depressões graves, misticismo exagerado, desejo de desencarne etc., quando o indivíduo, por efeito desses estados anormais, fica sujeito a forças estranhas e imprevistas.

Mas, para este nosso estudo, vamos considerar somente os casos normais, típicos.

1.1 — DESDOBRAMENTOS INCONSCIENTES

a) Operadores Encarnados

Iniciam o processo com passes longitudinais sobre o médium, desligando o perispírito dos centros da atividade sensorial (centros de força, plexos

MEDIUNIDADE

nervosos); com isto, apagam as percepções do Espírito com o corpo físico e com o mundo exterior, conquanto ele permaneça semiconsciente como num sonho. Prosseguem intensificando a ação dos passes e mergulhando o Espírito em sono sonambúlico, durante o qual perde a consciência e a capacidade volitiva, passando a ser instrumento obediente às influências mentais dos operadores encarnados ou desencarnados, que podem impulsioná-lo na direção que desejarem.

Esta é uma prática perigosa porque, na maioria das vezes, não se pode confiar no critério ou penetrar nas intenções dos operadores que, comumente, agem com finalidades subalternas, pelo hipnotismo.

b) Operadores Desencarnados

Podem ser: *benfeitores espirituais*, que provocam a exteriorização com fins educativos, ou para a obtenção de efeitos morais, permitindo visitas e contatos benéficos, dos quais o paciente regressa reconfortado e esclarecido; *obsessores e vampiros*, que agem com intuitos de vingança, dominação ou perversão, e que conduzem o paciente a lugares maus e contatos impuros, dos quais regressa em estado de terror ou perturbação.

Nestes casos de vampirismo, o corpo físico do paciente corre também sério risco porque, reflexivamente, se sobressalta e padece, enquanto dura a exteriorização; como também, e principalmente, porque pode ser vítima, nesse estado de incorporações abusivas de Espíritos maldosos ou intensamente afins, com permanência às vezes demorada, não permitindo mesmo a recuperação do corpo físico, por parte do legítimo possuidor.

De uma certa forma, estes últimos são verdadeiros casos de possessão transitória e nem sempre podem ser impedidos pelos protetores individuais da vítima, quando esta, pela sua conduta e condições morais, é solidária na responsabilidade do acontecimento que, comumente, lhe apraz.

1.2 — DESDOBRAMENTOS CONSCIENTES

Ou também chamados "voluntários", são os provocados pelos próprios interessados, no exercício de práticas de *auto-realização psíquica.*

Sugerimos as seguintes regras fundamentais:

1) Esforçar-se por conservar a consciência própria em todo o transcurso do processo e estar sempre animado da convicção de que realiza suas práticas com objetivos nobres e elevados. Esta regra assegura proteção espiritual em todas as circunstâncias.

2) Apelar previamente para o protetor espiritual, sem cujo auxílio não sdeve o operador se aventurar neste campo, porque enquanto dura o desdo-

bramento, qualquer violência ou golpe desferido sobre o perispírito pode refletir no corpo denso.

3) De início, assumir consigo mesmo o compromisso de não se deslocar para longe do corpo físico e do aposento em que faz o exercício, antes que tenha conseguido *plena consciência fora do corpo, contato com o protetor espiritual e ausência de temor.*

4) Certeza de que o corpo físico repousa em segurança em lugar adequado, podendo a ele voltar, sem impedimento, assim que o deseje.

Tomadas estas disposições e consideradas estas diversas circunstâncias, inicia-se então a prática, fazendo tentativas não demoradas (máximo de 30 minutos) e de preferência à meia madrugada, após um sono reparador de algumas horas.

Observe os primeiros resultados: o modo por que sai do corpo (pela cabeça, pelos flancos, pelos pés etc.); a posição em que se encontra após a exteriorização; a impressão que lhe causa o corpo físico adormecido, e o ambiente em que se desdobrou, etc., tudo com o fito de conservar a consciência desperta.

Em momento oportuno, mais tarde, o protetor individual se mostrará e então tudo pode ser ampliado e terá o médium boa e segura companhia para se aventurar no exterior.

Nos primeiros tempos, enquanto não se dá o desdobramento, haverá desagradável tensão nervosa, pela interferência da vontade no processo natural do desprendimento, porém, conseguido que seja o primeiro sucesso, a tensão desaparecerá e haverá sempre bem-estar após os exercícios que, nem por isso, todavia, devem ser amiudados.

Estes são os primeiros passos e as principais recomendações a fazer para o desenvolvimento desta utilíssima capacidade psíquica, sendo que tudo o mais, daí por diante, deve ser realizado em pleno entendimento com o protetor individual.

Para a parte prática podemos acrescentar os seguintes informes e conselhos:

• Proceder o trabalho de praticagem individual do desdobramento consciente, pelo exercício de *isolamento*, que também é útil como preparação para vários outros trabalhos, como sejam: desprendimento material, meditação, comunhão com o Plano Espiritual, cura de moléstias, combate a vícios e defeitos etc.

• Deitar em decúbito dorsal e respirar profundamente durante uns cinco minutos, sem esforço: esvaziar a mente, deixando-a limpa de qualquer preocupação, ideia ou pensamento; relaxar músculo por músculo, a começar dos pés, subindo pelas pernas, uma por uma, depois quadris, tórax, braços etc.

MEDIUNIDADE

Para facilitar o relaxamento, imaginar que o corpo é uma organização que vai fechar e os operários vão então saindo e as máquinas vão parando, desligando-se as tomadas, fechando-se janelas e portas e insistir até sentir os membros pesados e o corpo como que afundando na cama.

• O corpo deve ficar bem acomodado para não preocupar o Espírito em momento algum, nem ficar sujeito a câimbras ou dores musculares pela má posição.

Se, em consequência, ocorrer desdobramento, não se atemorizar. Neste caso o Espírito tenta sair projetando-se com a forma humana, acima do corpo físico, horizontalmente, com o rosto para cima, ligando-se a ele pelo cordão umbilical fluídico, mostrando quase sempre uma luz azulada em torno. Esta é a posição clássica, porém o desdobramento pode se dar com Espírito saindo de outro modo.

Nas duas ou três vezes primeiras, conservar os olhos fechados, dando-se a si mesmo ordem prévia, como já dissemos, de não abandonar o quarto até acostumar-se à nova situação, isto é, a viver fora do corpo, a vê-lo deitado à parte, sentir os efeitos da levitação etc. Só depois disso, ir saindo aos poucos no telhado, nos pátios internos, nas ruas, até familiarizar-se com os aspectos exteriores.

Quando se tiver mais tirocínio, tudo ficará mais fácil, porém é conveniente sempre determinar previamente, nos primeiros tempos, o que se quer fazer, onde se quer ir, para que o subconsciente registre o desejo e ajude na hora exata.

Qualquer inquietação ou temor são logo acusados pelo cordão, que passa a vibrar mais ou menos intensamente, conforme o caso, exigindo a volta.

Como se sabe, esse cordão é infinitamente elástico e se alonga indefinidamente, sempre ligado ao perispírito que excursiona, sendo também certo que, para o movimento no espaço, basta a vontade ou o desejo, mesmo sem nenhuma manifestação expressa.

A saída do corpo provoca uma sensação de formigamento e frio, e nessa ocasião qualquer temor ou dúvida impede a saída, como também, sem a perfeita relaxação muscular, não haverá saída, salvo quando o perispírito for puxado por Espíritos desencarnados nos desdobramentos inconscientes.

Ao regressar, porque se quis ou porque se recebeu chamado da parte do cordão, fazê-lo calmamente, colocar-se horizontalmente sobre o corpo físico, como na saída, e ir se reintegrando nele aos poucos.

Ao regressar, o Espírito normalmente recorda o que viu, salvo se foi regresso precipitado, mas para facilitar as recordações, dar ao subconsciente, previamente, antes do exercício ou mesmo quando já desdobrado, sugestões repetidas nesse sentido.

2 — BILOCAÇÃO

Fenômeno mediante o qual se constata a presença de um mesmo Espírito encarnado em dois lugares, *aparentemente* ao mesmo tempo.

Aparentemente, porque os Espíritos, conquanto possam irradiar seus pensamentos para muitos lugares ao mesmo tempo — os superiores, bem entendido — não possuem realmente o dom de ubiquidade.

A bilocação não é uma faculdade mediúnica, mas um fato que se verifica em determinadas circunstâncias e que decorre do desdobramento, porque para encarnados não se pode dar bilocação sem exteriorização do Espírito.

Um exemplo clássico: Apolônio de Tiana, estando em Éfeso, falando em uma reunião, calou-se repentinamente e logo em seguida passou a anunciar o assassinato do imperador, que nesse momento estava presenciando em Roma, e no qual intervinha gritando: morte ao tirano!

Portanto, o fenômeno, do ponto de vista mediúnico, é sempre passageiro e tem dois aspectos consecutivos e complementares: desdobramento no primeiro e incorporação, vidência ou materialização, no segundo.

Incorporação, quando o Espírito, abandonando seu corpo carnal no local onde se encontra, dá uma comunicação, falada ou escrita, em local diferente; vidência, quando exteriorizado do corpo em dado local, se manifesta astralmente em outro; e, finalmente, materialização quando, desdobrando num local, condensa-se de forma a poder ser visto em outro, por uma ou mais pessoas, mesmo não dotadas de capacidade de vidência.

3 — BICORPOREIDADE

É fenômeno da mesma natureza que bilocação, com a diferença que esta mostra o acontecimento em seu aspecto de local de manifestação, enquanto a bicorporeidade o mostra em relação ao veículo de manifestação; bilocação significando dois lugares e bicorporeidade significando dois corpos.

Mas o fenômeno, em si mesmo, é semelhante: O Espírito exterioriza-se no local onde está e mostra-se no local para onde se locomoveu.

Há, todavia, modalidades diferentes do fenômeno, fato este que, justamente, motivou a série de classificações e explicações complicadas e confusas formuladas por alguns escritores espiritualistas.

Uma dessas modalidades é o caso dos dublês; indivíduos que deparam com um corpo físico duplo do seu, dotado ainda mais, em algumas vezes, da faculdade de falar.

Não negamos estes fatos, dos quais há inúmeras referências na literatura espiritualista e, segundo sabemos, a duplicata tanto pode ser uma projeção ideoplástica do indivíduo-base, criada consciente ou inconscientemente (caso em que ela seria muda), ou se trataria de uma caracterização, uma simulação feita por um Espírito desencarnado, manifestando-se em aspecto físico, indumentária etc., semelhantemente ao indivíduo-base, caso em que, então, o dublê poderia falar.

Em se tratando, porém, de Espíritos desencarnados, de certo grau hierárquico, estes podem fazer-se visíveis em lugares diferentes, como já dissemos; essa forma visível, nestes casos, é animada e possui o aspecto e as características que o Espírito atuante deseja imprimir-lhe.

Estes casos, entretanto, não devem ser considerados fenômenos de bilocação ou bicorporeidade, do setor mediúnico, visto que representam o exercício normal de um poder inerente a esses Espíritos.

Não é possível a um mesmo Espírito animar ao mesmo tempo a dois corpos, quando mais não seja pela simples razão de que se a personalidade é variável, a individualidade é indivisível.

Para tal, seria necessário que o Espírito se bipartisse, o que, fundamentalmente, não é possível, porque as ligações perispirituais da encarnação só se dão com um corpo material determinado e são tão profundas e especificamente individualizadas que somente com a morte se rompem.

De tudo se conclui, como regra geral, que em todos esses casos, mutatis mutandis, o Espírito se exterioriza do seu corpo carnal no local onde se encontra e, assim desdobrado, manifesta-se em outros lugares em variadíssimas condições e circunstâncias, *mas nunca ao mesmo tempo e jamais em dupla individualidade.*

4 — DUPLA PERSONALIDADE

Há, por último, os casos de dupla personalidade, que consistem em um mesmo indivíduo apresentar profundas alterações de sua personalidade comum ou costumeira, no temperamento, no caráter, na cultura, na educação, na voz, nos hábitos etc., alternando as diferentes personalidades, às vezes durante meses e anos, como se tem de há muito verificado. Citam-se mesmo casos de tripla e quádrupla personalidade, alternando-se sucessivamente meses e anos, no mesmo indivíduo.

Aqui não se trata de desdobramento que, como vimos, é a base comum dos fenômenos anteriormente citados. Na dupla personalidade, se ficar provado que não se trata de incorporações de entidades estranhas (caso em que o fenômeno não teria originalidade, pois já o estudamos no capítulo das incorporações), e se for demonstrado que tudo se passa no campo íntimo do médium, a explicação do fenômeno, segundo pensamos, pode ser a seguinte:

Por motivos diversos, internos ou externos, que não é necessário enumerar, dilata-se para o médium o campo da *mente menor* (a usualmente utilizada) e o indivíduo passa a viver, temporariamente, com uma consciência diferente, que corresponde a um setor diferente da *mente maior*, no qual, pelos motivos diversos a que nos referimos, temporariamente se integrou.

E como esse diferente setor consciencional corresponde a fatos relacionados a uma outra encarnação, o indivíduo, dessa encarnação, manifesta uma personalidade diferente da pertencente ao mesmo indivíduo na presente encarnação, porque, como já dissemos, a personalidade é variável enquanto a individualidade é indivisível.

André Luiz cita um caso que pode ser considerado de puro animismo: o de uma mulher que, à aproximação de um desafeto desencarnado que a persegue, deixa-se dominar por reflexos da vida anterior, quando foi apunhalada por ele, e revive em si mesmo os antigos sofrimentos e representa a personalidade do passado.

É um caso interessante na forma curiosa a confundir-se com a dupla personalidade, não por reingressão na mente maior, mas por reativações momentâneas das reminiscências guardadas no subconsciente e que perduram mesmo através do desencarne e do renascimento.

Ela supõe encarnar uma personalidade diferente, mas na realidade somente exterioriza o mundo de si mesma. Um caso forte de animismo, pois.

E assim como o médium pode manifestar personalidade dupla, vivendo em dois setores da mente maior, pela mesma razão e pelas mesmas leis poderá aparentar personalidade tripla ou quádrupla, se bem que isto, agora, só se possa dar em circunstâncias mais raras e mais difíceis.

Mas, em todos os casos, como a mente total é uma só (conquanto possa entrar em atividade parcelada), e igualmente como sucede nas exteriorizações, nunca se dá divisão do Eu, que é sempre uno, indivisível, integral.

Vejamos agora a última manifestação de efeitos, nesta série que estamos enumerando.

5 — MEDIUNIDADE CURADORA

É a capacidade possuída por certos médiuns de, por si mesmos, curarem moléstias, provocando reações reparadoras de tecidos e órgãos do corpo humano, inclusive as oriundas de influenciação espiritual.

Assim como há médiuns que emitem fluidos próprios à produção de efeitos físicos concretos (ectoplasmia) há os igualmente para a emissão daqueles que operam as reparações acima referidas.

MEDIUNIDADE

O fluido, em essência, é sempre o mesmo: substância cósmica fundamental, mas suas propriedades e efeitos variam imensamente, segundo a natureza da fonte geradora imediata, da vibração específica e, em muitos casos, como por exemplo este, de cura, segundo o sentimento que presidiu ao ato da emissão.

A diferença entre os dois fenômenos está em que no primeiro caso (ectoplasmia) o fluido é pesado, denso, próprio à elaboração de formas ou à produção de efeitos objetivos por condensação, ao passo que, no segundo, é sutilizado, radiante, próprio a alterar condições vibratórias preexistentes.

O médium curador, além do magnetismo próprio, goza da aptidão de captar esses fluidos leves e benignos nas fontes energéticas da natureza, irradiando-os, em seguida, sobre o doente, revigorando órgãos, normalizando funções, destruindo placas e quistos fluídicos produzidos por auto-obsessão ou por influenciação direta.

Põe-se em contato com essas fontes, orando e concentrando-se, animado do desejo de exercer a caridade evangélica e, como a lei do amor é a que preside a todos os atos da vida espiritual superior, ele se coloca em condições de vibrar em consonância com todas as atividades universais da Criação; encadeia forças de alto poder construtivo que, então vertem sobre ele e se transferem ao doente que, a seu turno, pela fé ou pela esperança, se colocou na mesma sintonia vibratória.

Os fluidos radiantes interpenetram o corpo físico, atingem o campo da vida celular, bombardeiam os átomos, elevam-lhes a vibração íntima, e injetam nas células vitalidade mais intensa que, em consequência, acelera as trocas (assimilação, eliminação). De tudo isso, por fim, resulta uma alteração benéfica, que repara lesões ou equilibra funções. Isto no corpo físico.

E agindo através dos centros anímicos (órgãos de ligação com o perispírito) atingem a este, que também se beneficia, purificando-se pela aceleração vibratória, e assim se tornando incompatível com as de mais baixo padrão. Desta forma é que se operam as curas de perturbações espirituais, na parte que se refere ao perturbado propriamente dito.

Já sabemos que a maior parte das moléstias de fundo grave e permanente não podem ser curadas, porque representam resgates cármicos em desenvolvimento, salvo quando há permissão do Alto para fazê-lo, mas em todos os casos há benefícios para o doente porque, no mínimo, se conseguirá uma atenuação do sofrimento.

Nestes casos de curas, aplicam-se as advertências que fazemos quando tratamos dos passes e radiações, convindo consultar esses tópicos (páginas 162 a 167).

E como falamos em curas espirituais, julgamos acertado estender o assunto um pouco mais, para nos referirmos às obsessões:

Edgard Armond

Obsessões

Obsessão, no entendimento geral, significa loucura, mas nós, espíritas, sabemos que são desvios momentâneos e passageiros do equilíbrio psíquico, que nem sempre afetam a mente.

Esse assunto tem sido muito estudado e os autores espíritas conhecem bem seus detalhes e, somente de passagem, a ele aqui nos referimos, para rematar as considerações que atrás fizemos sobre mediunidade curadora.

Dividimos as obsessões, quanto à origem, em internas e externas.

No primeiro caso, o doente é o obsessor de si mesmo; existe, pois, uma auto-obsessão, cujas causas podem ser: hipertrofia intelectual ou excesso de imaginação; vida contemplativa ou misticismo; esforço introspectivo sistemático, fixações mentais inalteráveis, etc.

O doente constrói para si um mundo mental divergente, povoado de ideias fortes ou mórbidas, que se tornam fixas, ou de concepções abstratas ou fantasiosas que se sobrepõem à Razão, estabelecendo no campo da mente um regime de desvario, deslocando-a do campo das realidades ambientes. Nestes estados, há sempre predomínio do subconsciente.

Como se vê, há um desvio funcional da mente consciente, com base no próprio Espírito e, quando esse desvio ultrapassa os limites daquilo que é considerado o máximo tolerável por todos, o indivíduo passa a ser taxado de lunático, demente.

Nestes casos, o equilíbrio pode ser restabelecido com a simples modificação das atividades normais do doente, que devem ser orientadas, o mais possível para o campo das tarefas materiais concretas e objetivas. Busque-se uma substituição de pensamentos.

No segundo caso, a obsessão é externa quando provocada por agentes estranhos, alheios ao doente, que podem ser:

a) *diretos:* entidades desencarnadas;

b) *indiretos:* larvas (pensamentos, formas) e outras espécies de influenciação telepática.

Em todos estes casos, a perturbação tem duração mais ou menos limitada e, afastada a causa, cessam os efeitos, quase sempre recuperando a mente sua normalidade anterior.

Somente podemos considerar loucura, isto é, desequilíbrio irremediável, os casos em que o organismo foi invadido por agentes patológicos ou causadores de lesões nos centros anímicos como, por exemplo, a sífilis, o álcool, traumatismos, etc.

Então, como bem se percebe, não se trata mais de obsessão, porém de lesões que impossibilitam a mente de funcionar em ordem, e é em relação a

MEDIUNIDADE

estes casos, principalmente, que a mediunidade curadora se limita à atenuação do sofrimento.

Nas obsessões mais graves, quando a cura é permitida, e em todos os demais casos, só se colhem bons resultados quando o doente colabora, reagindo no campo moral, edificando-se no esforço de reabilitação; caso contrário, os resultados serão passageiros, porque o doente acaba se acumpliciando com o obsessor e a obsessão sistematicamente reincide, em muitos casos perdurando até além da morte. Se houver reação, vão se desatando aos poucos os laços que prendem o obsessor ao obsidiado, acentuando-se cada vez mais a incompatibilidade vibratória dos perispíritos, e dá-se por fim a separação entre ambos.

Sabemos das dificuldades existentes no se compelir os obsidiados a colaborarem na sua própria regeneração: comumente se afastam, negam-se a ouvir, a assistir trabalhos e a seguir conselhos no que aliás, como sabemos, são levados pelos próprios obsessores que, ligados fortemente aos seus perispíritos, dominam a sua consciência, pensamentos e atos.

Os obsidiados se acostumam com os obsessores; durante anos há entre eles troca, permuta de fluidos e se os separamos violentamente, podem surgir lesões mais ou menos graves no organismo físico ou psíquico.

É preciso ir desligando aos poucos.

Nos casos de obsessão avançada, após as crises agudas dos ataques diretos, perseguidores e perseguido permanecem "na mais estreita ligação telepática, agindo e reagindo mentalmente um sobre o outro".

Os obsidiados julgam muitas vezes querer libertar-se, entretanto, no íntimo, alimentam-se com os fluidos enfermiços do companheiro desencarnado e apegam-se a ele, instintivamente. Milhares de pessoas são assim.

Entretanto, é possível agir de forma a captar esse precioso concurso individual em entendimento direto com o obsidiado, demonstrando-lhe o nosso desejo de curá-lo e, aos poucos, incutindo-lhe no subconsciente conceitos evangélicos apropriados.

Por outro lado, levados à sessão de cura espiritual, devem ser submetidos a passes apropriados, por médiuns que possuam faculdades curativas, os quais, como veículos dos Espíritos, colocando as mãos sobre a cabeça do doente, projetarão sobre ele fluidos elevados, captados no Espaço, com o concurso de toda a assistência, que deve estar concentrada fortemente naquele objetivo de cura.

Este processo dá resultados apreciáveis e, no mínimo, se obterão afastamentos temporários, em etapas progressivas e complementares de reabilitação psíquica do doente.

O estado obsessional em sua fase inicial, tem o nome já vulgarizado de *encosto*, quando o Espírito que interfere é inconsciente e passivo. Numa outra bem mais avançada e mais grave, chama-se *possessão*; mas, generalizando, todos estes casos são fenômenos de vampirismo.

Obsessão e suas modalidades são fenômenos que somente manifestam Espíritos atrasados, pois não há possibilidade de serem loucos ou obsidiados Espíritos de evolução mais avançada.

Por último, queremos lembrar que, nem sempre o tratamento das obsessões deve ter em vista o afastamento do obsessor, porque tal coisa às vezes não se pode dar, mormente nos casos *diretos*, quando obsessor e obsidiado acham-se estreitamente ligados entre si por laços fluídicos e indissolúveis, em tarefas de resgates cármicos.[30]

André Luiz, em seu livro já citado, explica que médiuns existem que, aliviados dos vexames que recebem por parte de entidades inferiores, depressa lhes reclamam a presença, religando-se a eles automaticamente, embora o nosso mais sadio propósito de libertá-los.

Enquanto não se modificam suas disposições espirituais, com a criação de novos pensamentos, jazem no regime da escravidão mútua, em que obsessores e obsidiados se nutrem das emanações uns dos outros.

Temem a separação, pelos hábitos cristalizados em que se associam, segundo os princípios da afinidade.

Estendemos um pouco este capítulo para oferecer ligeiros informes sobre o sombrio setor do vampirismo, do qual focalizaremos apenas três aspectos como segue:

1º) o vampirismo de tóxicos: fumo, álcool, entorpecentes;

2º) o de energias orgânicas; e

3º) de ectoplasma: para materializações, visando vários fins.

Primeiro — Os viciados nesses tóxicos, quando desencarnam, continuam, entretanto, a sofrer o desejo do tóxico e não possuindo mais o corpo orgânico terreno, satisfazem-se vampirizando os viciados encarnados, através dos quais absorvem as emanações deletérias dos tóxicos.

Segundo — Espíritos desencarnados fracos, doentes, sofredores, aderem ao perispírito dos encarnados e sugam-lhes as energias vitais, com as quais se retemperam, podendo levar suas vítimas a extremos de esgotamento.

---

[30] Para casas espíritas de grande movimento, nas curas de obsessões, não pode ser aplicado o processo clássico das doutrinações individuais; por isso, estabelecemos na Federação Espírita do Estado de São Paulo o sistema que denominamos "Choque Anímico", que permite assistir individualmente grande número de casos numa só sessão.

O processo, em síntese, é levar diretamente ao coração do obsessor um forte jato de fluidos de amor. Vide *Trabalhos Práticos de Espiritismo*, incluso na coletânea *Prática Mediúnica*, do mesmo autor, Editora Aliança, São Paulo.

MEDIUNIDADE

Terceiro — Desencarnados absorvem ectoplasma de pessoas encarnadas e se materializam, por mais ou menos tempo, durante o qual executam atividades muitas vezes tenebrosas, dentre as quais se destacam as do *Vampirismo sexual*, cujas materializações podem ser totais ou parciais e se exercerem no plano material ou no espiritual.

Quando o desencarnado é masculino e o encarnado é feminino, o primeiro é denominado "íncubo", e quando é feminino, "súcubo". [31]

Denominamos vampirismo terreno, quando as relações se dão em nosso plano e vampirismo astral quando se dão neste último plano.

Os casos desta natureza exigem tratamento especial, muitas vezes drástico, para desligamento da entidade desencarnada.

Esse setor de efeitos físicos, como se vê, é muito interessante e, às vezes, mesmo impressionante, porque os assistentes veem-se assim postos em contato direto e objetivo com os Espíritos desencarnados.

Os intelectuais encontram nele possibilidades inúmeras e ideais de exercerem investigação de fundo científico; os que precisam ver para crer e os filiados a credos dogmáticos ou platônicos, todos podem verificar, pessoalmente, a realidade da vida espiritual, do intercâmbio entre os mundos físicos e etéreos, enfim, da imortalidade da alma.

Mas é preciso, nesse setor, agir com muito cuidado e discernimento porque ele, justamente, oferece margem, pela sua complexidade, a uma série extensa de mistificações, ora de médiuns, ora de Espíritos; a confusões muito naturais para aqueles que não lhe conhecem as particularidades.

Há uma porcentagem reduzida de manifestações que podemos citar como autênticas desta espécie, não passando muitas outras de fenômenos de outra espécie, que com esta se confundem.

É comum, por exemplo, que Espíritos de planos inferiores ligados à Terra, pelo desejo que sempre têm de se manifestarem aqui, ou mesmo em missões de colaboração, utilizem-se de médiuns inconscientes, de incorporação, e usando as próprias mãos e pés desses médiuns produzam as manifestações tidas como efeitos físicos (levitações de objetos, toque de instrumentos musicais, pseudomaterializações etc.) que não passam, afinal, de simples fenômenos de incorporação.

Não cabe nos limites deste nosso trabalho entrar também no estudo das mistificações, conscientes ou inconscientes, de médiuns e de Espíritos, bem como do meio de evitá-las, mas podemos acrescentar que, por dois processos muito simples se pode selecionar as manifestações, sendo um o

---

[31] Vide do mesmo autor *Relembrando o Passado* onde, no cap. IV "Vampirismo", há um relato interessante de íncubo. (Nota da Editora)

de segregar o médium de todo contato ou aproximação, mantendo sempre a cabina sob vistas de todos, e outro o de operar com meia-luz, vermelha ou azul, de intensidade suficiente para tornar visível todo o aposento do trabalho e seus assistentes.

A luz nem sempre impede a realização dos fenômenos, salvo os de caráter luminoso, que ficariam, é claro, prejudicados se se utilizasse luz intensa. O poder-se ou não trabalhar com luz e a intensidade dessa luz, tudo depende da capacidade fluídica do médium e também de sua educação mediúnica.

Mesmo que o médium ou o Espírito operante não o desejem, devemos sistematicamente tentar a meia-luz, pois somente assim se poderá garantir a autenticidade, verificar os limites e classificar devidamente os fenômenos produzidos; e a recusa de submissão a estas exigências tão naturais, já por si mesma, torna suspeita a idoneidade dos operadores.[32]

Para que possam lidar sempre com material conhecido e facilmente manejável, os Espíritos, por sua vez, exigem, mormente no início, que os assistentes sejam em pequeno número e sempre os mesmos.

Em seu livro já citado, André Luiz, referindo-se aos efeitos físicos, explica que os pensamentos e emissões de fluidos negativos por parte da assistência, influem sobre o ectoplasma que está sendo manipulado pelos Espíritos, obscurecendo-o e danificando-o.

Isso é razoável porque, de fato, o selecionamento lhes garante o êxito do trabalho, mas certo é, também, que *havendo médiuns com a faculdade de ceder fluidos em volume suficiente, treino operacional e capacidade da parte dos operadores nos dois planos, os fenômenos se produzirão de qualquer forma.*

Outro aspecto da questão, que devemos focalizar, é que esta forma de mediunidade é aquela que mais depressa e sistematicamente exaure o médium, justamente atendendo à sua tarefa de doar fluidos.

Os médiuns desta classe são, a bem dizer, "doadores de sangue fluídico", que não podem ser utilizados sem constantes períodos de recuperação, muito embora os próprios Espíritos operadores promovam, ao fim de cada trabalho, essa recuperação, de alguma forma.[33]

---

[32] Certos faquires, no Oriente, produzem os mais extraordinários fenômenos físicos, transportes, levitações, materializações etc., em plena luz do dia e sem preparação ou auxílio de terceiros, pelo emprego somente de sua capacidade de produzir fluidos e o concurso dos Espíritos desencarnados.

[33] Para aumentar a capacidade de doar fluidos, e desde que o diretor do trabalho seja pessoa competente, pode-se adotar o processo da aplicação da Força Primária — o fogo da terra — sobre os centros de força do perispírito, mais ou menos na forma pela qual fizemos sua adaptação às práticas espíritas. Essa aplicação, todavia, não deve ser generalizada, pelos perigos que encerra na ocorrência de leviandades, exageros ou falta de conhecimentos apropriados. Vide obra *Passes e Radiações* do mesmo autor, Editora Aliança, São Paulo.

MEDIUNIDADE

Outra coisa que convém dizer é que os trabalhos de efeitos físicos, do ponto de vista espiritual, são de categoria inferior, e os médiuns desta espécie, mais que quaisquer outros, estão sujeitos a perturbações físicas, psíquicas, obsessões, degenerações.

Para evitar isso, é preciso que não se entreguem completamente a este gênero de atividade e cuidem, o mais possível, de sua elevação moral.

Mais que outros, a vaidade pode perdê-los, ou as tentações de benefício material, porque se possuírem mediunidade em boas condições, sofrerão o assédio constante dos curiosos, dos investigadores, dos incrédulos e dos aproveitadores.

Este é o campo em que a curiosidade de muitos encontra pasto, nem sempre seguida da verdadeira compreensão espiritual, que edifica no íntimo de cada um os fundamentos da fé e os propósitos indeclináveis da reforma moral, que é a base cristã, fundamental, da doutrina espírita.

A produção de fenômenos tem indiscutível utilidade no campo da investigação criteriosa e bem-intencionada, mas não deve se transformar em objetivo fundamental de todo o esforço no estudo e na aplicação dos ensinamentos da Doutrina.

É preciso fugir ao encantamento que o fenômeno exerce sobre os trabalhadores inexperientes ou novatos, bem como do fanatismo, muitas vezes obsessionante, que afeta aqueles que não passam dos aspectos superficiais do problema e se agradam, por vaidosos, daquilo que lhes atinge a personalidade e que levam na conta de privilégios.

E, quanto aos médiuns, é importante saber que devem se esquivar ao comércio de emoções com o invisível, sem um alvo elevado de benefício ao próximo; ao sentimento de monopolizar o intercâmbio; enfim, à busca de sensações e aventuras nesse campo de trabalho, tendo em vista a glória da mediunidade, que não reside no fato de ser o médium instrumento de determinadas inteligências invisíveis ou encarnadas, sejam quais forem, mas sim no de cooperar no esforço geral dos dois mundos, para benefício de todos; os médiuns não são ferramentas cegas, manejadas por operadores exclusivistas, mas instrumentos humildes e fieis da Divindade.

Mediunidade Entre os Animais

No estudo da mediunidade, surge agora o capítulo realmente fascinante da mediunidade nos animais, e este estudo nos leva, para melhor entendimento, a uma revisão da vida espiritual deles, enfrentando a controvérsia existente sobre o assunto.

O Espiritismo ensina que a mônada espiritual, a centelha divina, evolui através dos reinos, realizando, em cada um, as experiências que eles oferecem para benefício de sua sensibilidade, de seu despertamento psíquico.

Em *Iniciação Espírita*, já estudamos este assunto, desenvolvendo-o em certo limite e por ali vimos que no reino mineral, a mônada sofre as influências oriundas dos processos físicos e químicos que se passam no seio das massas minerais, recebendo deles o máximo de influenciação quando atinge a família dos cristais, na qual já se observa um instinto de estesia nas formas geometricamente perfeitas que apresentam. No reino vegetal, já estando integrada em substância orgânica protoplasmática, a mônada já concorre a formar agrupamentos celulares nos quais a sensibilização avança um passo.

No reino animal ela, de parte de um agrupamento, passa a ser uma unidade espiritual, a sua vez formada de agrupamentos celulares menores, isto é, passa a ser o centro da atividade celular individual, penetrando já bem dentro do campo da sensibilidade e do princípio da inteligência individual.

Finalmente, quando entra no reino hominal, ela já possui uma organização psíquica apreciável capaz de proporcionar-lhe experiências mais complexas, advindas dos dois setores diferentes — coração e cérebro — utilizando o livre-arbítrio e um teor de consciência suficiente para conduzi-la por si mesma a caminhos altos nos campos da evolução, próprios do reino espiritual.

Já vimos que a mediunidade se manifesta em todos os graus da escala, do baixo ao alto, como manifestação que é de intermediarismo automático entre todos os seres.

Desde que entra no reino animal, a mônada já adquiriu um coeficiente de sensibilidade bastante apreciável, o que lhe permite manifestar mediunidade, visto que esta é justamente o resultado maior ou menor da sensibilização do ser.

Daí, logo se percebe que as manifestações serão mais acentuadas e frequentes nas famílias animais mais evoluídas, sobretudo aquelas que mais de perto convivem com os homens, seres mais adiantados, ao contato de cujos sentimentos a sensibilização dos animais aumenta.

São inúmeras as formas de mediunidade entre os animais, porém as mais observadas são as pertencentes ao campo da vidência.

Como os animais vivem ao mesmo tempo no astral e no plano material denso, a visão e a audição captam impressões desses dois planos; ouvem e veem com facilidade nos dois planos, os seres encarnados e desencarnados.

Sentem a aproximação de pessoas, como também a de acontecimentos telúricos ou cósmicos (terremotos, tempestades etc.).

Das pessoas com as quais convivem (sendo domésticos), sentem os fluidos bons ou maus, os sentimentos amistosos ou hostis e instintivamente se afastam ou se aproximam, conforme o caso.

Porém, há também os casos típicos da mediunidade entre eles, nos quais, como entre os homens, o intermediarismo é manifesto.

MEDIUNIDADE

São do conhecimento de todos os casos de burros, cavalos, cachorros e gatos que leem e contam com surpreendente exatidão.

Como não é possível que animais, cuja organização psíquica ainda não comporta consciência ativa e metódica e capacidade de raciocínio, realizem cálculos matemáticos ou leiam palavras da língua humana, é forçoso reconhecer que quem leu ou fez a conta não foi o animal, mas alguma inteligência que dele se utilizou. Essa inteligência, já sabemos que é o Espírito que se serve do animal para isso.

O Espírito lê a palavra escrita e bate com a pata ou a cabeça do animal, produzindo o movimento convencional relativo a essa letra, palavra ou número.

E aqui cabe, de passagem, algumas referências a respeito da licantropia, singular capítulo sobre as formas mais baixas da incorporação.

Realmente, os casos impressionantes de licantropia são todos casos que provam a mediunidade dos animais. Os Espíritos encarnados menos responsáveis atuam sobre os animais como o fazem com os médiuns.

O feiticeiro, o macumbeiro, desdobrando-se do seu corpo físico, apodera-se do corpo animal seja ele qual for, doméstico ou selvagem e, nesse corpo, age como entender, conscientemente, realizando muitas vezes longas caminhadas por florestas ou desertos, no afã de expandir, ao contato daquele ser rústico, as paixões animais que lhes são próprias e afins.

Os autores que escreveram sobre as seitas e os ritos dos povos indianos e africanos, comumente citam fatos interessantes a respeito desta forma de mediunidade.

Na Índia, referem-se aos homens-tigres, incorporação ou semi-incorporação de feiticeiros em tigres que funcionam como médiuns, e que nem por isso deixam nesses momentos de atacar e devorar suas vítimas.

Na África e em outros lugares, mulheres e homens, encarnados e desencarnados, se incorporam em animais domésticos: gatos, cães etc., e selvagens: lobos, raposas, veados etc., e correm o país pelas noites adentro, em busca de emoção e de informações de que carecem para conservação do seu prestígio perante as tribos ignorantes das quais são oráculos ou sacerdotes.

Cito um caso: uma caravana científica inglesa, ficou sem abastecimento e recursos diversos, na dependência de um navio que devia arribar no porto mais próximo, mas que tardou muito a chegar.

Os portadores enviados ficaram retidos em certo local por chuvas e enchentes e, ante a perspectiva da penúria, o chefe recorreu ao feiticeiro local, o qual à noite, incorporado em um lobo, percorreu 200 quilômetros de mataria e voltou para trazer, no dia seguinte, notícias positivas sobre os portadores ilhados e o navio que acabara de arribar na costa.

Os Espíritos familiares e protetores, muitas vezes lançam mão dos animais domésticos para fazerem advertências, darem avisos, alertarem seus amigos e protegidos sobre males pendentes ou acontecimentos que devem ser evitados.

Nos casos de morte, sucede os pombos abandonarem as casas e os cães uivarem lamentosamente horas a fio: pressentiram o transpasse.

CAPÍTULO 14

OS ELEMENTAIS

Neste orbe denso que habitamos, podemos traçar duas linhas demarcatórias, separando planos de atividades espirituais diferentes: a dos seres elementais e a dos Espíritos humanos.

Esta demarcação é um simples recurso de objetivação do assunto, para facilitar sua compreensão, nada havendo de rígido, delimitado, no espaço, porque tudo no Universo se interpenetra e as separações desta espécie são sempre simplesmente vibratórias. Assim, o plano da matéria física possui vibração mais lenta que o da matéria etérea e, dentro do mesmo plano, a mesma lei se manifesta, separando os subplanos e assim por diante.

Cada plano é habitado pela população espiritual que lhe for própria, segundo o estado evolutivo e a afinidade específica vibracional de cada uma; também é sabido que entidades habitantes de um plano não podem invadir planos de vibração diferente, salvo quando de planos superiores, que podem transitar pelos que lhes estão mais abaixo.

O PLANO DOS ELEMENTAIS

Os Elementais são seres singulares e misteriosos, multiformes, invisíveis, sempre presentes em todas as atividades da Natureza, além do plano físico. São veículos da Vontade Criadora, potencializadores das forças, leis e processos naturais. Sua existência é constatada por muitos e ignorada pela maioria.

Em síntese, podemos dizer que eles são os executores das manifestações do instinto entre os animais, levando-os a agir desta ou daquela maneira, sendo essa uma de suas mais úteis e interessantes tarefas. Eles mesmos, cada um no seu gênero, são o instinto simples, natural, impulsivo, violento e espontâneo em ação.

Daí serem perigosos quando utilizados pelos homens no campo das paixões naturais, cuja exacerbação produzem a limites imprevisíveis.

Em muitos pontos, confundem-se com os deuses mitológicos e das religiões primitivas.

Geralmente são controlados e conduzidos por "almas-grupo", designação ambígua que significa "elementos polarizadores", gênios da própria espécie.

Os povos antigos se referiram a eles no passado, e milhares os viram e ainda os veem, quando são videntes, ou quando exteriorizados do corpo físico; e farta é a literatura espiritualista que os noticia; e, no próprio Espiritismo, há referências sobre eles, que são, aliás, figuras vivas e familiares aos médiuns videntes e de desdobramento.

"Possuem um metabolismo intraluminoso de grande velocidade; são transmissores de energias espiritualizantes para as substâncias dos planos inferiores da Natureza, no campo físico, e formadores das grandes correntes de energia reduzida, que utilizam como Espíritos da Natureza."

"Os mundos etéreos, onde se manifestam, são formados de matéria rarefeita de maior ou menor densidade."

Formam várias classes, cada uma delas com seus próprios habitantes, nos próprios planos, todos se interpenetrando, como no arco-íris, isto é, os de menor densidade interpenetrando os de densidade mais pesada.

"Atuam em diferentes planos: no físico, no emocional e no mental inferior, quando a forma predomina sobre a energia; no mental superior e na vontade individual, quando predomina a vida[34] e o ritmo, se reduzindo à essência concentrada, formando os arquétipos."

"Todos os processos criativos, a saber: a criação, a evolução, a vivificação e a forma, são assistidos por hostes desses seres, que agem sob a vigilância de um ser maior, responsável, condutor, considerado, como já dissemos, o deus, o gênio da espécie. Exemplo: o deus da montanha, o deus do mar, etc., como nas mitologias em geral."

O ser elemental é vivo e vive no astral. Segundo sua espécie, incorpora os pensamentos e as ideias dos homens e as executam como se fossem próprias. Realizada uma, apropria-se de outra, que também executa e assim passam a atuar ininterruptamente, tornando-se perigosos por serem inconscientes, sem discernimento para distinguir o bem do mal. São seres em início de evolução.

Encontram-se em toda parte: na superfície da Terra, na atmosfera, nas águas, nas profundidades da subcrosta, junto ao elemento ígneo. Invisíveis aos olhares humanos, executam infatigável e obscuramente um trabalho imenso, nos mais variados aspectos, nos reinos da Natureza, junto aos minerais, aos vegetais, aos animais e aos homens.

"A forma desses seres é muitíssimo variada, mas quase sempre aproximada da forma humana. O rosto é pouco visível, ofuscado quase sempre pelo resplendor energético colorido que o envolve."

---

[34] Obs.: Os períodos entre aspas são redigidos com subsídio retirado do livro *O Reino dos Deuses* de G. Hodson.

MEDIUNIDADE

"Os Centros de Força que, no ser humano são separados, nos elementais se juntam, se confundem, se somam, formando um núcleo global refulgente, do qual fluem inúmeras correntes e ondulações de energias coloridas, tomando formas de asas, braços, cabeças..."

Podem ser classificados em duas categorias gerais: os elementais fictícios e os naturais.

Os primeiros são conhecidos como "larvas", criações mentais, formas--pensamento, que exigem três elementos essenciais para subsistirem: uma substância orgânica, uma forma aparencial e uma energia vital.

Existem substâncias plásticas etéreas que permitem sua criação; a forma depende do sentimento ou da ação mental que inspirou sua criação e o elemento vital que os anima vem do reservatório universal da energia cósmica.

A vida das larvas durará na medida da energia mental ou passional emitida no ato da criação e poderá ser prolongada desde que, mesmo cessada a força criadora inicial, continuem elas a serem alimentadas por pensamentos, ideias, vibrações da mesma natureza, de encarnados ou desencarnados, existentes na atmosfera astral, que superlotam de ponta a ponta, multiplicando-se continuamente.

O ser pensante cria sempre, consciente ou inconscientemente, lançando na atmosfera astral diferentes produtos mentais.

A criação consciente depende do indivíduo sintonizar-se ou vibrar no momento, na onda mental que corresponde à determinada criação (amor, ódio, luxúria, ciúme etc.) e por isso essa forma de criação raramente é normal, habitual, porque não é fácil determinar a forma da larva que corresponde à ideia ou ao sentimento criador; mas, a vontade adestrada, impulsionando a ideia ou o sentimento, pode realizar a criação que tem em vista e projetá-la no sentido ou direção visada, para produzir os efeitos desejados.

A larva, quando é um desejo, uma paixão ou um sentimento forte, se corporifica, recebe vida mais longa que a larva simplesmente mental que, quase sempre, tem uma alimentação mais restrita, a não ser quando projetada por pessoa dotada de alto poder mental, ou por grupos de pessoas nas mesmas condições.

Os sacerdotes egípcios, por exemplo, criavam larvas para defenderem as tumbas dos mortos, animando-as de uma vida prolongada e elas se projetavam sobre os violadores de túmulos provocando-lhes perturbações graves e até mesmo a morte.

Quanto aos elementais naturais, eles formam agrupamentos inumeráveis compreendendo seres de vida própria, porém essencialmente instintiva que vão desde os micróbios, de duração brevíssima, até os chamados Espíritos da Natureza, que classicamente são agrupados nos Reinos, sob os nomes de gnomos (elementais da terra), silfos (elementais do ar), ondinas (elementais das águas) e salamandras (elementais do fogo) e todos eles interessam aos trabalhos mediúnicos do Espiritismo.

Os elementais da terra se agrupam em numerosas classes: os da floresta, das grutas, da subcrosta, dos areiais, dos desertos, das planícies, das regiões geladas, etc., cada espécie desempenhando determinado trabalho, sob a supervisão de Espírito desencarnado, trabalhos esses que vão desde a proteção de animais até a produção de determinados fenômenos naturais.

Os índios e aborígenes de várias regiões do globo mantém com eles relações estreitas: não derrubam mato nem iniciam suas estações de caça sem antes evocarem os gênios que presidem essas atividades: fazem suas evocações previamente batendo nos seus tambores sagrados, em meio a cerimônias bárbaras e, quando o gênio surge entre eles, muitas vezes completamente materializado, fazem-lhe roda em torno e dançam e cantam durante longo tempo.

Como simples ilustração e curiosidade acrescentamos os seguintes detalhes: os povos nórdicos, nas grandes noites de seus invernos polares, que duram meses, no isolamento de suas residências, comunicam-se com esses seres, batendo pancadas no chão em determinados ritmos ou, em havendo médiuns, por ligação direta de vidência ou audição; assim se comunicam com parentes e amigos nas regiões desertas fora da civilização e se orientam sobre diferentes assuntos de interesse.

Os lapões comumente mantêm esses contatos: são despertados por esses seres quando dormem, remetem avisos, pedem auxílio nas enfermidades, são protegidos na caça e na pesca e outros até os utilizam para fazer transações curiosas, como essa de venderem vento a terceiros, como garantia de navegação segura, para o que mandam que o interessado amarre nos mastros, pedaços de panos, nos quais dão certo número de nós para tornar a embarcação conhecida, bem visível aos elementos escalados para a proteção, nós que os navegantes vão desmanchando aos poucos, à medida que o vento cessa e vão precisando dele nesta ou naquela direção.

Não são raras as oportunidades de examinar esses seres diretamente, em sessões espíritas bem organizadas e dirigidas por pessoas competentes, pois esses seres, por serem inconscientes, são perigosos. Os gnomos, por exemplo, são figuras feias, pequenos, cobertos de pêlos, formas grosseiras e quase sempre deixam no ambiente do trabalho, cheiros fortes de mato, de terra, de animais silvestres.

Neste campo, várias coisas, pois, podem ocorrer, nos trabalhos de vidência e nos desdobramentos:

MEDIUNIDADE

1º) o médium vê uma forma astral, que pode ser uma simples criação mental de Espíritos alheios, encarnados ou desencarnados, ou de instrutores que se utilizam da ideoplastia para desenvolvimento mediúnico ou para transmissão de ideias próprias;

2º) o médium vê formas criadas, representando, simbolicamente, desejos ou paixões humanas;

3º) o médium vê seres elementais reais de qualquer das diferentes categorias em que se agrupam.

Para saber se conduzir e dar informações corretas, os médiuns precisam conhecer inúmeros detalhes da vida espiritual e esta é uma das fortes razões que justificam esta publicação que, para alguns confrades mais ortodoxos, pode parecer uma incursão desnecessária no campo do "esoterismo"!...

CAPÍTULO 15

A EDUCAÇÃO DOS MÉDIUNS

Passada, assim, esta ligeira revista nos diferentes aspectos que apresentam as faculdades mediúnicas em geral, convém dizer alguma coisa sobre os médiuns, em si mesmos, sobre suas vidas atormentadas, as injustiças de que são vítimas e a tarefa trabalhosa que lhes é imposta nos dias que correm, para a divulgação do conhecimento espiritual.

Se é certo que todos temos possibilidades mediúnicas, também o é que nem todos possuem faculdades suficientemente desenvolvidas para atuarem, dominantemente, no ambiente em que vivem, pois somente em determinada fase do desenvolvimento, tal coisa é possível.

Até chegar a esse ponto, são, pois, os médiuns, vítimas de inúmeras perturbações, mais que quaisquer outros.

Quando, afinal, atingem um certo grau de eficiência própria, com a eclosão e o domínio das faculdades, seus organismos ficam sujeitos a um funcionamento psíquico complexo e delicado, que exige constantes cuidados. E, por outro lado, justamente porque entram em campo de trabalho coletivo, pelo exercício diário das faculdades, passam a sofrer tentações de toda espécie.

Em geral, é muito descuidada a educação dos médiuns e ainda não se chegou, no Espiritismo, a um conhecimento seguro e esclarecido a respeito deste assunto.

De início não basta que se mandem os médiuns assistir sessões ou ler livros de Doutrina, porque muitas vezes, nessas sessões, não encontram eles orientadores competentes, nem o ambiente saturado de pureza fluídica de que necessitam e, quanto à leitura, nem sempre ela lhes fornecerá os esclarecimentos indispensáveis, de forma objetiva, que sirva de norma prática de conduta pessoal.

Muito raramente os médiuns podem ser autodidatas: invariavelmente precisam de orientação e orientadores competentes; como quaisquer outros, são discípulos que precisam de mestres. Em geral, ao se entregarem ao desenvolvimento, ao invés de obterem alívio para suas perturbações, de ocorrência infalível, consolo para suas mágoas, esclarecimento para suas dúvidas, força para sua luta obscura, segurança para suas vidas, encontram, muitas vezes, o personalismo de uns, a ignorância de outros, e um conhecimento empírico ou falso, que ainda lhes envenena a alma com superstições grosseiras.

MEDIUNIDADE

Quando precisariam de ambientes claros e elevados, encontram muitas vezes atmosferas pesadas, hostis, de Espíritos inferiores, que ainda vêm acrescentar influências perniciosas àquelas de que já eram vítimas e contra as quais, justamente, iam buscar auxílio.

É preciso, portanto, que somente frequentem sessões onde encontrem ambientes verdadeiramente espiritualizados, onde imperem as forças boas e onde as más, quando se apresentarem, possam ser dominadas.

E sessões desta natureza só podem existir onde haja, da parte de seus dirigentes, um objetivo elevado a atingir, fora do personalismo e da influência de interesses materiais, onde os dirigentes estejam integrados na realização de um programa elaborado e executado em conjunto com entidades espirituais de hierarquia elevada.

Sem espiritualidade não se consegue isso; sem Evangelho, não se consegue espiritualidade e sem o propósito firme e perseverante de reforma moral, não se realiza o Evangelho.

O médium, antes que qualquer outro, deve se bater pela conquista de sua espiritualização, fugindo à materialidade, combatendo as paixões animais e organizando um programa de vida moral que o afaste dos vícios e o aproxime da perfeição.

Referindo-se ao hábito errôneo de médiuns de efeitos físicos se julgarem privilegiados e de receberem de forma altamente mística o Espírito materializado, reverenciando-o como se a materialização fosse um fenômeno sobrenatural e sagrado, diz André Luiz: "O próprio verbo referente ao assunto em sentido literal, não encoraja qualquer interpretação em desacordo com a verdade. Materializar significa corporificar".

"Ora, considerando-se que mediunidade não traduz sublimação e sim meio de serviço, e reconhecendo, ainda, que a morte não purifica, de imediato, aquele que se encontra impuro, como atribuir santidade a médiuns da Terra ou a comunicantes do além pelo simples fato de modelarem formas passageiras entre dois planos?"

"A força materializante, prossegue o Autor, é como as outras manipuladas em nossas tarefas de intercâmbio: independem do caráter e das qualidades morais daqueles que as possuem, constituindo emanações do mundo psicofísico, dos quais o citoplasma[35] é uma das fontes de origem."

Somente assim, quando mantiver seu corpo limpo e seu coração purificado, quando for capaz de pensamentos e atos retos e dignos, poderá então considerar-se apto a receber e transmitir a palavra dos verdadeiros mensageiros divinos.

---

[35] Protoplasma das células.

O Espiritismo, como doutrina, é inatacável, porque tem seus fundamentos no Evangelho do Cristo, mas apresenta falhas na sua prática, já que esta, como é natural, é realizada pelos homens; mas é educando e formando os médiuns para o trabalho evangélico, que conseguiremos modificar esta situação. O campo evangélico é o único perfeito e o mais elevado e quando chega a poder utilizar suas faculdades neste campo, é que o médium está verdadeiramente em condições de executar sua tarefa no mundo.

MEDIUNIDADE

CAPÍTULO 16

DOS FRACASSOS E DAS QUEDAS

OS FRACASSOS

Das cidades, colônias e demais núcleos espirituais do Espaço, constantemente partem, com destino à Terra, trabalhadores que pediram ou receberam, como dádivas do Alto, tarefas de serviço ou de resgate, no campo nobilitante da mediunidade.

Um complexo e delicado trabalho preparatório é realizado pelos protetores espirituais para oferecer-lhes aqui condições favoráveis à execução das tarefas ajustadas: corpo físico, ambiente doméstico, meio social, recursos materiais etc., e isso além dos exaustivos esforços que envidam para o desenvolvimento regular de encarnação propriamente dita (defesa, formação do feto etc.).

Dado, porém, o nascimento, transcorrida a infância e a juventude quando, enfim, soam no seu íntimo e ao seu redor, os primeiros chamamentos para o trabalho edificante, eis que, muitas vezes, ou quase sempre, a trama do mundo já os envolveu de tal forma, que se tornam surdos e cegos, rebeldes ao convite, negligentes ao compromisso, negativos para o esforço redentor.

Deixam-se dominar pelas tentações da matéria grosseira, aferram-se ao que é transitório e enganoso e, na maioria dos casos, somente ao guante da dor e a poder de insistentes interferências punitivas, volvem seus passos, relutantemente, para o caminho sacrificial do testemunho.

Não consideram, desde logo, que ninguém desce a um mundo de expiação como este, para usufruir repouso ou bem-estar, mas sim unicamente *para lutar pela própria redenção, vencendo os obstáculos inumeráveis que a cada passo surgem, vindos de muitas direções.*

Os dirigentes das instituições assistenciais ou educativas do espaço têm constatado como regra geral que poucos, muito poucos médiuns triunfam nas tarefas e que a maioria fracassa lamentavelmente, apesar do auxílio e da assistência constantes que recebem dos planos invisíveis; e esclarecem também que as causas gerais desses fracassos são: a ausência da noção de responsabilidade própria e a falta de recordação dos compromissos assumidos antes da reencarnação.

Ora, se o esquecimento do passado é uma contingência, porém necessária, da vida encarnada de todos os homens, ele não é, todavia, absoluto,

105

Edgard Armond

mormente em relação aos médiuns, porque os protetores, constantemente e com desvelada insistência, lhes fazem advertências nesse sentido, relembrando seus deveres; muito antes que o momento do testemunho chegue, já eles estão advertindo por mil modos, desenvolvendo nos médiuns em perspectiva, noções bem claras de sua responsabilidade pessoal e funcional.

Por isso, das causas apontadas acima, somente julgamos ponderável a falta de noção de responsabilidade, porque, se essa noção existisse, os médiuns desde logo se dedicariam à tarefa, devotadamente.

Isso é lógico, tratando-se de médiuns estudiosos, que se preocupam com a obtenção de conhecimentos doutrinários, porque, para os demais, à irresponsabilidade acresce a ignorância e a má vontade.

E essa noção de irresponsabilidade é tão ampla que muitos médiuns, mormente aqueles que o orgulho pessoal ou as ambições do mundo dominam, maldizem a posse das faculdades que possuem, como se fossem estorvos; e outros há, menos radicais, mas não menos desorientados, que lastimam não serem inconscientes, para poderem então exercê-las à revelia de si mesmos.

Quão poucos, os esclarecidos e lúcidos, que se prosternam e, humildemente clamam: Bendito sejas, ó Senhor, que me haveis concedido tão excelente e poderosa ferramenta de serviço redentor! Graças, Senhor, por me haverdes separado para o trabalho da tua vinha!

AS QUEDAS

As quedas são mais comuns nos degraus inferiores da escada evolutiva e tanto mais dolorosas e profundas se tornam, quanto maior for o cabedal próprio de conhecimentos espirituais adquiridos pelo Espírito.

"Estado de evolução" e "estado de queda" são duas condições de caráter geral, em que se encontram os Espíritos nas fases inferiores da ascese.

Essas são as condições que dominam no Umbral o qual, como sabemos, é uma esfera de vida purgatorial, bem como nos planos que lhe estão, até um certo ponto e de um certo modo, imediatamente acima.

Quando, porém, as quedas se acentuam devido à reincidência de transgressões, elas levam os culposos às Trevas, esfera mais profunda, de provas mais acerbas, situada abaixo da Crosta.

Entretanto, em qualquer tempo ou situação, o Espírito culposo pode retomar a evolução, voltando à ascese, desde que reconsidere, arrependa-se e se disponha ao esforço reabilitador.

A misericórdia divina cobre a multidão de pecados e dá ao pecador incessantes e renovadas oportunidades de redenção. A redenção, pois, não é um acontecimento extraordinário, um ato de "juízo final" mas sim a manifestação

MEDIUNIDADE

da misericórdia de Deus em muitas oportunidades, no transcurso do esforço evolutivo.

Mas, perguntarão: o fracasso, na tarefa mediúnica, não sendo reincidente, lança o médium primário no estado de queda?

Não, desde que ele, no exercício das faculdades próprias, não tenha cometido crimes contra o Espírito. Esse fracasso primário traz ao médium uma parada na ascese evolutiva; fica ele em suspensão, aguardando nova oportunidade, temporariamente inativo, dependendo de nova tarefa redentora, que lhe será ou não concedida conforme as circunstâncias do fracasso: negligência, vaidade, cupidez, etc.

Mas lançá-lo-á na queda se praticou o mal conscientemente; se permitiu que suas faculdades fossem utilizadas pelos representantes das forças do mal; se orientou seu próximo por maus caminhos, lhe destruiu no Espírito a semente redentora da Fé, ou lhe perverteu os sentimentos fazendo-o regredir à animalidade; enfim, se deturpou a Verdade e lançou seu próximo ou a si mesmo no caminho do erro da iniquidade.

Há uma lei invariável que preside a este assunto: quando o médium se dedica à tarefa em comunhão com os Espíritos do bem, está em *estado de evolução*; quando, ao contrário, a despreza ou, por mau procedimento, dá causa ao afastamento desses Espíritos, cai então sob a influência dos Espíritos do mal e entra em *estado de queda*.

A esse respeito diz André Luiz: "No campo da vida espiritual, cada serviço nobre recebe o salário que lhe diz respeito e cada aventura menos digna tem o preço que lhe corresponde".

E prossegue:

"Mediação entre dois planos diferentes sem elevação de nível moral é estagnação na inutilidade."

"O Pensamento é tão significativo na mediunidade, quanto o leito é importante para o rio."

"Ponde águas puras sobre um leito de lama pútrida e não tereis senão a escura corrente da viciação."

E mais: "Jesus espera a formação de mensageiros humanos capazes de projetar no mundo as maravilhas do seu Reino."

CAPÍTULO 17

AMADURECIMENTO MEDIÚNICO

É como dizer-se, em certos casos, que a mediunidade "ainda não está madura", ou então "que já o está, necessitando ser desenvolvida."

Estas expressões, que a praxe generalizou, devem ser esclarecidas, e é isso o que vamos tentar fazer.

O que faz que seja época de desenvolvimento, num dado caso e não o seja em outro?

A um primeiro olhar, já poderemos dizer que não se trata aqui de mediunidade natural, adquirida pelo próprio indivíduo, fruto de sua evolução espiritual, de sua elevação moral, porque, neste caso, se já foi adquirida, conquistada, é que a faculdade já amadureceu, revelou-se em tempo oportuno, desenvolveu-se com o tempo estando, portanto, em condições de utilização imediata em qualquer circunstância.

Trata-se, pois, da mediunidade de prova: o Espírito assumiu seu compromisso ou recebeu tal tarefa, nos planos etéreos, antes de encarnar-se e, em seguida, passou a viver na comunidade dos encarnados para exercê-la; é mediunidade-tarefa.

Conforme as circunstâncias do meio ou da época em que vive; conforme os efeitos que se precisam obter por seu intermédio, no campo social, sua colaboração individual deve ser iniciada em dada ocasião; caso ele esteja esquecido de seu compromisso ou desviado da tarefa aceita, começará então a receber sinais e advertências, que lhe serão feitos por vários modos, mas quase sempre por meio de influenciações espirituais (perturbações nervosas e psíquicas) que tendem a chamá-lo para o início da prova.

Nestes casos, a perturbação é sempre um indício de mediunidade, conquanto disso não se vá concluir que toda perturbação se cure com o desenvolvimento mediúnico: uma perturbação, por exemplo, de fundo cármico, nem sempre implica existência da tarefa mediúnica.

É o período pré-mediúnico, o chamado amadurecimento das faculdades: chegou, enfim, o momento de seu trabalho e do seu testemunho.

Quando tudo está preparado, e ele se dispõe ao desenvolvimento, isto é, à adaptação psíquica, à conquista do ambiente moral necessário ao treinamento das faculdades, estas, natural e espontaneamente se manifestam.

Quando, porém, ele não atende aos avisos, negligencia, recalcitra por qualquer circunstância e não se submete às práticas exigidas pelo

MEDIUNIDADE

desenvolvimento, as faculdades se manifestam da mesma forma, porém desarmoniosamente, entregues a si mesmas, segundo sua própria natureza, e o médium tem que sofrê-las de qualquer modo, exercitá-las desorientada e tumultuariamente, caminhando em muitos casos para a anormalidade, para a degeneração, para os recalques dolorosos.

Será sempre um médium perturbado, sofredor, imperfeito, que não atingirá de forma útil seu objetivo; terá, enfim, fracassado na sua tarefa, passando a sofrer, desde então, as consequências desse fracasso.

CAPÍTULO 18

PRÉ-MEDIUNISMO

O pré-mediunismo, como acabamos de ver, é o período que antecede à eclosão da faculdade, e vamos tratar agora do assunto na forma porque deve ser encarado pelo próprio médium, tendo em vista o que se passa com ele mesmo e a atitude que deve tomar desde o início.

O candidato ao mediunismo, como já temos dito, é sempre um indivíduo sensível; o "tipo mediúnico" é sempre um emotivo. Os investigadores dos fenômenos espirituais têm adotado como clássico, o termo "sensitivo" para a designação de médiuns, justamente porque a sensibilidade é sempre o prenúncio ou a característica básica da posse de faculdades psíquicas.

Esses sensitivos, na maioria dos casos, são homens diferentes dos demais, mesmo no período pré-mediúnico, pois encaram e sentem as coisas de forma diferente e são pasto de perturbações inúmeras, nem sempre classificáveis ou compreendidas pela ciência médica.

Quando, em qualquer indivíduo, surgirem tais perturbações, e não tendo dado resultado os tratamentos médicos comuns — o que sugere não ser um caso material — deve o interessado procurar um centro espírita idôneo e solicitar uma consulta espiritual.

Esse exame é feito em presença ou à distância e nele o panorama psíquico do consulente é investigado pelo encarregado espiritual do trabalho, em ligação com o protetor pessoal do consulente.

Se se tratar de um mal puramente físico e nada houver no campo espiritual, deve o doente, como é natural, recorrer à medicina oficial, pois há muitas perturbações, mesmo mentais, que têm base em males puramente orgânicos, como sífilis, exaustões físicas, anemias, viciamentos etc., além do grande contingente trazido pela hereditariedade ou atavismo.

Nestes casos, e sendo o mal duradouro ou incurável, se concebe que se trata de resgates cármicos ou imperfeições do Espírito refletidas no corpo físico, o que, aliás, é regra geral.

Se o resultado, porém, acusar influenciação espiritual, interferência de Espíritos desencarnados, quadro este que pode variar desde os simples "encostos" até as formas mais graves de obsessões, então é necessário recorrer ao tratamento espiritual: preces, passes, frequência a sessões apropriadas

MEDIUNIDADE

e, às vezes, mesmo quando há permissão, ação direta para afastamento das interferências.

As perturbações sofridas pelo doente podem ter duas causas: uma, intrínseca, que decorre de suas próprias imperfeições, como já dissemos e que se refletem na aura individual, com tonalidades inferiores (vermelhas, cinzentas, negras) e vibrações desordenadas e lentas; outra, extrínseca, por interferências de Espíritos familiares ou obsessores.

Em todos os casos, o que permite e possibilita as interferências, é sempre a afinidade fluídica ou moral entre o encarnado e o desencarnado.

A regra geral é que, quanto mais violenta e escura a tonalidade da aura e mais desarmônica e lenta a vibração que apresenta, mais intenso é o grau da perturbação.

Se o resultado do exame for *mediunidade,* então deve o consulente compreender que tem pela frente um longo caminho e uma árdua tarefa a realizar, que não depende tanto do auxílio externo como de sua própria ação, deliberada e firme, no sentido de concorrer para que o indispensável desenvolvimento de faculdades se processe nas melhores condições possíveis tanto morais como técnicas.

No exame feito para a verificação da mediunidade, a regra é que todo sensitivo apresenta sinais especiais e características no sistema nervoso, seja em seu aspecto estrutural, nas ligações com os centros nervosos, gânglios e plexos, seja na vibratilidade própria que é mais intensa e diferente da que apresenta o indivíduo comum; isto é o que lhe permite produzir as reações verificáveis pelo exame.

Essas diferenças, o sensitivo já as possui de nascença e isso, a nosso ver, é que leva alguns a admitir que a mediunidade é fenômeno orgânico.

Todas essas perturbações que ocorrem no período pré-mediúnico, existem justamente para chamar a atenção do médium para a necessidade do desenvolvimento, a fim de que seja realizado em tempo oportuno e de forma adequada.

Com esse desenvolvimento, tudo cessará e o indivíduo se tornará absolutamente normal, como qualquer outro, salvo no que respeita ao exercício da própria faculdade.

Esse exercício, porém, em nada afetará a vida normal do médium, porque só se realizará em momentos próprios, oportunos, conforme as necessidades do próprio médium, e as exigências da propagação doutrinária.

É muito comum aparecerem em sessões de desenvolvimento indivíduos alegando que foram aconselhados a isso por dirigentes de trabalhos práticos ou mesmo por Espíritos; submetidos a exame espiritual, verifica-se,

Edgard Armond

no entanto, que não se trata de mediunidade a desenvolver mas, simplesmente de perturbações espirituais que demandam tratamentos diferentes. Isso em parte se explica porque muitas dessas perturbações produzem efeitos que podem ser confundidos com manifestações mediúnicas.

Nestes casos, mesmo frequentando sessões apropriadas, nenhum progresso fará o indivíduo no sentido de desenvolvimento; apesar de sermos todos médiuns, a mediunidade não pode ser forçada; nem todos trouxeram mediunidade como tarefa para esta encarnação e não será em todos que se apresente amadurecida para desenvolvimento; então, só restará o benefício da atenuação ou cura das perturbações.

Por isso, o exame espiritual é sempre uma providência aconselhável em todos os casos de perturbações duradouras, tanto físicas como psíquicas. Serve não só para selecionar os casos, diagnosticando-os, como para aconselhar o tratamento a fazer, como ainda para encaminhar o indivíduo aos cursos de desenvolvimento, segundo o grau ou o aspecto que as faculdades apresentem no momento.

Neste período pré-mediúnico sucede, às vezes, que o médium é responsável por perturbações que afetam, mais ou menos profundamente, o ambiente familiar.

Temos visto casos em que crianças apresentam sintomas sérios de idiotia, paralisia, mudez etc., e que, no entanto, não estão fisicamente doentes, tratando-se unicamente de interferências de forças ligadas a um tipo mediúnico anexo, pai, mãe, irmãos etc.

Nestes casos, submetendo-se o responsável a desenvolvimento regular, a perturbação do doente cessa e o ambiente doméstico se regulariza.

Às vezes, o responsável oculta qualquer perturbação anormal que sinta, como alucinações, visões, nervosidade excessiva etc.; outras vezes são os próprios familiares que tentam esconder ou sufocar as manifestações, seja para não alarmar a família, seja por ignorância, seja, enfim, com respeito a preconceitos sociais ou religiosos.

Nestes casos, as interferências, encontrando resistência no próprio interessado, se refletem nas pessoas afins, do mesmo grupo familiar, forçando a mão, como se costuma dizer, fazendo pressão em todos os sentidos, até que o interessado se volte para a direção necessária.

A pergunta que decorre destes fatos é se os justos pagam então pelos pecadores. Claro que não. Sucede, porém, nestes casos, que há entre eles, pais e filhos, marido e mulher, irmãos e parentes, compromissos ou interesses recíprocos no campo espiritual, de forma que, às vezes, uns devem sacrificar-se momentaneamente pelos outros, no interesse do progresso comum, mas tudo dentro de um plano anteriormente elaborado nas esferas espirituais.

MEDIUNIDADE

E quando, apesar de tudo, continua a recalcitrância do responsável, então a perturbação espiritual recrudesce direta ou indiretamente e pode afetar profundamente o organismo físico ou psíquico, evoluindo para estados graves e às vezes irremediáveis.

Por isso, o sensitivo não deve vacilar, mas iniciar imediatamente o desenvolvimento necessário, único meio dentre todos os conhecidos para solucionar a situação.

E nisso também, como em outras coisas, reside o poder irresistível da mediunidade...

Segunda Parte

DESENVOLVIMENTO MEDIÚNICO

CAPÍTULO 19

CONSIDERAÇÕES GERAIS

Vimos nos esforçando em esclarecer o leitor sobre os diferentes aspectos do fenômeno mediúnico, encarados à luz da experiência. Partimos do princípio segundo o qual a mediunidade natural é faculdade que todos possuem, em gérmen, mais ou menos desabrochada, conforme o grau de sensibilidade já atingido, e que não representa uma conquista do intelecto, mas um conjunto de méritos em que predomina o sentimento.

Assim, pois, a expansão do mediunismo natural depende da evolução espiritual do indivíduo.

Essa possibilidade potencial, com o tempo, irá se desenvolvendo, *pari passu* com o progresso moral do Espírito, até que as faculdades amadureçam e se manifestem em plena expansão.

Mas certo é também que, a qualquer momento, o Espírito desencarnado pode solicitar ou receber a tarefa mediúnica em mundos de prova, para resgate de dívidas cármicas, em determinado meio, época ou circunstâncias, colaborando assim com os Guias do Mundo, na obra comum de elevação coletiva; e isso sucede mesmo quando ainda não atingiu um grau de entendimento e pureza que lhe permita usar de certos poderes com consciência própria e discernimento moral. Esse é o caso da mediunidade de prova.

Fica, assim, contestada a crítica de muitos esoteristas que amesquinham a mediunidade sem maior exame, qualificando-a de expressão de passividade e inconsciência, contrárias às afirmações superiores do ser humano.

Refiro-me, entre outros, a adeptos da Sociedade Teosófica, fundada no século passado, os quais, desmentindo eles próprios os ensinamentos iniciáticos da verdadeira teosofia — que é muito antiga — taxam o mediunismo de prática impura, esquecendo-se de que a teosofia, como os demais ramos do conhecimento esotérico, nada jamais conseguiu no terreno das realizações práticas do Espírito sem a mediunidade, que é justamente o conjunto de faculdades que permite tais realizações.

A própria fundadora do teosofismo ocidental, H. P. Blavatsky era médium; o mesmo sucedia com Leadbeater e ambos utilizaram suas faculdades.

Sem mediunidade, nada se faz, senão permanecer no terreno das elucubrações, das concepções cerebrais, das introspecções platônicas, e quando algo se consegue de positivo, que represente conquista espiritual, verifica-se logo que foi ainda e sempre com o auxílio da mediunidade.

Negam, pois, aquilo que usam, o que talvez suceda por falta de conhecimentos mais detalhados e profundos da questão. Nestas condições, o que resta é que se disponham a estudá-la com boa vontade e sem "parti pris".

Essa questão tem duplo aspecto e somente assim poderá ser compreendida. As manifestações atinentes à mediunidade de prova — que é um aspecto rudimentar, muitas vezes precário e defeituoso da mediunidade natural — não bastam para a formação de um juízo completo e perfeito; como também é certo que essas manifestações, por si sós, não autorizam a formar sobre o assunto juízo depreciativo.

Há também opositores que, da mediunidade, somente conheceram fatos isolados, que não dão uma ideia do conjunto, e ficaram pensando que tudo o mais se resumia nisso; outros ainda, foram informados por terceiros, bem como outros que a combatem por superstição religiosa ou por obediência fanática e inconsciente a conselhos de sacristia; havendo ainda alguns, inclusive espíritas, que lhe passam de largo por julgá-la terreno difícil, complexo e decepcionante, no que, em parte, têm razão.

Estamos realmente muito longe de um conhecimento integral do assunto, mas não é negando ou criticando depreciativamente que chegaremos a resultados definitivos.

Urge, pois, encarar a questão de frente, estudá-la e penetrar nela e, como elemento básico desse estudo, já sabemos que tudo depende de médiuns e do modo pelo qual são influenciados pelas entidades e forças do mundo invisível.

A primeira das modalidades citadas — a mediunidade natural — representa um poder, uma conquista definitiva do Espírito, um atestado de espiritualização, ao passo que a mediunidade de prova é uma oportunidade apenas concedida a muitos, de trabalho e de provações em benefício coletivo.

Quem possui a primeira, atua em planos elevados do mundo espiritual, ativa e conscientemente; conquistou aí o seu lugar e está acima do homem comum, ao passo que os da segunda, agem em planos mais inferiores e, na maioria dos casos, passiva e inconscientemente.

Por outro lado, a primeira está à disposição dos próprios possuidores, que a utilizam segundo seu entendimento e livre-arbítrio, visto que já estão capacitados para agir por si mesmos; a segunda, presentemente, está à disposição dos Guias do Mundo para a realização de uma tarefa de caráter geral, sendo, portanto, e no momento, a mais útil no nosso plano, por ser a mais acessível e representar a alavanca que está fazendo oscilar, desde a base, o monólito das descrenças e das maldades humanas, apressando a evolução da espécie.

Por isso, nosso maior esforço será dirigido no sentido de orientá-la, protegê-la, canalizá-la no devido rumo, desviando-a dos perigos e das quedas, mostrando suas vantagens e suas falhas, esclarecendo sua própria natureza e

MEDIUNIDADE

finalidade, para que os médiuns vençam suas provas e realizem sua tarefa, com utilidade geral e pleno conhecimento de causa.

E a maior dificuldade deste delicado trabalho é justamente despertar a consciência dos médiuns para isto, convencê-los disto, dar-lhes noções de responsabilidade própria e um sentido redencionista às suas atividades, ensinando-os a dominar a vaidade pessoal, destruindo-lhes o conceito errôneo de que são missionários ou de que possuem dons sobrenaturais; incitando-os a que adotem a humildade evangélica, desprendendo-se das coisas materiais e devotando-se ao trabalho mediúnico desinteressadamente, ao mesmo tempo que, valendo-se da oportunidade que lhes foi dada, se disponham a vencer os próprios defeitos e realizem sua reforma moral, num esforço rigoroso e sincero de autopurificação.

Essa reforma, como sabemos, exige um combate perseverante e continuado e nem sempre pode ser concluída em uma só vida terrena; mas também é certo que a deliberação sincera de obtê-la, as tentativas sistemáticas de viver o mais aproximadamente possível segundo os ensinamentos evangélicos, abrirão aos médiuns, na medida de seus próprios esforços, as portas acolhedoras e benevolentes dos planos espirituais.

Mantenham eles, pois, um estado interno de aspiração permanente nesse bom sentido e, ao mesmo tempo, no terreno das realizações imediatas, se sujeitem às servidões e práticas necessárias a um desenvolvimento metódico, harmonioso e pacífico, de suas atuais faculdades mediúnicas.

Isto é o máximo que deles se pode exigir; o máximo que eles podem fazer e, como diz inspiradamente um mentor: "quem faz o que pode merece o salário da paz".

CAPÍTULO 20

VERIFICAÇÕES INICIAIS

Quando nos defrontamos com um médium, a primeira coisa a saber é, pois, se sua mediunidade é natural ou de prova, ou se somente se trata de *fundo mediúnico*, se é uma faculdade adquirida por auto-educação espiritual — caso em que pode ser considerado um *iniciado*, como se costuma dizer — ou se é uma outorga, pedida ou recebida para esta encarnação.

Como os médiuns de primeira categoria são muito raros e não necessitam de assistência ou conselho, é bem de ver que comumente e em absoluta maioria, prevalecem os da segunda; e, por isso, a estes unicamente aqui nos referimos.

Para uma primeira e superficial verificação, este é um ponto pacífico e óbvio de selecionamento.

Em seguida, devemos submeter o médium a um exame de caráter espiritual, que tanto pode ser feito em presença como à distância, e nesse exame se vai verificar o estado em que se encontra o *campo espiritual.*

Hoje em dia o número de perturbados é imenso, com tendência a crescer e não se erra muito ao dizer que 90% das pertubações são de fundo espiritual, 10% representando mediunidade a desenvolver.[36]

Em sentido geral, nestes casos de perturbações, a aura individual se apresenta escurecida, manchada num ou noutro ponto, com sua vibração alterada e sua coloração muito instável, e quando as perturbações, por muito antigas ou por muito violentas, já atingiram o organismo físico reflexivamente, neste se notam, como se se tratasse de uma projeção topográfica, as mesmas manchas e as mesmas alterações vibratórias, e nos casos de interferência direta e pessoal de obsessores, o exame os revela imediatamente, pelas fixações operadas no bulbo, no estômago e em outros locais de eleição.

Em geral, as perturbações psíquicas, como é natural, são apresentadas por indivíduos de certa sensibilidade própria e em muitos casos, são já, de início, um sinal de mediunidade.

---

[36] Na Federação Espírita do Estado de São Paulo, há muitos anos procedemos a esses exames e verificamos que é muito alto o número de perturbados em relação ao de médiuns amadurecidos. Basta citar o ano de 1949, durante o qual foram examinados 9.600 perturbados, havendo somente 288 casos em que se tratava de mediunidade a desenvolver. Convém, porém, esclarecer que, na maioria das perturbações há sempre um fundo mediúnico e que, passando o período de cura espiritual, a que devem ser todos eles submetidos, deve-se fazer novo exame para ver se há realmente mediunidade a desenvolver, isto é, mediunidade-tarefa.

MEDIUNIDADE

Quando a faculdade realmente existe e está em condições de eclodir, o *campo espiritual* assume aspectos característicos, como sejam: maior luminosidade e vibração dos centros de força, glândulas e plexos, com manifesto destaque do coronário; maior sensibilidade perispiritual a influências exteriores: (aquele que examina o candidato, por exemplo, lança um *raio fluídico* e observa a rapidez da reação); maior velocidade vibratória dos plexos e gânglios do vago simpático; manifesta evidenciação da pineal; maior intensidade e fixidez dos coloridos áuricos; diferente comportamento do sistema nervoso cérebro-espinhal, que reage então mais diretamente às impulsões que recebe desta referida glândula.

Nossas atividades práticas na Federação Espírita do Estado de São Paulo comportaram também testes e exames espirituais para determinação de condições mediúnicas e selecionamento de candidatos aos cursos da Escola de Médiuns.

Nessas verificações, os examinados são classificados como portadores de "mediunidade" ou de "fundo mediúnico". No primeiro caso, são mandados matricular na referida Escola de Médiuns, para desenvolvimento, e no segundo, a sessões de curas para tratamento adequado.

Para melhor elucidação do importante problema, transcrevemos o ensinamento do venerável instrutor e diretor espiritual dessa Casa, Dr. Bezerra de Menezes, como segue:

"Visando mais perfeito entrosamento e atuação sobre o indivíduo, procedem entidades de luz ou de sombra ao despertamento de suas glândulas cerebrais. Tal despertamento provoca, naturalmente, uma irradiação luminosa, mortiça se a influenciação procede de entidades mal-intencionadas que não encontram disposição para o desenvolvimento mediúnico em sua vítima, e muito intensa quando há tarefa de intercâmbio a cumprir, e atuam Espíritos devotados ao bem."

"Assim, cessando a influenciação menos elevada, perde-se o forçado desenvolvimento de tais glândulas, as quais retornam ao seu estado de relativa dormência, do qual só sairão quando despertar o próprio Espírito para a realidade maior da vida, buscando espontaneamente transpor os estreitos limites da materialidade no desabrochar da mediunidade natural, ou ainda quando aceite o indivíduo, em encarnação futura, uma tarefa mediúnica que autorize intervenção de seus mentores nessas glândulas, visando rápido aprimoramento de suas possibilidades de percepção."

"Em qualquer caso e fase desse fenômeno, é a mais ou menos intensa luminosidade indício de enorme importância na definição, pelos videntes, de *fundo mediúnico* (forçamento, consciente ou não, de possibilidades de intercâmbio por parte de entidades hostis), de *mediunidade de prova* (benigna

Edgard Armond

intervenção de Espíritos bem-intencionados no campo da percepção extra-terrena do indivíduo para sua mais breve redenção através do trabalho, evitando-se maiores sofrimentos) e de *mediunidade natural,* sublime conquista das almas libertas e cristificadas."

Em suma, por esse exame preliminar, pode-se verificar se se trata de mediunidade em ponto de desenvolvimento ou de simples perturbação espiritual, que requer tratamento adequado.

Convém aqui repetir, sem mais demora, que há grande número de perturbados que se apresentam em sessões de desenvolvimento mediúnico e que não obtém os resultados esperados.

Sucede que nestes casos há somente perturbações e não mediunidade. Essas perturbações, muitas vezes, provocam tais superexcitações dos sentidos ou da mente, que o perturbado pode ver e ouvir além do mundo físico, ou perder o controle próprio e falar como se estivesse mediunizado. Porém, como não há mediunidade a desenvolver, o fenômeno é passageiro e, mesmo frequentando sessões apropriadas, nenhum resultado advém que possa ser considerado como desenvolvimento mediúnico, salvo é claro, os benefícios que receba pelo lado da cura. Repetimos ainda: é muito maior o número de perturbados que necessitam de curas e de auto-evangelização, que o de médiuns necessitados de desenvolvimento.

Realizado, pois, esse exame preliminar, e se for constatada a existência de mediunidade, deve-se em seguida submeter o médium às provas necessárias para a classificação da faculdade ou faculdades que porventura possua, na forma exposta no Capítulo 8 deste livro.

Neste particular, convém dizer que é muito comum apresentarem os médiuns, ao mesmo tempo, evidências mais ou menos acentuadas de diferentes faculdades, sendo, então, necessário verificar qual delas pode ser dada como predominante.

Essa verificação, aliás, nem sempre recebe confirmação na prática, porque, no decorrer do próprio desenvolvimento, surgem mutações, e a faculdade que a princípio parecia predominante, passa a secundária ou simplesmente complementar, definindo-se, por fim, como principal, uma que, de princípio, parecia secundária, ou mesmo outra não constatada de início.

Essas alterações têm duas explicações, sendo a primeira a seguinte: segundo a tarefa que pediu ou recebeu antes de encarnar, ao indivíduo, nestes casos, foram atribuídas algumas faculdades das quais teria necessidade em determinadas épocas ou circunstâncias; e, segundo uma determinada ordem de urgência, deveria desenvolver esta ou aquela em primeiro lugar; porém, por circunstâncias de momento, de meio ambiente, de estado físico ou de

MEDIUNIDADE

condições morais, o quadro de sua colaboração individual é modificado pelos Guias e providenciada a alteração.

A segunda explicação é a seguinte: o médium, por qualquer circunstância, recalcitrou e não iniciou o desenvolvimento de determinada faculdade no devido tempo; criou, assim, recalques ou degenerações que impedem o exercício normal da faculdade em causa; resta, entretanto, a possibilidade da utilização de faculdades auxiliares ou secundárias, que são postas então em funcionamento ativo, como auxílio do Alto, para que o médium não fracasse de todo.

Mas, de qualquer forma, por esse primeiro exame, poderíamos desde logo sugerir qual o sistema de desenvolvimento a empregar em cada caso, pois que tais sistemas não são "standard". Assim, para efeitos físicos, o processo será diferente do empregado para a incorporação, como também diferente para os casos de lucidez, e assim por diante.

Edgard Armond

CAPÍTULO 21

ADAPTAÇÃO PSÍQUICA

Qualquer que seja, porém, a natureza da mediunidade, o trabalho de desenvolvimento deve sempre começar por um período preparatório que denomino, à falta de melhor termo — adaptação psíquica.

Todo médium de prova é, em regra geral, um indivíduo perturbado, nos primeiros tempos, porque ele, por si mesmo, é um Espírito faltoso e a prova a que se submete é de resistência e de combate a elementos espirituais inferiores, correspondentes às próprias faltas.

A encarnação, aliás, não se dá para que o indivíduo repouse, tenha bem-estar ou comodidades, mas unicamente para que lute, se renove e evolua moralmente.

A mediunidade, nestes casos, começa mesmo a se manifestar desde o início, na forma de perturbações de variada natureza, tanto físicas como psíquicas.

Moléstias de toda ordem, que resistem aos mais acurados tratamentos; alterações físicas incompreensíveis de causas impalpáveis, que desafiam a competência e a argúcia da medicina; complicações as mais variadas, com reflexos na vida subjetiva, que a medicina descarta, impotente, para o campo do vago-simpático, e das alergias que devem então arcar com a paternidade de toda uma sintomatologia complexa e indefinível de nervosidades, angústias, depressões; ou alterações, já do mundo mental, como temores, misantropia, alheamento à vida, manias, amnésias etc.; ou ainda perturbações mais graves que requerem isolamento em sanatórios.

O certo é que, no fundo de todas estas perturbações, e numa ampla proporção, existe sempre esse fator — mediunidade — como causa determinante e, portanto, passível de regularização.

E declare-se desde já que todas estas anormalidades, nesse estado inicial, são próprias das circunstâncias e justamente ocorrem para pôr em evidência, chamar a atenção do indivíduo para sua condição de médium e que, no caso em que as advertências não são levadas em conta, por ceticismo, ignorância, preconceitos sociais ou religiosos, vão crescendo de vulto e de intensidade, podendo levar o indivíduo a extremos realmente lamentáveis.

Por outro lado, os perturbados, na maioria dos casos, vêm de outras seitas ou do materialismo, e necessitam de um período preparatório, durante o qual tomam contato com a nova situação, com a Doutrina, com os protetores

MEDIUNIDADE

espirituais etc., antes de passarem ao desenvolvimento propriamente dito. Daí a necessidade imperiosa dessa fase de adaptação psíquica.

Esse período preparatório visa, pois, justamente promover o equilíbrio geral, orgânico e psíquico, disciplinar a causa perturbadora e dar ao médium um certo e inicial autodomínio, harmonia e serenidade internas.

A mediunidade de prova, como já vimos, tem fundas reflexões no organismo físico e mesmo quando, pela violência das manifestações ou por sua antiguidade, tenha sido o organismo lesado, o tratamento beneficia o médium, restabelecendo a função dos órgãos ou, no mínimo, restringindo os efeitos das perturbações.

Mas, quais os agentes dessas perturbações?

Todos os sabemos: defeitos morais próprios e influências diretas e indiretas de forças e entidades espirituais inferiores, ligadas ao caso pessoal e que assim cumprem também seu papel como elementos cooperadores que são, mesmo quando inconscientes, dos protetores individuais e das entidades responsáveis, que dirigem os homens e os mundos na sua elevada tarefa de executores das leis divinas.

Necessário é, pois, que se inicie logo o devido tratamento, cujos principais fatores são: o ambiente, a corrente e o tratamento direto, que pode ser resumido nos passes, nas radiações, nas sessões de curas espirituais, nas radiações à distância e nas de esclarecimento e evangelização pessoal.

Examinemos cada um deles separadamente.

O AMBIENTE

Referimo-nos tanto ao ambiente individual, à atmosfera, digamos assim, em que vive o médium, como ao das reuniões que frequenta.

O ambiente individual deve ser criado e mantido pelo próprio interessado, tanto quanto possível. Cada um de nós vive dentro de seu próprio mundo, carrega-o consigo e alimenta-o constantemente com seus próprios pensamentos e atos; e o conjunto desses mundos individuais forma o mundo exterior coletivo, que é o palco onde todos se movem e representam os mais variados papeis. Cada um vê, sente e compreende esse mundo exterior de certa forma, segundo sua própria capacidade de ver, sentir e compreender, e segundo o modo por que reage às suas influências.

O médium tem de formar para si um mundo individual bem equilibrado e harmônico, bem claro e bem metódico, onde as coisas materiais e espirituais estejam inteligentemente reguladas, cada uma no seu devido lugar, exercendo sua ação no devido tempo, sem atropelo e sem predominâncias arbitrárias.

Edgard Armond

Por efeito de sua própria mediunidade, há nele forte tendência de se deixar empolgar pelas coisas do campo espiritual, com desprezo do mundo físico; porém, nesse período preparatório, quando busca antes de mais nada o equilíbrio, é necessário evitar esses arrastamentos, para que possa continuar a cumprir, normalmente, seus deveres e compromissos materiais.

Percebe-se, pois, do que fica dito, que deve fugir das coisas que ofendem a sensibilidade, deprimem e irritam o Espírito; das frivolidades que relaxam as energias morais; dos espetáculos onde as paixões inferiores se desencadeiam freneticamente.

Precisa, por outro lado, criar um ambiente doméstico favorável, pacífico, fugindo a discussões estéreis e desentendimentos, e sofrer as contrariedades inevitáveis com paciência e tolerância evangélicas.

Como pai, como irmão ou como filho, mas, sobretudo, como esposo, deve viver em seu lar como um exemplo vivo de pacificação, de acomodação, de conselho e de boa vontade. Não esqueça que, em sua qualidade de médium de prova, ainda não desenvolvido, ou melhor, educado, representa sempre uma porta aberta a influências perniciosas de caráter inferior que, por seu intermédio, comumente atingem os indivíduos com quem convive, sobretudo as crianças.

E, quanto à sua vida social, deve exercer seus deveres com rigor e honestidade, guardando-se, porém, de se deixar contaminar pelas influências malévolas naturais dos meios em que se põem em contato indivíduos de toda espécie, sem homogeneidade de pensamentos, crenças, educação e sentimentos.

É muito difícil, nos tempos que correm, conservar o equilíbrio, manter a harmonia na vida de relação com os semelhantes, porque o mundo passa por uma transição profunda, em que todos os valores morais estão sendo subvertidos, caindo em degradação; e porque o médium, além das perturbações exteriores que deve enfrentar, ainda possui as do seu próprio Espírito, carente sempre de virtudes sustentadoras.

Por isso, tem que envidar maior esforço que o comum dos homens para viver com retidão e manter a comunhão com o invisível, porque sem essa comunhão, devidamente selecionada, purificada, não suportará o peso das coisas do mundo, nem superará seus obstáculos.

Entretanto, e por isso mesmo, recebem os médiuns maior ajuda; têm maior facilidade e assiduidade nos contatos com o invisível e, em ampla extensão, desce sobre eles assistência do Alto desde que, bem entendido, se esforcem, orando e vigiando, para cumprir devotadamente seus deveres.

Quanto às reuniões doutrinárias que frequente, deve fugir daquelas onde as práticas e os objetivos demonstram ignorância ou superstição, porque aí encontrará forçosamente forças negativas, que a todo transe convém evitar.

MEDIUNIDADE

Selecione, pois, as reuniões que frequenta e naquela onde sentir-se melhor, mais agasalhado, mais amparado pelo invisível, mais sereno e confiante, mais fortificado nos seus sentimentos bons; onde sentir bem-estar espiritual, durante e após os trabalhos; naquela, principalmente, que tiver caráter evangélico e for isenta de artifícios, explorações de dinheiro, exterioridades grotescas e inúteis, aí permaneça e a considere merecedora do seu concurso.

A assistência às boas reuniões é necessária, e quando isso não possa ser conseguido seja pelo estado de agitação, descontrole ou relutância do médium, ou seja por inexistência, no local, de tais reuniões — como ocorre, às vezes, no interior ou no sertão — organize então, no próprio lar doméstico, reuniões simples e íntimas, destinadas a esse fim e dirigidas por aquele que se sentir mais capacitado para fazê-lo.

Mesmo que não se dê a essas reuniões caráter de sessão espírita como se o entende, bastará que haja uma concentração e preces, para que o médium, apoiado nesses elementos de proteção e conforto receba, desde logo, a necessária assistência espiritual, que nunca lhe é negada do Alto.

Em todos os casos, um bom ambiente de trabalho espiritual é de capital importância.

A CORRENTE

Chama-se "corrente" ao conjunto de forças magnéticas que se forma em dado local, quando indivíduos de pensamentos e objetivos idênticos se reúnem e vibram em comum, visando a sua realização.

Nessa corrente, além da conjugação de forças mentais, estabelece-se o contato entre as auras, casam-se os fluidos, harmonizam-se as vibrações individuais, ligam-se entre si os elementos psíquicos e forma-se uma estrutura espiritual da qual cada componente é um elo, mas elo vivo, vibrante, operante, integralizador do conjunto. Um pensamento ou sentimento discordante individual, afeta toda a estrutura, dissocia-a, desagrega-a e prejudica o trabalho, assim como o elo quebrado de uma corrente a torna fraca ou imprestável.

Nas práticas espíritas bem organizadas, a essa corrente assim estabelecida no plano material, sobrepõe-se uma outra, formada no plano invisível pelas entidades que, nesse plano, colaboram ou dirigem o trabalho. E assim, as forças dos dois planos se conjugam, formando, então, momentaneamente, uma estrutura maior, mais resistente, melhor organizada, que representa de fato um poderoso e dinâmico conjunto de força espiritual. Desse conjunto se beneficiam então todos os presentes encarnados e desencarnados e inúmeras realizações do campo espiritual se tornam possíveis, porque dessa forma se possibilita em franca expansão, a manifestação de entidades superiores do plano invisível.

A formação de uma boa corrente magnética é, pois, a condição primária para a realização de todo e qualquer bom trabalho espiritual, qualquer que seja o objetivo da reunião.

Ofereçamos, assim, aos Espíritos invisíveis que têm tarefa a cumprir em nosso meio, uma corrente perfeita, e tudo o que for justo se poderá esperar como resultado.

A marca, a característica de uma corrente perfeita é a serenidade, a calma, a harmonia, a beatitude do ambiente que então se forma; o bem-estar que todos sentem e a qualidade dos benefícios espirituais que todos recebem.

Ambiente agitado, tumultuoso, é sinônimo de corrente imperfeita, mutilada, não harmonizada nos dois planos e em corrente dessa espécie não pode haver manifestação de Espíritos de hierarquia elevada, e nada de bom podemos dela receber.

O problema é, pois, formar, antes de mais nada, uma boa corrente neste plano e estabelecer sua conexão com os operadores do plano invisível.

Para a adaptação psíquica de que vimos tratando, basta que o médium se ponha assiduamente em contato com uma corrente desta natureza, participando das concentrações e preces em comum, para que receba, desde os primeiros passos, os benéficos efeitos desse poderoso elemento de purificação e harmonização espiritual.

Só depois disso, depois do curso e psiquicamente equilibrado, poderá ter início o processo propriamente dito de desenvolvimento de faculdades mediúnicas, como para diante veremos.

Quero encerrar este tópico com a seguinte advertência: assim como uma boa corrente se articula no invisível com bons elementos, uma corrente má se articula de igual modo com elementos inferiores, que só trazem malefícios.

Daí a vantagem de uma e o perigo de outra.

OS PASSES

Os passes individuais são muito aplicados nas práticas espíritas por uns e outros mas, segundo julgamos, não são indispensáveis, nem condição essencial de cura psíquica ou desenvolvimento mediúnico. **Todavia, os passes são um agente poderoso; auxiliam as curas, reconfortam e atenuam grande número de sofrimentos.**

Muitos já devem ter notado que os passes são dados de forma arbitrária, variando de indivíduo para indivíduo, com gestos e processos de cunho

MEDIUNIDADE

eminentemente pessoal. Tanto encarnados como desencarnados, cada um dá passe conforme entende, não havendo para sua aplicação leis rígidas ou processos uniformes.

Isso realmente não importa, porque o passe, em si mesmo, nada mais é que uma transmissão de energia fluídica e, desde que essa transmissão se realize, o modo de operar se torna secundário.

Disso decorre que toda exterioridade, toda encenação de que se revestir a aplicação deve ser banida como inútil. Uma simples imposição de mãos, muitas vezes basta para se obter o efeito desejado, porque esse efeito não reside no gesto, na mecânica da aplicação, mas no desejo sincero que tem o operador de aliviar o sofrimento do doente.

Uma prece, portanto, às vezes vale mais que um passe, mesmo porque "Toda boa dádiva e dom perfeito vêm do Alto". Havendo, pois, confiança e fé e o desejo evangélico de exercer a caridade, tudo é possível.

Apesar de não serem, como dissemos, indispensáveis os passes, todavia auxiliam as curas e, na sua aplicação três coisas podem ocorrer:

a) o operador, de si mesmo, transmite ao doente suas próprias energias fluídicas, operando assim um simples trabalho de magnetização;

b) com a presença de um médium, servindo de polarizador, um Espírito desencarnado faz sobre o doente a aplicação, canalizando para eles os fluidos reparadores; e

c) o Espírito desencarnado incorpora-se no médium e faz sobre o doente, diretamente, a necessária aplicação.

Nas práticas espíritas, as modalidades de uso mais corrente são as duas últimas, a primeira mais convindo aos magnetizadores profissionais.

Ninguém deve se submeter a passes feitos por pessoa inidônea, isto é, moralmente incapaz ou fisicamente incompatível, casos em que os passes terão efeito contraproducente, porque as transmissões co-participam quase sempre das qualidades e condições materiais do operador e sofrem, ao mesmo tempo, as influências morais de seu Espírito.

Disso resulta que nem todos os médiuns têm a mesma capacidade qualitativa para dar passes, visto que uns são, mais que outros, influenciados por seus próprios fatores de inferioridade; e como todos sofrem dessa influenciação, pouco mais, pouco menos, resulta que não há médium algum que transmita fluido isento de impureza.

Por outro lado, o conhecimento superficial, ou quase nulo que a maioria possui do corpo humano, do seu delicado funcionamento e do modo por que reage a correntes fluídicas de diferentes naturezas, tudo isso concorre para diminuir as possibilidades de êxito pessoal, na aplicação de passes materiais (magnéticos).

Por isso é que, em muitos casos, os resultados são ora muito lentos, ora negativos e às vezes até mesmo prejudiciais ao doente.

Só os Espíritos superiores, mais sábios e mais puros que os homens encarnados, produzem ou transmitem fluidos perfeitos e, portanto, somente eles estão em condições de realmente curar moléstias (nos casos, bem entendido, em que a cura é permitida).

Por isso, também qualitativamente, os passes feitos pelos próprios Espíritos, diretamente sobre os doentes[37], devem ser os preferidos, vindo em segundo lugar, aqueles que são feitos pelos Espíritos quando incorporados em médiuns inconscientes e, por último, os passes feitos pelos médiuns conscientes, ou por indivíduos não médiuns, porém desejosos de servir ao próximo nesse campo tão dignificante da caridade espiritual.

Em complemento a estas considerações, chamamos a atenção dos leitores para o capítulo das curas mediúnicas, constante do texto na pág.110.

Como, porém, o uso de passes é muito generalizado, acrescentamos aqui mais conselhos esclarecedores.

1º) O médium que se dispuser à aplicação de passes materiais, deve se esforçar por adquirir e desenvolver "capacidade radiante", isto é, capacidade de captar e irradiar fluidos reparadores, desdobrando, assim, em mais profunda e ampla esfera de ação, aquela que já possuir de, por si mesmo, como magnetizador, transmitir fluido animal.

2º) Essa capacidade radiante se desenvolve quando o médium se dispõe *a servir* desinteressadamente e se esforça por elevar-se no campo da moralidade evangélica.

3º) Saúde, sobriedade, vida tranquila, equilibrada e harmônica, são condições que deve manter, preservando-se sempre, visto que paixões, tumultos, mágoas e inquietações são coisas que impedem a fluição natural e espontânea das energias magnéticas e curativas, através dos condutos nervosos.

4º) Abstenção de álcool, fumo, entorpecentes e outros elementos tóxicos, como por exemplo resíduos alimentares não-eliminados, que envenenam os fluidos em trânsito, criam maus odores no corpo e podem ser transmitidos aos doentes.[38]

CÂMARA DE PASSES

Neste capítulo sobre passes, queremos noticiar a existência de um recurso de cura, de alta valia e fácil utilização.

---

[37] Nas "câmaras de passes", por exemplo.

[38] Para maiores detalhes, consulte-se *Trabalhos Práticos de Espiritismo,* incluso na coletânea *Prática Mediúnica*. Pode ser consultado também o livro *Passes e Radiações*, do mesmo autor, Editora Aliança, São Paulo.

MEDIUNIDADE

É aquilo a que denominamos CÂMARA DE PASSES[39] — um cômodo reservado, de alto e sempre purificado teor vibratório, no qual se introduzem os doentes ou perturbados, aí os deixando permanecer algum tempo, isolados e em silêncio.

Durante esse tempo, os Espíritos do plano invisível, que aceitaram a incumbência (em entendimento previamente feito), cuidam deles e os assistem convenientemente, sem interferência de quem quer que seja.

A Câmara de Passes, pois, é uma instituição plenamente viável e preferencial, porque a assistência pode ser dada a qualquer hora sem a menor preparação, isoladamente, sem testemunhas, em silêncio, e numa comunhão direta entre o doente e o operador invisível.

Somente duas condições são exigíveis para sua aplicação com bons resultados: um local onde a pureza ambiente seja positiva, e sua conservação permanente por meio de defesas espirituais realizadas nos dois planos.

RADIAÇÕES

As radiações são um poderoso agente de tratamento, tanto material como espiritual e prestam grande auxílio ao desenvolvimento mediúnico, neste período preparatório de que estamos tratando, porque, neste período, se cuida justamente do equilíbrio psíquico do médium, já que este, quase sempre, como sabemos, é portador de perturbações espirituais.

As sessões de radiações podem ser feitas nos Centros Espíritas ou em casas particulares, bastando para isso que se reunam duas ou mais pessoas e, se possível, um médium de incorporação, já desenvolvido, para os necessários entendimentos com os operadores invisíveis.

As radiações são tão eficientes como qualquer tratamento em presença, não representando a distância, como é natural, impedimento algum.[40]

André Luiz, em sua obra *Nos Domínios da Mediunidade,* mostra o espelho fluídico no qual a imagem dos doentes ausentes ou pessoas ligadas aos pedidos feitos pelos presentes à sessão, surgem e são examinados pelos benfeitores presentes que, em seguida, dão as respostas às perguntas feitas.

Os operadores invisíveis valem-se destas oportunidades para realizarem curas e, nestes casos, tanto podem deslocar-se para junto do doente, onde

---

[39] Organismo criado na Federação Espírita do Estado de São Paulo, desde 1950.

[40] As sessões de radiações à distância tiveram um grande desenvolvimento e aplicação na Federação Espírita do Estado de São Paulo, beneficiando a milhares de perturbados dos dois planos. São feitas com grupos selecionados de operadores, dotados da necessária capacidade de concentração e doação de fluidos. Para maiores esclarecimentos, consultem as obras *Passes e Radiações* e *Trabalhos Práticos de Espiritismo*, incluso na coletânea *Prática Mediúnica*, do mesmo autor.

Edgard Armond

este estiver, examinando-o aí, diretamente, como podem obter, em ligação com o protetor individual do doente, as informações de que careçam, combinando com este os procedimentos que mais convenham ao caso em apreço.

Os médiuns, mesmo quando distantes, podem utilizar estas radiações, enviando seus nomes e endereços.

As perturbações apresentadas pelos médiuns e outras pessoas, tanto podem ser manchas ou placas fluídicas aderentes ao perispírito; vibrações negativas advindas de seus próprios sentimentos viciosos, como interferências de Espíritos obsessores que, nos casos de mediunidade, estão juntos ao médium, exercendo determinadas tarefas, e que, por isso, nas doutrinações, nem sempre são propriamente afastados, mas disciplinados na sua atuação.

SESSÕES DE CURA

Podem ser mistas ou especializadas, porém sempre privativas.[41]

O ELEMENTO COR

Não podemos deixar de inserir aqui algumas ligeiras referências às curas em geral, nas quais o elemento cor representa poderoso auxiliar.

Nas curas materiais e nas operações mediúnicas, as cores, veiculadas pelos fluidos oriundos da corrente magnética de base e pelas vibrações dos seus componentes, saneiam o ambiente, esterilizam o campo operatório e objetos de uso, estimulando ou acalmando os agrupamentos celulares; e nas curas espirituais, esses fluidos e vibrações coloridas da corrente neutralizam os impulsos maléficos dos obsessores, concorrem a modificar ideias, pensamentos e ulteriormente, sentimentos, assegurando assim bons resultados para os trabalhos de doutrinação.

Este é o setor da Cromoterapia, há vários anos utilizada por nós, em restrito limite, para auxílio aos trabalhos de curas espirituais.[42]

Enfim, seja qual for o motivo da perturbação, o tratamento espiritual deve sempre preceder ao desenvolvimento mediúnico, porque por ele é que se obterá o equilíbrio necessário que permitirá seguir adiante e atingir resultados satisfatórios; neste período preparatório, o médium é simples e unicamente um doente necessitado de assistência e orientação.

---

[41] Vide obras citadas na nota 37 - rodapé.

[42] Vide a coletânea *Prática Mediúnica*, texto "Curas Espirituais", e o livro *Métodos Espíritas de Cura - Psiquismo e Cromoterapia*, do mesmo autor, Editora Aliança.

MEDIUNIDADE

CAPÍTULO 22

O DESENVOLVIMENTO

Há uma corrente de pensadores espíritas que faz restrições ao trabalho de desenvolvimento mediúnico. Acham que a mediunidade deve ficar entregue a si mesma, para manifestar-se quando for hora, não devendo o médium sujeitar-se a qualquer esforço, regras ou métodos tendentes a regular essa manifestação.

Discordamos em parte.

Se é verdade que não se pode forçar a eclosão de faculdades porque isso depende de amadurecimento espontâneo e oportuno, não é menos certo que se pode e se deve aperfeiçoar e disciplinar tais dotes para se obterem resultados mais favoráveis.

Aqui calha o preceito: "Ao que não tem, pouco ou nada se pode dar, mas ao que tem muito se pode acrescentar".

Um curso d'água entregue a si mesmo pode se perder na planície, fazendo voltas inúteis, se estagnando e provocando malefícios mas, devidamente canalizado, vai diretamente à foz e em muito menos tempo.

No caso da mediunidade, o que se procura é justamente canalizar a corrente, discipliná-la, para que haja maior harmonia no curso; afastar os obstáculos para que flua com mais desembaraço e rapidez.

À falta de tais cuidados é que o mundo está cheio de médiuns obsidiados, fracassados ou, na melhor das hipóteses, estagnados.

Por isso, somos pelo desenvolvimento metódico, regrado, bem conduzido.

André Luiz, em seu livro já citado, no capítulo das possessões, falando de um caso de epilepsia, confirma plenamente o que recomendamos desde 1947, na primeira edição desta obra, sobre a necessidade de tratamentos prévios, dos reequilíbrios orgânico e psíquico e do reajuste moral antes de se iniciar o desenvolvimento mediúnico.

Diz ele: "Desenvolver, em boa sinonímia, quer dizer 'retirar do invólucro', 'fazer progredir' ou 'produzir'. Assim compreendendo, é razoável que Pedro, antes de tudo, desenvolva recursos pessoais no próprio reajuste. Não se constroem paredes sólidas em bases inseguras. Necessitará, portanto, curar-se. Depois disso, então..."

Mais adiante: "Sobrevirá, então, um aperfeiçoamento de individualidades, a fim de que a fonte mediúnica surja mais tarde, tão cristalina quanto

133

Edgard Armond

desejamos. Salutares e renovadores pensamentos assimilados pela dupla de sofredores em foco, expressam melhorias e recuperação para ambos, porque, na imantação recíproca em que se veem, as ideias de um reagem sobre o outro, determinando alterações radicais".

Passado, pois, o período preparatório, obedecidas todas as recomendações já expostas, estando o indivíduo mais ou menos equilibrado física e psiquicamente, possuindo já, sobre si mesmo e sobre o ambiente que lhe for próprio, relativo domínio, e, principalmente, apresentando-se o campo mediúnico em condições favoráveis de influenciação, poderão então ser iniciados os trabalhos de desenvolvimento propriamente dito.

Colocado na corrente, o médium sentirá, desde os primeiros contatos, as influências ambientes, que tanto podem provir do magnetismo humano da base, como serem impressões telepáticas dos presentes, fluidos pesados de Espíritos inferiores que se aproximem, radiações longínquas de Espíritos evoluídos, impressões de seu próprio subconsciente, como atuações, enfim, diversas e complexas, de outras forças e entidades astrais.

Ao toque dessas influências, entrará ele imediatamente em um estado de tensão emotiva, mais ou menos intensa e mais ou menos consciente, segundo o grau de sua própria sensibilidade, da natureza das faculdades que possuir e, sobretudo, segundo a afinidade que demonstrar para umas ou outras.

Conforme a natureza ou grau dessas influências, poderá ele ser por elas mais ou menos dominado, reagindo de maneiras muito variáveis, havendo casos em que o médium, nestes primeiros embates, se deixa dominar completamente, descontrolando-se, ou amedrontando-se.

Por isso, uma das principais e mais urgentes necessidades é impedir que tal aconteça de forma arbitrária, criando-se desde logo, no Espírito do médium, a ideia de que não deve ser escravo, mas senhor dessas forças, regular o ato da passividade, disciplinar suas emoções e só entregar-se passivamente quando tiver adquirido confiança em si mesmo e no ambiente em que se acha.

Deve-se-lhe proibir sujeitar-se cegamente, num grau, todavia, que não represente impedimento às próprias manifestações, porque em tal caso estaria dificultando, como é lógico, a espontaneidade e o curso natural do desenvolvimento.

PASSIVIDADE MEDIÚNICA

Sabemos que há médiuns extremamente passivos e faculdades que, por si mesmas, obrigam a essa passividade como, por exemplo, a incorporação inconsciente e os efeitos físicos.

Estes são os casos em que os médiuns realmente representam para as forças e entidades do plano invisível, um "aparelho", um "instrumento",

MEDIUNIDADE

como se costuma dizer porque, então, estão eles inteiramente à disposição dessas entidades e em quase nada intervêm, na ocorrência dos fenômenos.

O mesmo, porém, não se dá com as faculdades de lucidez, que permitem aos médiuns conservar sua consciência, liberdade de ação e personalidade, como também agir segundo a própria vontade, até mesmo deixando de ser "intermediários", abstendo-se ou recusando-se a transmitir o que veem ou ouvem, caso o desejem.

A passividade funcional, todavia, mesmo nos primeiros casos citados, somente deve ocorrer no período da ação mediúnica voluntária, fora da qual os médiuns devem conservar e utilizar seus atributos psíquicos normais, livres de qualquer influência exterior.

Natural, pois, e mesmo necessário, é que haja passividade no ato funcional mediúnico e atividade e consciência plenas fora desse ato, não só para o selecionamento do ambiente do trabalho, como para a escolha de colaboradores, de processos, tudo visando a perfeita realização da tarefa individual.

A passividade cega entrega os médiuns à influência de forças e entidades de todas as classes e esferas, indiscriminadamente, e isso é altamente nocivo; não só representa um abastardamento do fruto do seu trabalho, como traz a possibilidade do desvirtuamento de suas faculdades, que podem ser desviadas para o mal, quando utilizadas por Espíritos ignorantes, inconscientes ou maldosos.

Sem espiritualização, a mediunidade não evolui.

Pode haver esforço e trabalho mediúnico, porém, diz André Luiz, "sem acrisolada individualidade não existirá aperfeiçoamento mediúnico".

E, quanto aos médiuns de lucidez, se agirem com passividade cega e desconhecerem certos problemas da vida mediúnica, pode ocorrer que penetrem no campo hiperfísico inconscientes do que se passa ao seu redor e, por isso, não possam compreender ou classificar o que veem ou ouvem, as entidades que lhes falam e o mais que suceder durante a ação mediúnica, expondo-se a perturbações diversas.

Além disso, como médiuns, intermediários, agentes de ligação entre os dois mundos, que confiança podem merecer se eles próprios ignoram não só a natureza como o significado do que veem ou ouvem?

Mas como, mesmo assim, quando estes casos ocorrem, fazem a transmissão — e não são poucos os médiuns passivos e ignorantes — calcule-se daí a extensão das informações, transmissões errôneas, absurdas e ilusórias que espalham pelo mundo!

Nestes casos, só haveria um meio de joeirar os erros transmitidos: possuírem os dirigentes de trabalhos, ou pessoas interessadas na transmissão,

Edgard Armond

conhecimentos gerais e adequados dos aspectos e problemas da vida espiritual, eliminando uns e aceitando outros.

Isso, porém, como sabemos, muito raramente acontece e, a rigor, tudo quanto o médium diz ou transmite é aceito também cegamente, ou de boa fé, pelos interessados. É o caso típico do cego conduzindo outros cegos...

Por aí se vê que esses primeiros trabalhos do desenvolvimento são delicados e difíceis de ser regulados convenientemente, porém deles depende, em grande parte, a futura estruturação da mediunidade em curso.

Não basta, pois, sentar a uma mesa e concentrar-se: é preciso estudo, boa vontade, critério, inteligência e recíproco espírito de cooperação entre médiuns e instrutor.

O médium, nestas circunstâncias, é como um aluno que precisa acomodar-se às regras, às ordens, à disciplina, ao regimento da classe em que está: confiar e obedecer criteriosamente aos instrutores.

Por falta dessa educação inicial é que se vê, comumente, médiuns arbitrariamente influenciados, manifestarem-se antes mesmo que as sessões sejam declaradas abertas, e também casos em que os próprios protetores individuais de médiuns são causadores de irregularidades semelhantes, o que demonstra que ignoram, tanto quanto os próprios médiuns e diretores de trabalhos, as verdadeiras regras espirituais que devem ser seguidas nos trabalhos práticos.

Estas irregularidades prejudicam a todos os assistentes mas, sobretudo, aos médiuns em desenvolvimento, já que estes, ao seu próprio e natural desgoverno, adicionam ainda o que lhes vem de práticas tão mal conduzidas.

Este é um simples exemplo isolado, porém, há muitos outros que poderiam ser citados e que em nada recomendam a prática espírita em comunidades onde predomina a ignorância e a falta de compreensão da formação mediúnica.

REGRAS

Impedindo, pois, que se deixem dominar de forma arbitrária e cega, estaremos desde logo concorrendo para formar médiuns seguros, equilibrados, inspiradores de confiança.

Mas, qual o processo para se conseguir isso, em sentido geral?

Entre outras coisas, é necessário o seguinte:

a) a direção dos trabalhos deve estar com pessoa competente, que conheça o problema detalhadamente;

b) deve existir perfeito entrosamento de ação nos dois planos, mediante ajuste prévio com os protetores invisíveis;

c) não permitir que Espíritos desencarnados irresponsáveis ou estranhos ao trabalho, se aproximem dos médiuns e exigir que os destacados para isso, só o façam no momento oportuno;

MEDIUNIDADE

d) criar para o trabalho um ambiente espiritualizado, de objetivos elevados, excluídos o exibicionismo, a superstição, o personalismo, o interesse pessoal;

e) exigir que as manifestações se deem em ordem, uma de cada vez, para evitar confusões e tumulto;

f) desmascarar pacificamente todas as mistificações, tanto de médiuns como de Espíritos, e pôr em evidência todas as manifestações e ocorrências que possam servir de ensinamento e de edificação moral;

g) ter como finalidade o espiritismo evangélico — que é o único que assegura uma assistência espiritual elevada.

Mas, se apesar dos cuidados postos em prática, do método seguido, da ordem e disciplina mantidos por todos, da firmeza das concentrações, da pureza das intenções, os trabalhos degenerarem em violência, desordem, confusão, é então de supor que a assistência espiritual não é ainda favorável, não foi ainda atingido um clima que inspire segurança, e tornam-se nestes casos precisos novos entendimentos com os guias, novos esforços, novas tentativas, porque é essencial a boa assistência e o bom ambiente nos dois planos.

O fato de terem sido designados determinados Espíritos para realizarem ou dirigirem trabalhos na Crosta, junto aos encarnados, não significa que sejam eles Espíritos de hierarquia elevada; recebem determinada missão e, se em alguns casos possíveis, não a cumprem com a devida competência ou dedicação, ou se a desvirtuam, estarão como nós outros, sujeitos à mesma responsabilidade.

Muitos Espíritos pedem tais tarefas, ou porque desejam permanecer junto de encarnados para os quais sentem afinidade, prendem-se por laços afetivos, ou por simples desejo de cooperação na obra comum de esclarecimento das almas; mas, assim também como acontece conosco aqui na Terra, podem fracassar ou desmerecer por várias circunstâncias.

Em todos os casos, ocorrendo tais coisas, é necessário apelar para as Entidades Superiores, a fim de que as falhas sejam sanadas e os trabalhos prossigam com nova orientação.

E, reversamente, quando tudo vai bem, quando há dedicação, desprendimento e amor ao trabalho, de parte a parte, os resultados vão sendo cada vez mais compensadores e aos primitivos trabalhadores, novos elementos se associam, sempre de valor mais elevado, ganhando então os trabalhos, cada vez maior força e expressão.

São, pois, indispensáveis bons elementos individuais nos dois planos e somente assim as forças superiores podem descer sobre eles, assegurando o referido progresso; caso contrário, estabelece-se um ambiente refratário a essas forças e, além disso, surgem vibrações negativas, de baixa qualidade, que a todos prejudicam e abrem as portas a forças e entidades de planos inferiores, sempre prontas a intervir, desde que se lhes forneça oportunidade.

Chegando a este ponto, a sessão se transformará num foco de desordem psíquica, de venenos fluídicos, que atacarão sem piedade médiuns e assistentes, trazendo-lhes perturbações às vezes muito sérias.

Em resumo, as boas práticas e os bons ambientes constroem e os opostos destroem as possibilidades de um desenvolvimento natural, harmonioso e eficiente, de faculdades mediúnicas.

Outra recomendação a fazer aos médiuns em desenvolvimento, é falarem com desembaraço e confiança, desde o princípio.

Os de incorporação consciente e semiconsciente, sobretudo, são os que mais recalcam em si mesmos essas possibilidades, porque estão sempre mais ou menos despertos e usam palavras próprias para traduzir as ideias telepaticamente recebidas dos Espíritos comunicantes; e isso lhes cria uma situação de verdadeiro constrangimento.

É grande o número de médiuns que fracassam só por causa disto ou, no mínimo, estacionam a ponto de estagnar completamente suas faculdades mediúnicas. Mas, se compreenderem bem a natureza dessas faculdades e as limitações que lhes são próprias, conforme explicamos no Capítulo 1 deste livro, sua confiança renascerá e se tornarão intérpretes fieis e eficientes.

Há processos práticos para se obviar esta dificuldade, evitando a inibição dos médiuns pela desconfiança na transmissão, supondo que esta não vem do Espírito comunicante, mas do seu próprio subconsciente, por animismo: pedir mentalmente ao Espírito que confirme a comunicação e se isso não bastar, pedir que, aos invés de utilizar ondas telepáticas, utilize raios e fluidos, projetando-os sobre seus centros de sensibilidade individual. Isso basta porque o subconsciente é unicamente um arquivo mental de recordações e não tem possibilidades de emitir raios ou fluidos, o que é atribuído unicamente a entidades animais e humanas.

Há, todavia, outras causas que produzem recalques e prejudicam o desenvolvimento.

Médiuns há que, por possuírem pouca cultura e terem de transmitir com suas próprias palavras e recursos mentais as ideias recebidas dos Espíritos, se atemorizam da crítica alheia.

Outros que se julgam diminuir, transmitindo ideias muitas vezes banais e fúteis, de Espíritos atrasados.

Ou que se consideram humilhados por fazerem nas sessões as mesmas coisas, tomarem as mesmas atitudes de indivíduos de condição social inferior à sua.

MEDIUNIDADE

Outros, que se constrangem por se sujeitarem a Espíritos atrasados e por terem de dizer coisas que, em plena consciência, não diriam e que muitas vezes são contrárias às suas próprias ideias e pensamentos.

Muitos, também, que se escrupulizam ou se envergonham de exercer suas faculdades na presença de pessoas amigas, ou da própria família, perante as quais, na vida comum, mantêm determinadas condições de superioridade, que seriam prejudicadas com qualquer intimidade ou promiscuidade.

Há também inúmeros casos de constrangimento provenientes de serem médiuns indivíduos professantes de religiões dogmáticas e obsoletas. Ignorantes das coisas do espírito, se atemorizam com a posse de faculdades psíquicas, que consideram tentações maléficas, obra demoníaca; assim, lutam para reprimi-las e muitas vezes caem vitimados pela própria ignorância ou recalcitrância.

Verdadeiros dramas ocorrem no seio de famílias católicas e protestantes, ou de materialistas, cujos responsáveis preferem sacrificar os entes queridos a admitirem neles a existência de faculdades espirituais.

A todos estes irmãos, detentores de faculdades mediúnicas recalcadas, devemos dizer que necessitam antes de mais nada, de humildade. O médium orgulhoso já está, de início, fracassado na tarefa que aceitou, porque coloca acima dela os preconceitos mundanos, que nada valem à face das coisas de Deus, eternas e soberanas. Subestimam justamente aquilo que lhes pode servir de auxílio para se elevarem na escala evolutiva.

Mas todos terão oportunidade de se vencerem a si mesmos, porque se pedirem forças e auxílios do Alto, é certo que os receberão imediatamente.

Está, pois, em suas próprias mãos o triunfo ou a derrota, isto é, uma subida ou uma queda espiritual quando, após seu desencarne, tiverem de prestar suas contas às Entidades Superiores dos Planos Espirituais.

CAPÍTULO 23

OPORTUNIDADE DO DESENVOLVIMENTO

O simples fato de haver necessidade de desenvolvimento mediúnico demonstra que deve também haver uma época apropriada ao seu início.

Tudo na Natureza tem sua hora certa para nascer, para crescer, para declinar, para extinguir-se[43]. Tudo está bem regulado, não havendo nada arbitrário. Há leis para tudo e elas se exercem com absoluta regularidade.

Assim como o fruto amadurece na sua época, devem também amadurecer no devido tempo, segundo leis irrecorríveis, todas as virtudes e faculdades do Espírito.

Cremos que, para a eclosão da mediunidade, a época normal é a juventude, quando as forças orgânicas estão em plena expansão e o indivíduo ainda tem pela frente a maior parte de seu quinhão de vitalidade; eclodida assim a faculdade, sua consolidação só se vem a dar na meia-idade, quando obtém então maior fecundidade e segurança, porque só aí se definiram seus elementos, o Espírito se enriqueceu com as experiências e o coração se dilatou com o sofrimento da luta.

No período do declínio orgânico, acreditamos que o campo das atividades se restringe e o Espírito vai se recolhendo em si mesmo, fugindo dos embates exteriores, como um caminheiro cansado, que anseia pelo justo repouso.

Assim, pois, acreditamos que a mediunidade se desenvolve com a própria expansão da vida física individual e se amortece com o próprio declínio.

Há casos, porém, em que indivíduos idosos, aos primeiros contatos com a corrente, manifestam mediunidade franca e evoluída e isto é o que induz a muitos suporem que não há épocas preferenciais para o desenvolvimento.

Estes fatos, todavia, não invalidam mas, muito ao contrário, confirmam nosso ponto de vista: as faculdades amadureceram na sua época, porém só muito tardiamente se manifestaram, por falta de condições favoráveis, que um desenvolvimento metódico e regular proporcionaria; nestes casos, resultarão sempre em faculdades indisciplinadas ou eivadas de defeitos, vamos dizer, congênitos, que só muito dificilmente poderão ser corrigidos.

É perigoso provocar o desenvolvimento prematuro de faculdades psíquicas (naquilo em que elas podem ser forçadas) tentando sua eclosão por

---

[43] Já o sábio Salomão, no seu tempo, referia-se a esta verdade, no Eclesiastes, aplicando-a a muitas coisas da vida prática.

MEDIUNIDADE

meio de hipnotismo, auto-esforço, ou interferência de Espíritos levianos desencarnados, como sucede, às vezes, nos "terreiros" em geral.[44]

Aguarde-se o momento propício e, enquanto isso, instrua-se o candidato na Doutrina, teoricamente; procure-se equilibrá-lo na prática das virtudes e na disposição para o bem porque, então, e assim sendo, as portas do que for oculto se abrirão em claridades e o médium, olhando, verá e, ouvindo, discernirá.

Em todos os casos, procurem os médiuns manter comunhão com os bons Espíritos, não exigindo que eles desçam a seu nível, mas esforçando-se por subirem até eles, purificando-se e vivendo com retidão.

---

[44] Vide Capítulo 20.

Edgard Armond

CAPÍTULO 24

SINAIS PRECURSORES

Além das perturbações psíquicas em si mesmas, há ainda vários outros sinais que indicam o afloramento de faculdades e que variam segundo a natureza desta.

◆

Assim, para a LUCIDEZ temos:

SONHOS E VISÕES

Nesse período de que estamos tratando, o médium sonha com intensidade e nitidez cada vez maiores. Em seguida, no semi-sono, os sonhos passam a ser verdadeiras visões, cada vez mais perfeitas e significativas. E, em grau mais avançado, muitas vezes mesmo em plena vigília, primeiro no escuro e mais tarde no claro, passa a distinguir as cores áuricas das pessoas e dos objetos, formas indistintas e confusas dos planos hiperfísicos.

Na maioria das vezes, as visões são desagradáveis; representam animais estranhos e formas ou seres humanos grotescos e mesmo repugnantes, e isso porque o desenvolvimento começa, quase sempre, com a interferência de Espíritos inferiores, que provocam tais visões, quando não é o próprio médium que, diretamente, vê tais coisas, nas esferas inferiores do Umbral.

AUDIÇÃO

O médium ouve vozes, rumores, de princípio incompreensíveis, mais ou menos nítidos em seguida, mesmo não se tratando de mediunidade auditiva. Outros padecem de zumbido nos ouvidos e muitos há que de tal maneira se tornam sensíveis a tais coisas, que chegam a não poder conciliar o sono, com grave risco para sua saúde física e mental.

◆

Para a INCORPORAÇÃO temos:

MEDIUNIDADE

ADORMECIMENTO

Os médiuns que, por efeito de sua própria perturbação, não conseguem concentrar-se ou dominar-se, mormente no curso dos trabalhos práticos, são submersos, pelos próprios protetores invisíveis, em um sono mais ou menos profundo, durante o qual agem sobre eles, afastando as causas perturbadoras ou trabalhando nos órgãos da sensibilidade, para a necessária preparação.

Agem também assim, sobre aqueles que vêm para o trabalho espiritual em condições físicas impróprias, por cansaço ou moléstia, ou ainda por efeito de preocupações intensas, ligadas à vida material; todas estas condições são incompatíveis com o trabalho e exigem cuidados reparadores.

FLUIDOS

À medida que a sensibilidade se apura, o médium sente, cada vez mais intensamente, fluidos que tanto podem vir de encarnados como de desencarnados presentes à sessão; e, conforme seja o grau dessa sensibilidade, podem também provir de entidades de maior hierarquia, protetores do trabalho ou para os quais, durante ele, se apelou e que, nestes casos, enviam, às vezes de grandes distâncias, suas radiações poderosas.

Pelo seu teor vibratório, esses fluidos agem sobre o perispírito do sensitivo de forma agradável ou não, produzindo boa ou má impressão, provocando reação suave e reparadora ou violenta e dolorosa.

Pela natureza, pois, dos fluidos que sente, pode o médium identificar a presença ou a ação de entidades ou forças boas ou más, do mundo invisível.

Convém também dizer que os fluidos agem de preferência em determinadas regiões do organismo, ou melhor, refletem sua ação em lugares de eleição do organismo físico, segundo sua própria natureza e variando de indivíduo para indivíduo. Assim, uns sentem fluidos pesados (de Espíritos inferiores) no alto da cabeça, à esquerda, outros à direita, outros no braço, nas pernas, no epigastro, e fluidos leves (de Espíritos superiores) nestes ou naqueles pontos do corpo, sistematicamente.

IDEIAS E IMPULSÕES ESTRANHAS

Sensíveis como são aos fenômenos hiperfísicos, os médiuns começam a perceber, nesse período pré-mediúnico, ideias estranhas, que lhes surgem na mente de forma às vezes obsidiante, bem como impulsos de agirem em determinados sentidos, de fazerem tal ou qual coisa, de que também jamais cogitaram.

143

Edgard Armond

E como podem, nesses primeiros tempos, devido à sua natural inexperiência, sofrer arbitrariamente influência de bons e maus Espíritos, é necessário vigiar sempre, interferir com a razão continuamente, analisando tais ideias e impulsos, não se deixando levar por eles e optando sempre pelo que for mais criterioso e justo.

ENTORPECIMENTO, FRIO E RIGIDEZ

Os protetores, durante esse período que estamos analisando, agem sobre os órgãos da sensibilidade, bem como sobre todo o sistema nervoso, justamente visando o preparo do campo para as atividades mediúnicas e essa ação muitas vezes provoca reflexos nos músculos, inibições na corrente sanguínea e nas terminações nervosas, do que resultam os fenômenos citados, se bem que sempre em caráter passageiro.

O entorpecimento ora é nos braços e mãos, ora nas pernas e pés, sendo também às vezes precedido de uma incômoda sensação de formigamento da epiderme em geral.

ALHEAMENTO, ESVAIMENTO E VERTIGEM

Nos casos de semi-incorporação ou incorporação total, o processo mais ou menos profundo da exteriorização do Espírito do médium provoca tais fenômenos, também passageiramente.

Em casos anormais, porém, podem eles ser provocados pela influenciação de Espíritos obsessores que, não tendo em mira objetivos benignos em relação ao médium, interferem com brutalidade, produzindo distúrbios no campo da vida nervosa ou psíquica.

São comuns os casos em que médiuns incipientes e indefesos são acometidos por delíquios e vertigens na própria via pública, com grave risco para sua saúde e vida.

"BALLONNEMENT"

Adotamos esta expressão francesa para a sensação de dilatação, estufamento, inchamento de mãos, pés e rosto do médium, que muitas vezes ocorre antes do transe. É ainda efeito da exteriorização, do deslocamento do perispírito do médium dentro do arcabouço físico para ceder lugar, parcialmente ou não, ao Espírito comunicante.

Por último, são os seguintes os sinais prévios no campo exterior, referentes aos casos de EFEITOS FÍSICOS: "raps", rumores diferentes, deslocação de objetos de uso, batidas em móveis, paredes, luzes e formas fluídicas, de

MEDIUNIDADE

ocorrência arbitrária e imprevista, tanto no lar como nos lugares frequentados pelos médiuns.

Quando ocorrem esses fenômenos, como sucede em muitas casas que, por isso, ficam malvistas pelo povo, procure-se logo o responsável que, invariavelmente é um médium de efeitos físicos.

Todas estas perturbações são próprias do período pré-mediúnico e podem mesmo avançar um pouco adentro no período do próprio desenvolvimento, mas terminam sempre por cessar à medida que as faculdades se desenvolvem e se educam, entrando em atividade normal.

CAPÍTULO 25

NA INTIMIDADE DO PROCESSO

Feitas assim estas generalizações, vamos agora ver de que maneira se processa o desenvolvimento em si mesmo.

Encaremos a primeira fase: a da adaptação psíquica.

Posto o médium na corrente magnética, inicia-se imediatamente o trabalho de limpeza espiritual, com a dissolução das placas fluídicas, aderidas ao perispírito e advindas do exterior por afinidade vibratória ou do interior, como resultante de seus próprios pensamentos e sentimentos negativos, bem como com o afastamento das entidades perturbadoras ligadas ao médium e atraídas, sempre por afinidade, por suas condições vibratórias internas.

Tanto essas placas (ou manchas) como as interferências pessoais de obsessores, davam ao perispírito vibrações impróprias, desordenadas, às vezes muito intensas, outras vezes muito lentas, que se refletiam no sistema nervoso em geral, produzindo alterações psíquicas e orgânicas.

Este trabalho de limpeza é feito pelos assistentes espirituais, que lançam mão dos elementos magnéticos positivos extraídos da própria corrente ou de passes e radiações fluídicas que dirigem sobre o médium.

Em casos graves, de perturbações muito fortes e quando falham seus próprios recursos, os assistentes recorrem a mananciais de forças de planos superiores, por intermédio de entidades de maior hierarquia, às quais mentalmente se dirigem.

Assim se consegue, desde os primeiros trabalhos e após sessões continuadas, normalizar a vibração perispiritual, passando então o perispírito, devidamente refeito, a exercer sobre o sistema nervoso e sobre os plexos e glândulas, o domínio normal e as relações pacíficas e regulares que caracterizam o indivíduo psiquicamente equilibrado.

Vejamos agora a segunda fase, a do desenvolvimento propriamente dito:

Limpo o perispírito de influências impróprias e negativas e normalizadas as relações entre ele e o aparelho nervoso, o campo mediúnico se apresenta, então, em condições de ser exercitado.

O trabalho, sempre com o auxílio dos elementos já referidos, se resume na intervenção dos agentes espirituais, sobre os órgãos da percepção e de ligação psíquica, principalmente a glândula pineal — para o vegetativo.

MEDIUNIDADE

Esses órgãos vão sendo então exercitados pelos operadores invisíveis, até que obtenham a vibração especial própria da eclosão da faculdade que se tem em vista desenvolver.

Aos poucos vai o perispírito atingindo esse estado vibratório necessário e aos poucos vão, também, se desenvolvendo e caracterizando as manifestações que produz, até que essa capacidade especial vibratória se consolide, se estabilize, se torne espontânea, elástica e flexível, capaz de ressoar harmonicamente a qualquer nota, vamos dizer assim, da escala vibratória espiritual.

Chegando a este ponto, o médium estará em condições de servir de intermediário a Espíritos de qualquer condição e grau de hierarquia; e estará em condições de desempenhar sua tarefa por si mesmo, sem perigo de degeneração, com segurança e pleno conhecimento de causa.[45]

O desenvolvimento, tanto na primeira como na segunda fases, pode exigir maior ou menor tempo, segundo o estado moral, o devotamento e a fé que o médium demonstrar desde o início; mas depende também, e muito, do ambiente em que o trabalho se realiza, o qual, não sendo plenamente favorável, pode retardar o processo ou degenerar as faculdades incipientes.

Na primeira fase, o mau ambiente, ao invés de limpar, acrescenta elementos contrários ao quadro dos já existentes e atrai novas forças hostis, perturbando ainda mais o médium; e na segunda, pode produzir um desenvolvimento desarmônico, num sentido vicioso e inconveniente, levando à formação de médiuns descontrolados, que jamais atingirão um estado satisfatório de eficiência mediúnica.

Em ambientes favoráveis, desde início cedem também, como já vimos, as perturbações de fundo orgânico porque, removidas as placas do perispírito, automaticamente estarão também removidos seus reflexos nos órgãos físicos correspondentes, já que o corpo físico é um duplicado, uma projeção do perispírito, que é a matriz modeladora.

Desde o início do desenvolvimento, deve o médium estabelecer e conquistar um padrão o mais perfeito possível de conduta moral, por meio de auto-refreamento e de preces, para que suas vibrações internas se apurem, clarificando e purificando a aura mediúnica.

Tal procedimento ajuda poderosamente o desenvolvimento e sem esse processo interno de autopurificação, pela reforma moral, nenhum desenvolvimento normal e perfeito será possível ou terá caráter definitivo.

---

[45] Ao que está dito acrescente-se o ensino de Kardec, segundo o qual o médium desenvolvido é aquele que somente recebe inspiração de Espíritos superiores. O Codificador quer dizer que desenvolvido está o médium quando produz o trabalho que dele se espera, porém, quanto à obediência, à orientação espiritual, somente se submete a protetores e guias de ordem superior.

CAPÍTULO 26

A DIREÇÃO DOS TRABALHOS

O diretor dos trabalhos tem, a seu turno, de agir com discernimento e prudência, conforme a natureza da sessão que preside.

Em geral, para a formação de um bom ambiente, e após, é claro, os entendimentos preliminares com os operadores invisíveis (o que deve ser feito em ocasiões apropriadas), deve exigir dos presentes a mais perfeita concentração, expungindo de todas as mentes pensamentos e preocupações ligados à vida material.

A sessão é um oásis de repouso para o viandante cansado de seus labores; ali se dessedenta, se recupera e se estimula para novos esforços, mas, para que o repouso seja realmente confortador é necessário que o interessado, ao penetrar no recinto, procure se esquecer de suas inquietações e de seus temores e se entregue completamente ao aconchego e à proteção que ele oferece.

A assistência deve ser afastada dos ambientes de trabalho e em torno destes deve existir uma cadeia fluídica de segurança, formada de elementos capazes de manter uma concentração perfeita e isso para que os médiuns fiquem isolados e a coberto de influências exteriores.

Preleções constantes sobre a mediunidade são necessárias, focalizando-se seus diferentes aspectos e a conduta que os médiuns devem manter durante os trabalhos.

Nos casos de incorporação, explicar as diferenças que apresentam os três aspectos da faculdade, particularizando seus detalhes. Esclarecer que no caso "consciente", o animismo é circunstância natural e, às vezes, mesmo favorável, porque se o médium possui cabedal próprio de conhecimentos, maior riqueza de vocabulário e maior facilidade de expressão, tanto melhor transmitirá as ideias que receber do Espírito comunicante. O médium, pois, que tenha confiança em si mesmo certo de que, dentro da corrente e na hora da comunicação, o que vier não será dele mas sim do Espírito comunicante; que não analise o que recebe para transmitir; que fica em estado receptivo e dê ampla vazão às ideias ou pensamentos que receber.[46]

No jogo das ideias próprias e daquelas que vêm do Espírito comunicante, deve o médium, desde o início, estar vigilante para distinguir uma coisa

---

[46] Mais tarde, quando já desenvolvido e entregue aos trabalhos, novos detalhes serão fornecidos a este respeito para o aprimoramento das faculdades.

MEDIUNIDADE

de outra, estabelecer limites, se bem que só o tempo e o tirocínio mediúnico fornecerão elementos seguros dessa distinção.

Ensine-se ao médium, todavia, que do seu subconsciente pode usar livremente os elementos próprios, no que respeita a palavras, locuções etc., necessárias à interpretação e transmissão das ideias recebidas telepaticamente, só devendo ressalvar em si mesmo, justamente as *ideias*, porque estas pertencem ao Espírito comunicante.

Ensine-lhes também que, quando as ideias fluem livremente, desembaraçadamente, isto é sinal que não pertencem a ele, médium; são transmissões telepáticas e que, toda vez que ele, médium, interfere, produz-se uma síncope, uma pausa, uma interrupção na transmissão, que passa então a desenvolver-se com dificuldade, sem fluidez, forçadamente.

Recomende-se-lhe, outrossim, que antes de se deixar influenciar, dê a si mesmo sugestões no sentido de não bater nas mesas, não bater os pés e as mãos, não gritar, não gemer, não fazer gestos impulsivos ou violentos, não tomar atitudes espetaculares; enfim, exija-se que se conserve calmo, silencioso, confiante, discreto.

Os médiuns devem ser separados em mesas ou grupos diferentes, segundo o estado que atingiram no desenvolvimento, devendo ir transitando de uma mesa ou grupo para outro, à medida que progridem.

O diretor do trabalho não deve permitir manifestações extemporâneas nem tampouco intervenção de médiuns porventura postados fora da corrente.

É necessário que os médiuns, como já dissemos, saibam distinguir fluidos, uns de outros, pois segundo sua vibração e qualidade, são diferentes. Um mau fluido tem vibração mais pesada, mais lenta e produz efeito desagradável, irritante, ao passo que o bom fluido é suave, repousante, confortador.

Este conhecimento serve, além de outras coisas, para em qualquer circunstância, distinguir uma entidade manifestante de outra, identificá-la, afastando a que não for favorável, muitas vezes antes que ela possa causar qualquer perturbação.

E ter também em conta que determinada qualidade de fluido afeta determinada região ou órgão do corpo físico, reflexivamente, sendo este também um outro meio de defesa própria, de diferenciação e de identificação de Espíritos.

Outra coisa a recomendar aos médiuns em desenvolvimento é que não se deixem influenciar fora das horas de trabalho mediúnico e sem a devida proteção ambiente, bem como afastar por meio de preces ou ordens mentais positivas e enérgicas, entidades perturbadoras e indesejáveis.

Ao médium inconsciente, deve-se também ensinar que, antes de entregar-se ao transe, não lhe merecendo plena confiança o meio em que se achar, deve ligar-se mentalmente ao protetor individual para que, no caso de ocorrer qualquer imprevisto ou tomarem os trabalhos um rumo inconveniente, possa imediatamente libertar-se do transe. Somente desta forma poderá ele, nestes casos, exteriorizar-se com tranquilidade e confiança.

Enfim, nos trabalhos de desenvolvimento, não basta fazer os médiuns sentarem-se, concentrarem-se e se entregarem cegamente às influências invisíveis; é necessário assegurar-lhes proteção, conselho, orientação adequada e isso só poderá ser feito quando o diretor do trabalho tiver conhecimentos suficientes e a autoridade moral necessária para isso.

MEDIUNIDADE

CAPÍTULO 27

ESTADOS CONSCIENCIAIS

Neste ponto, considerando a generalizada utilização do ato mental da concentração nas práticas espirituais, vamos examinar este assunto com maiores detalhes.

As atividades normais do Espírito se desenvolvem em três campos mentais bem definidos:

1 — O SUBCONSCIENTE

Conjunto de conhecimentos e experiências anteriores adquiridos e que vão se armazenando aos poucos nessa zona obscura e que, por efeito de repetições insistentes, acabam por se tornarem espontâneos e instintivos, estabelecendo, para suas manifestações, um regime de harmonioso automatismo.

A maioria dos atos de nossa vida comum pertence a esse setor que, aliás, é dos mais perfeitos no seu funcionamento, em razão das referidas repetições, que operam em verdadeiro selecionamento nos valores que devem ser arquivados.

O eventual, o transitório, o superficial, são eliminados, porque não perduram, mas aquilo que, voltando à carga, insiste e se repete, isso então seleciona-se por si mesmo com o tempo, e fica arquivado.

Nesse campo do subconsciente, classificam-se quase todos os atos de nossa vida material, inclusive o funcionamento dos órgãos do corpo físico, dos sentidos, e ainda muitos dos atos da atividade psíquica, inclusive os hábitos e os procedimentos de rotina.

De um certo modo, o subconsciente, no campo da atividade individual, arquiva o passado, desempenha uma função sempre pronta, incansável, que presta todas as informações solicitadas pelo Espírito encarnado, salvo o que não deve ser relembrado como, por exemplo, o que se refere às vidas passadas em geral e às coisas íntimas, informações estas que, muitas vezes, são arrancadas a força pelo hipnotismo que, como já dissemos, é prática desaconselhável na maioria dos casos.

Neste setor do subconsciente, a imaginação cabe muito bem e é aconselhável que se a use; é uma antecipação de coisas que queremos ou cremos que sucederão. A imagem mental gravada no subconsciente tende a realizar-se

151

Edgard Armond

desde que o processo imaginativo seja reiterado várias vezes. A imaginação vale mais que a vontade no setor criativo e tanto serve ao médium como ao Espírito comunicante.

2 — O CONSCIENTE

Conjunto das atividades do presente, do que está sendo vivido, experimentado, compreendido e assimilado no "agora", sob o controle e superintendência da Razão; atividades que se processam em uma zona lúcida e dependente da Vontade.

3 — O SUPRACONSCIENTE

Um estado de expectativa, de anseios, aspirações e esperanças; de idealizações e de fé em coisas que hão de vir e todas contidas em gérmen nos produtos atuais da Razão, do consciente; é o setor de ligação com o Plano Espiritual Superior.

Segundo, pois, a natureza desta análise e resumindo, diremos que, de uma certa forma, o subconsciente é o passado; o consciente é o presente e o supraconsciente é o futuro.

Segundo outro ponto de vista e descendo à maior particularização, acrescentamos que as faculdades do consciente são diversas, se bem que para o nosso estudo somente nos interessam as quatro seguintes:

a) *ATENÇÃO* — Ato mediante o qual a mente, em estado receptivo e vigilante, volta-se para dado objeto, assunto ou acontecimento, no sentido de receber impressões sobre eles; é uma janela que a mente abre para fora, para saber o que se passa no exterior, utilizando-se dos sentidos físicos, que são órgãos de relação com o meio ambiente.

Desviada que seja a faculdade, mesmo que por breves momentos, do ponto de interesse, formam-se hiatos, lacunas, soluções de continuidade, que prejudicam o conhecimento mental a ele referente.

A Atenção é, portanto, um ato passivo, de recepção de impressões ambientes.

b) *CONCENTRAÇÃO* — Ao contrário da precedente, a concentração é um ato mental intensamente ativo, mediante o qual focamos a mente sobre dado ponto de interesse, com a ideia deliberada de obter determinado efeito, atingir determinado fim.

Diferentemente da Atenção, a Concentração fecha as portas da mente para o mundo exterior, corta as ligações sensoriais com o ambiente externo, passando então a atuar inteiramente na intimidade da zona psíquica.

MEDIUNIDADE

c) *MEDITAÇÃO* — Ato psíquico segundo o qual a mente, inicialmente concentrada em dado ponto de interesse, entra-lhe na intimidade pela sucessão contínua de detalhes, remontando de efeitos a causas, de antecedentes a consequentes, para afinal obter conclusões gerais, percepções e conhecimentos de caráter integral.

A mente segue uma esteira de análises parciais, sem objetivo marcado, numa harmoniosa associação de ideias, atingindo, por fim, um resultado desconhecido, não previsto ou concebido previamente.

d) *ÊXTASE* — Finalmente, estado quase sempre sequente a concentrações ou meditações (conforme a flexibilidade mental do operador) que leva o Espírito a se derramar, fora do seu corpo, em beatitude ou abstração, ligando-se a coisas do mundo espiritual, mediante desprendimento do mundo físico; rapto psíquico que leva muitas vezes o Espírito a regiões elevadas do mundo invisível; exteriorização ou desdobramento espiritual que pode durar tempo às vezes considerável.

Resumindo: a Atenção abre as portas da mente para o mundo físico, enquanto a Concentração as fecha, abrindo-as para o psíquico; a Meditação penetra no âmago das coisas pela análise, quase sempre introspectiva, enquanto o Êxtase desprende o Espírito do mundo material e o arroja no campo do invisível.

E agora, particularizando ainda mais, vamos ver que a concentração é o procedimento de mais ampla e usual aplicação nas práticas espíritas, motivo por que deve ser analisada mais detalhadamente nesse terreno. Como, entretanto, não temos espaço nesta obra para tanto, vamos pôr em evidência unicamente seu aspecto mais interessante, que é o de ser uma das mais acessíveis e poderosas fontes de emissões fluídicas.

Uma assistência mais ou menos numerosa e espiritualmente educada, concentrada para obter algo, ou atingir determinado fim, eis realmente um grande potencial de energia psíquica, passível de aplicação imediata.

No Espiritismo, usualmente, a faculdade individual de concentração é utilizada no campo do beneficiamento coletivo e exercitada quase sempre em movimentos conjuntos.

Não argumentando além dos casos mencionados há pouco no capítulo anterior, verificamos que quando um diretor de trabalhos práticos pede concentração inicial para sua abertura, ele procura formar um ambiente adequado, obter um padrão vibratório equilibrado, sincronizável com o do plano invisível e compatível com a manifestação das entidades desse plano.

Fechadas as portas do mundo exterior, todas as mentes emitem pensamentos afins, que correspondem às necessidades ou objetivos do momento e isso faz com que entre todas elas se estabeleça uma mais ou menos perfeita sintonia; reciprocamente, elas se entrelaçam, formando uma cadeia segura, uniforme, harmoniosa, que prontamente delimita o campo do trabalho nesse plano; no movimento seguinte, levantadas as mentes para o Alto, fundem-se, ligam-se, entrelaçam-se as correntes desse plano com aquela, do mesmo teor vibratório, já formada no plano invisível, pelos operadores que de lá se esforçam no mesmo sentido.

Quando tal coisa se dá, então é que se pode dizer que está realmente formado, delimitado, sintonizado e espiritualmente protegido o campo espiritual do trabalho comum.

Faz-se, então, a prece de abertura.

Quando, no decorrer dos trabalhos, as atenções se desviam, preocupações de ordem profana ou sentimentos subalternos dominam a uns e outros, sucede infalivelmente que a harmonia se desfaz, a cadeia se rompe e Espíritos malévolos ou violentos penetram no ambiente indefeso, pelas brechas que então se abrem, fazendo com que a confusão suceda ao equilíbrio, o tumulto à ordem, o prejuízo ao benefício.

Nestes casos, quando o diretor pede concentração, tenta ele restabelecer a ordem, o equilíbrio, a harmonia, fechar as brechas e rechaçar os maus elementos, por meio de emissões poderosas e conjugadas de fluidos benéficos.

Quando, na fase assistencial do trabalho, precisando levar socorro ou prestar auxílio espiritual a qualquer necessitado, o diretor pede concentração, visa fazer convergir para esse necessitado uma caudal de força reparadora ou, conforme as circunstâncias, oferecer a agentes invisíveis, dedicados a curas, um suporte, uma fonte de energias curadoras, em que esses agentes se apoiam para realização de suas tarefas.

E quando, finalmente, ao término dos trabalhos, o diretor pede concentração para o encerramento, o ambiente representa uma maravilhosa eclosão de fluidos suaves e de luzes que sobem para o Alto em ação de graças e, do Alto, recebe, em reciprocidade admirável, bênçãos e espiritualidade para todos.

Enfim, a cada passo, o trabalhador da seara necessita concentrar-se para dar como para receber, e por isso deve ele colocar nesse ato de tão elevada significação e tão comprovada utilidade espiritual, toda força, devoção e pureza de que dispuser.

CAPÍTULO 28

MODALIDADES DE TRABALHOS

Dissemos atrás que, conforme a natureza da faculdade, assim deve ser o processo para o desenvolvimento, e essas considerações se referiam, como é fácil de ver, aos casos de incorporação, que são os mais comuns.

Vamos agora dizer alguma coisa que sirva de base para o desenvolvimento de faculdades de outra natureza.

EFEITOS FÍSICOS

Os médiuns desta classe, como se sabe, se caracterizam pela circunstância de fornecerem fluidos pesados (ectoplasma) para a manipulação dos diferentes efeitos visíveis a olho nu, como seja: transportes, levitações, moldagens, materializações e outros como voz direta, etc.

São estes efeitos que constituem o quadro da fenomenologia, campo muito vasto e interessante do Espiritismo científico.

Pela própria natureza dos trabalhos que executam, estes médiuns são muito suscetíveis de se corromperem e fracassarem, seja porque lidam com elementos inferiores, seja porque, por muito disputados, ficam mais facilmente expostos às garras da vaidade e do interesse material.

No Capítulo 12 já estudamos cada um destes efeitos físicos separadamente.

O desenvolvimento destas faculdades não sofre alteração na primeira fase — adaptação psíquica — e a ele se aplicam todas as recomendações e instruções já dadas. Para os médiuns desta classe verifica-se que as perturbações comuns são ainda mais intensas e profundas como é natural, porque o "fenômeno" por si mesmo, já bastaria para impressionar e comover mais fundamente que qualquer outra manifestação.

Os trabalhos desta espécie devem ser realizados em sessões separadas, especialmente organizadas para esse fim, e nunca em comum com as demais.

É voz corrente que nestas sessões não é necessária a concentração nem a prece, devendo os assistentes conversar, fazer música ou se distraírem de uma forma ou de outra. Isto é um erro, pois a concentração e as preces, como em todos os casos, são condições essenciais de um trabalho perfeito.

Edgard Armond

O que sucede, e que, de certo modo, poderia justificar essa opinião, é que o caráter fenomênico das manifestações impressiona de tal forma e de tal forma desperta a curiosidade, que tais circunstâncias quase sempre prejudicam as manipulações; os próprios operadores invisíveis, então, para desviar a tensão mental dos assistentes, aconselham que conversem ou façam música, como derivativo.

Por isso, em trabalhos de desenvolvimento desta espécie, exija-se desde logo a necessária concentração, não sistemática e permanente, mas periódica e alternativa, segundo as instruções dos referidos operadores.

Conquanto a assistência também o forneça, o médium é, todavia, o elemento principal da doação de fluidos e deve sempre ser colocado em posição cômoda, sem tensão muscular, em local separado e, sempre que possível, reclinado ou deitado.

O trabalho deve ser realizado à meia-luz, preferentemente verde ou azul, que são tonalidades repousantes e permitem maior destaque das manifestações fenomênicas, em intensidade que baste para que todo o cenário do trabalho fique visível a todos os presentes.

Não são aconselháveis mais de quatro sessões por mês, visto ser exaustiva, quase sempre, a doação de fluidos e porque as condições emocionais dos médiuns incipientes não permitem, com regularidade e eficiência, a recuperação da energia doada, que sempre ocorre momentos antes do encerramento dos trabalhos, por intervenção dos operadores invisíveis.

O médium tanto pode permanecer em transe como em vigília, durante todo o trabalho ou parte dele, e isto nada importa quanto aos resultados, desde que tenha ele realmente capacidade própria de fornecimento de fluido.

A assistência, de início, deve ser diminuta, limitada a um pequeno grupo, sempre os mesmos tanto quanto possível, e preferentemente segundo escolha dos próprios cooperadores invisíveis. Somente quando o médium estiver em plena forma é que poderá haver assistência maior e mesmo arbitrária, porque então é de supor que, também no plano invisível, os trabalhadores já estejam senhores da situação, tanto no que respeita ao médium quanto à assistência.

Estabelecida a corrente com elementos selecionados e estando tudo preparado, conforme a natureza dos efeitos a obter, o trabalho consiste em aguardar as manifestações e cumprir as instruções dos operadores invisíveis, que irão sendo dadas progressivamente, à medida que a faculdade se desenvolve e que as possibilidades de manipulação fluídica lhes cheguem às mãos em condições favoráveis.

PSICOGRAFIA

O desenvolvimento mediúnico desta espécie pode ser feito em conjunto com outros trabalhos, colocando-se porém o médium, sempre que possível, em lugar separado, mas dentro da corrente geral. Deve ele acompanhar as concentrações comuns, tendo à sua frente, sobre a mesa, papel e lápis. À medida que for sentindo impulsões nos braços ou nas mãos, deve ir se utilizando, no correr dos trabalhos, desse material à sua disposição.

Esta é uma forma de mediunidade em que o animismo toma muito lugar, bastando que o médium focalize sua atenção sobre a mão ou o braço para que desande logo a rabiscar coisas quase sempre incompreensíveis, confusas e desordenadas.

É preciso, portanto, que se guarde de intervir com seu pensamento no trabalho próprio, procurando manter-se alheio a ele, e podendo mesmo fixar sua atenção sobre o que se passa ao seu redor, isto porém, de uma forma que não redunde em desligamento pessoal ou desinteresse a respeito de sua própria tarefa.

O braço deve ser entregue passivamente à entidade comunicante e esta se esforçará vez por vez em domesticar, disciplinar, músculo por músculo, nervo por nervo, antes que consiga algum resultado apreciável. Muito tempo pode ser levado a traçar rabiscos desordenados e inexpressivos, para obter domínio sobre tal músculo ou nervo, mas no tempo apropriado os traços se unirão, tomarão forma, formarão letras, palavras, frases, períodos, cada vez mais legíveis e perfeitos.

Esta forma de mediunidade comporta sessões mais amiudadas convindo mesmo que o médium, em sua residência, faça exercícios diários, de vinte minutos a meia hora, para apressar o domínio da entidade sobre o braço e a mão.

Para estes exercícios basta que o médium se recolha a um local isolado, silencioso, concentre-se, peça a presença do cooperador invisível e permaneça quieto, em estado de expectativa durante o tempo referido. O braço deve estar livre, desembaraçado, completamente abandonado, devendo ser evitada qualquer tensão muscular, o que se consegue apoiando fracamente o cotovelo sobre a mesa.

Muitos dizem que são "psicógrafos intuitivos". Querem com isso dizer que recebem do Espírito comunicante as impressões telepáticas (pensamentos ou ideias) e as escrevem em seguida ao invés de enunciá-las verbalmente.

A nosso ver, isto não é psicografia, porque, como já dissemos, só entendemos como tal a escrita mecânica, isto é, a incorporação parcial mediante a qual o Espírito comunicante se apodera do braço do médium – que fica fora

Edgard Armond

do controle deste – e com sua própria mão sobreposta à do médium, escreve diretamente o que deseja transmitir. Por isso é que na divisão de mediunidade que adotamos, colocamos a psicografia como "incorporação parcial" e não como "efeito físico". Esta nossa opinião não representa crítica ou desmerecimento a qualquer outra existente, mas visa unicamente expor uma conclusão de caráter pessoal.

VIDÊNCIA E AUDIÇÃO

O desenvolvimento destas duas formas mediúnicas se opera também em sessões especiais, reservadas, sendo unicamente necessárias, em nosso plano, a presença do médium e a formação de uma pequena corrente de duas ou três pessoas. Os entendimentos com os operadores invisíveis poderão ser feitos com o emprego das próprias faculdades em desenvolvimento, que irão sendo assim mais intensamente exercitadas desde o princípio.

Se se tratar de vidência, os protetores irão projetando, metódica e progressivamente, os símbolos e os quadros interpretativos e, se se tratar de audição, procurarão fazer-se ouvir pelo médium.[47]

De início, naturalmente, haverá dificuldades: pouca nitidez e coordenação nas projeções, em se tratando de vidência, e pouca clareza e volume em se tratando de audição, mas essas dificuldades elas mesmas passarão a representar ótimos elementos de treinamento; e à medida que as faculdades se desenvolvem, o trabalho irá ficando cada vez mais interessante e apresentando resultados cada vez mais completos.

No princípio, os protetores se limitarão, na vidência, a projeções mentais muito simples, no próprio local mas, com o progredir do trabalho, irão levando o médium ao campo das visões à distância e dos demais contatos com o mundo invisível, que esta maravilhosa faculdade de lucidez proporciona.

As projeções, como dissemos, são quase sempre simbólicas, porque esta é a forma mais adequada e mais simples que os Espíritos encontram para a transmissão de seus pensamentos. Por isso não se deve interpretar objetivamente os quadros mas buscar sempre o significado espiritual que eles contêm.

A projeção de um punhal, por exemplo, pode significar o recebimento de um golpe, de uma violência; um lírio pode significar pureza, como um campo bem cultivado pode significar abundância. Em suma, ligando-se as projeções entre si, em sua natural sequência e procurando penetrar em seu significado espiritual desta forma, é que se pode atingir acertada interpretação.

---

[47] As projeções telepáticas superiores são sempre sonoras e luminosas, de modo que podem ser vistas pelos videntes e ouvidas pelos audientes. Ver e ouvir os pensamentos são expressões correntes no plano invisível.

MEDIUNIDADE

Os médiuns videntes, de início, muitas vezes se atemorizam com visões grotescas, desagradáveis, de seres disformes, em atitudes agressivas ou repugnantes; outros por verem cenas extravagantes, apocalípticas, perturbadoras. Isso é devido ao fato de poderem, uns, nos primeiros tempos, ser atuados por Espíritos inferiores, maldosos ou zombeteiros, que se comprazem em impressioná-los ou desviá-los de suas tarefas; outros, em graus mais adiantados, de visão espontânea, por surpreenderem aspectos desconhecidos de regiões astrais inferiores.

Em todos os casos, desde, porém, que sejam submetidos à primeira fase do desenvolvimento, tudo irá desaparecendo, o equilíbrio psíquico se fará, os perturbadores se afastarão e a faculdade irá sendo disciplinada para só se fazer sentir ou atuar nos momentos do trabalho e nos limites e condições que forem aconselháveis.

CAPÍTULO 29
A DOUTRINAÇÃO

O objetivo da iniciação espírita é o aperfeiçoamento moral e a ascensão aos planos superiores da vida espiritual; o intercâmbio com esses planos e o conhecimento, o mais amplo possível das forças e das leis que os regem, em franca evolução para Deus.

A doutrinação de Espíritos inferiores e inconscientes nas práticas mediúnicas não é, portanto, o fim principal que se tem em vista, mas simplesmente um setor de trabalho, um aspecto do conhecimento geral e uma oportunidade de realizar ação caridosa, em obediência ao preceito da solidariedade humana.

No trabalho de desenvolvimento é preciso que se tenha isso em vista, no que respeita principalmente aos médiuns de incorporação, para não se circunscrever a atividade mediúnica, não se restringir a limites acanhados, tarefas tão elevadas como as que aos médiuns são atribuídas. Em outras palavras: impulsione-se o médium sempre para diante, visando coisas cada vez mais altas; evite-se a estagnação, o misticismo mórbido e a rotina estéril.

Nos primeiros tempos do desenvolvimento e por força de suas próprias imperfeições (que são, aliás, as de toda a humanidade) não poderão os médiuns assegurar intercâmbio e manifestações senão de elementos de planos inferiores do mundo invisível, habitados por Espíritos atrasados, sofredores ou maldosos.

Daí a necessidade das doutrinações, para que se preste auxílio e se esclareçam todos aqueles que hajam obtido permissão ou se valido da oportunidade de virem até nós. E, por outro lado, o médium também se beneficia dessas visitas porque o contato com os fluidos pesados, próprios dessas entidades, são extremamente favoráveis ao desenvolvimento, visto que são mais afins e concordantes com suas condições psíquicas e provocam no perispírito maior intensidade de vibrações, apressando assim o desenvolvimento.

O alvo do trabalho mediúnico, porém, deve ser posto além dessas práticas de rotina, porque o fim a atingir é transformar a mediunidade em instrumento dúctil e puro, à disposição de entidades superiores, que dela carecem para realizar sua grandiosa tarefa de disseminar a verdade no seio das massas humanas.

O fim visado não deve ser formar médiuns para somente receberem sofredores, mas sim, para revelarem aos homens encarnados verdades universais e eternas.

MEDIUNIDADE

As doutrinações, portanto, devem ser feitas em sentido geral e não particular, de forma a beneficiarem a todos os presentes dos dois planos, como se fosse, ou realmente sendo uma verdadeira pregação evangélica e uma revelação de verdades, servindo o caso particular do Espírito comunicante unicamente como um tema de doutrinação.

Esta recomendação é feita em tese, para combater o sistema de personalização tão comumente usado, cabendo, é claro, ao doutrinador fazer as exceções que julgar convenientes ao momento.

Tenha-se, porém, sempre em vista que mais influem sobre os Espíritos a doutrinar os fluidos purificados da corrente e as vibrações amoráveis dos cooperadores que as palavras do doutrinador, salvo raras exceções.

Esse sistema de doutrinações em caráter geral tem, além do mais, a vantagem de afastar as possibilidades de mistificação que quase sempre se baseiam em coisas pessoais. Assim sendo, não haveria mais, por parte dos Espíritos, necessidade de declaração de nomes, qualidades, posição social conquistada na Terra quando encarnados, fatos e circunstâncias históricas que lhe digam respeito, porque o que realmente interessa é o que resultar de bom e útil, para eles e para nós, dos contatos que com eles mantivermos.

Sabemos que há casos especiais em que os Espíritos devem se identificar; mas, em regra geral e no trato com Espíritos de hierarquia superior, raramente isso acontece e sistematicamente eles se mantêm incógnitos, deixando entre nós somente o fruto de seu trabalho e cooperação. No caso de Espíritos inferiores, ao contrário, é sistemática a tendência de se identificarem prontamente, falarem muito de si mesmos, com um personalismo às vezes exagerado e pretensioso, e isso é natural que aconteça, porque sua evolução espiritual não lhes permite ainda uma conduta mais elevada; nestes casos, convém deixar de lado tais fraquezas, desculpando-as e cuidarmos de nossa própria tarefa que é esclarecê-los, visto que estão mais necessitados de receber que de dar.

Entretanto, convém dizer que quando o Espírito comunicante anuncia--se dando nome, fica também obrigado à competente comprovação, caso esta seja pedida.

É comum ver-se que diretores de trabalhos, assim que se dão as incorporações, perguntam aos Espíritos comunicantes seus nomes e outros sinais de identidade. Nestes casos, em se tratando de entidades já de alguma elevação, não responderão à pergunta e contorná-la-ão, aproveitando a oportunidade para doutrinar o diretor do trabalho. Se, porém, o comunicante for atrasado, duas coisas podem acontecer: ou aproveita o ensejo para fazer personalismo, jactando-se de qualquer título ou tarefa referente à encarnação anterior, ou atribui-se, para mistificar, personalidade qualquer que não a sua, mas sempre de pessoa importante e admirada, como Napoleão, Joana D'Arc, os Apóstolos, sendo que alguns não se escrupulizam em se dizerem Jesus Cristo e até mesmo o próprio Deus.

É verdade que, desta forma, muitas vezes satisfazem aos encarnados, que se envaidecem da presença de tão eminentes personagens, mas, no fundo, o comunicante simplesmente está tripudiando sobre a ignorância e a boa-fé dos presentes, gozando com o logro que lhes está pregando.

A não ser em sessões domésticas em que se comunicam Espíritos familiares de fácil e espontânea identificação, mas de caráter público a regra é que os Espíritos mais elevados somente se identificam quando para tal haja conveniência ou necessidade e isso o fazem espontaneamente e não por solicitação do diretor do trabalho.

Todavia, mesmo nestes casos, há muitos outros meios de se estabelecer discreta e prudentemente a identidade dos comunicantes e a esses meios já nos referimos, aqui e ali, em alguns capítulos desta obra; e comumente ocorre que se estabelece a identidade do Espírito comunicante, com o tempo, sem necessidade da declinação de nomes ou títulos.

Cabe aqui também chamar a atenção dos doutrinadores sobre o modo de tratar os Espíritos inferiores. Lembremo-nos de que eles, por muito atrasados que sejam, não estão debaixo de nossa autoridade, não são nossos servos, não estão a nossa disposição para obedecer às nossas vontades, muitas vezes arbitrárias e extravagantes.

Como regra geral, é preciso que haja urbanidade, paciência e respeito, tolerância e bondade, porque, na maioria dos casos, eles necessitam de compreensão, de estímulos e de benevolência para despertarem de seu letargo e vislumbrarem um pouco de luz. Raramente teremos necessidade de usar expressões enérgicas quando os trabalhos se realizam em ambiente suficientemente espiritualizado, isso porque, ao simples contato com forças pacíficas, harmoniosas e positivas, ainda mesmo os mais atrasados são forçados a se manter em atitude respeitosa e moderada.

Há ocasiões em que perseguidores procuram hipnotizar as suas vítimas para que estas não ouçam as palavras esclarecedoras do doutrinador.

Nunca devemos contradizê-los pessoalmente, irritá-los, discutir com eles acrimoniosamente, para não ferir e pôr em liberdade paixões e forças de maldade e ignorância que estão momentaneamente contidas, graças à presença e à interferência de Espíritos bons, interessados no caso. A doutrinação, em caráter geral, impessoal, a que já nos referimos, resolve todas estas dificuldades. E, nos casos em que for realmente necessário personalizar, façamo-lo sem discutir, mas peremptoriamente, com a autoridade que deve ter aquele que prega ou doutrina.

MEDIUNIDADE

Em relação aos Espíritos superiores, devemos usar de cordialidade, circunspeção e deferência, mas nunca servilismo, já que são homens como nós, se bem que mais evoluídos; são amigos, irmãos mais velhos, mas não juízes nem senhores, nesses atos de intercâmbio comum, para esclarecimento. Conhecem nossos defeitos e os compreendem porque também já os possuíram; são mãos sempre estendidas em nosso auxílio, mesmo quando, ultrapassados certos limites, abusamos de sua bondade. Nunca deixam sem resposta nossos pedidos, e nos assistem até mesmo quando dormimos. Nunca regateiam a palavra esclarecedora ou o conselho sábio e fazem, às vezes, extensas preleções, longos discursos, para edificação de um só ouvinte. Bondosos, tolerantes e compreensivos, representam junto de nós a providência divina, da qual são autorizados executores. Não carregam a nossa cruz, porque isso é contra a lei da justiça, mas nos ajudam a carregá-la.

São os Cirineus de nossa caminhada e sem eles nossa vida seria muito mais trabalhosa e sombria; sem sua ajuda, talvez nem mesmo a suportaríamos, a não ser afundando cada vez mais na materialidade.

Sucede, porém, que muitas vezes, mesmo em trabalhos bem organizados, manifestam-se Espíritos violentos e maldosos que, atraídos por afinidades momentâneas de médiuns ou assistentes, valem-se da oportunidade para darem expansão a seus maus sentimentos. Nestes casos, não convém ouvi-los demoradamente, para não prejudicar a harmonia do trabalho. Se não se beneficiam com as doutrinações de caráter geral, feitas aos demais, e se perseveram no erro ou mantém o intuito deliberado de estabelecer confusão, respeite-se o livre-arbítrio mas não se lhes dê atenção; eles que sigam seu caminho e voltem quando se acharem em condições de oferecer uma colaboração, sempre preciosa, no trabalho comum de evangelização das almas.

Não nos referimos, é claro, aos casos especiais em que é permitida a audiência de Espíritos dessa natureza, seja para seu próprio esclarecimento, seja para treino simultâneo dos médiuns, seja ainda para se tirar de seus casos particulares, ensinamentos de caráter geral.

Nas sessões de doutrinação de sofredores, é comum que os médiuns sentados com a audiência perturbem os trabalhos. Influenciados por pseudos protetores ou guias, põem-se a dar conselhos, proferir preces ou falar desatinadamente, com o intuito, segundo alegam, de auxiliar os trabalhos, quando realmente os estão perturbando, anarquizando o ambiente e desorientando os médiuns em desenvolvimento. Sua contribuição seria preciosa se procedessem justamente ao contrário, permanecendo calados e auxiliando as concentrações, para se manter na sessão a necessária harmonia.

Edgard Armond

Para evitar isso, coloquem-se na corrente, antes da abertura dos trabalhos, todos os médiuns presentes, e os que, por quaisquer circunstâncias, permanecerem fora dela, não se deixem dominar por animismo ou impulsos nervosos, já que em trabalhos bem organizados nos dois planos, os Espíritos comunicantes não atuarão sobre tais médiuns.

Por isso, repetimos, é indispensável que ao organizar-se uma sessão, pública ou particular, a primeira coisa a pleitear é o perfeito entrosamento nos dois planos. Isto afastará a maior parte das interferências perniciosas e fornecerá a indispensável segurança.

Por outro lado, é preciso ter sempre em mira transformar as casas espíritas, públicas ou domésticas, em núcleos acolhedores, postos avançados do inumerável exército de operários do Senhor que, no Espaço, se dedicam ao esclarecimento, proteção e redenção dos prisioneiros da carne.

MEDIUNIDADE

CAPÍTULO 30

AS COMUNICAÇÕES

Ao considerarmos os casos comuns de manifestações, verificamos que os Espíritos comunicantes são de duas categorias principais, a saber: os que comparecem espontaneamente, obedecendo à sua vontade e os que são conduzidos por outrem.

Os da primeira categoria podem ser:

a) Espíritos errantes, atraídos por determinadas condições de ambiente;

b) Espíritos familiares dos médiuns ou assistentes, que se esforçam em transmitir aos encarnados seus pensamentos e desejos;

c) Protetores espirituais que agem em cumprimento de missões que solicitaram ou receberam.

Os da segunda:

a) Sofredores. Espíritos enfermos, perturbadores, habitantes das esferas inferiores do astral, mais aproximadas da Terra (Umbral) e que necessitam de assistência imediata;

b) Obsessores vinculados aos médiuns ou assistentes, em tarefas de resgates cármicos, ou por efeito de afinidades pessoais.

Nesta enumeração, não nos referimos, é claro, a Espíritos porventura evocados pelos presentes, casos que só se podem admitir em certas circunstâncias, plenamente justificáveis.

Os chamados "sofredores" que, em circunstâncias especiais, como sejam: interferência de terceiros, terminação de estágio de provas, recompensa por efeito de preces, etc., merecem a atenção dos enfermeiros do Espaço, dedicados a esse trabalho de auxílio, nestes casos, ao invés de serem conduzidos a um posto de socorro ou qualquer outra organização assistencial do Espaço, são trazidos às sessões dos encarnados, na própria crosta que, assim, funcionam também como postos de socorro.

Realiza-se, desta forma, um trabalho comum, de mútua assistência e de conjugação de esforços entre organizações dos dois planos, tudo sob vistas e orientação das entidades superiores encarregadas dessa tarefa.

E voltando a falar dos obsessores, resta dizer que eles, conscientes ou não, realizam sempre um trabalho útil; integrados em suas tarefas com pleno conhecimento de causa ou atraídos unicamente pelas condições morais dos pacientes, de qualquer forma concorrem para seu despertamento espiritual e, nos casos de mediunidade, influem consideravelmente no seu desenvolvimento.

Seja, porém, qual for sua condição individual, todos os Espíritos que comparecem aos trabalhos espíritas, fazem um contato mais ou menos profundo com as forças geradas no ambiente e delas auferem altos benefícios, seja pelas doutrinações ouvidas, seja pelos fluidos reparadores da corrente, seja, enfim, pelo efeito vibratório das preces e concentrações; assim se esclarecem, se retemperam, se carregam de energias sãs e estimulam para o bem, passando a viver então uma vida espiritual melhor.

Aquele que menos se beneficiar ainda assim levará desses contatos uma semente de futura felicidade.

O modo de tratar esses Espíritos (que em linhas gerais já estudamos), tendo em vista suas diferentes condições morais, deve ser, em cada caso, diverso. Não pode haver uma bitola comum, visto que o remédio se dá conforme a doença; mas — ponto pacífico — o Evangelho deve ser a base de todos os procedimentos.

É verdade que as falhas cometidas pelos doutrinadores pouco experientes são sempre supridas, compensadas pelos assistentes espirituais, para que o trabalho não pereça, porém, o ideal é que nos esforcemos nós mesmos em realizar uma tarefa perfeita, com tato, prudência e discernimento, visto que para isso é que esses irmãos sofredores nos são trazidos. Se se tratasse de doutriná-los no Espaço, tal coisa naturalmente seria feita, mas se recorrer a nós, é que nossa colaboração é necessária e porque o plano dos encarnados fornece condições especiais de auxílio, tais como: o choque com a carne, os contatos com a corrente magnética, a emoção da presença de seres queridos etc., tudo isso permitindo uma recapitulação mais rápida, mais viva e objetiva de fatos anteriores, que enfim resultam num mais seguro e pronto despertamento espiritual.

E, além do mais, como já dissemos, se colabora assim, diretamente, nos trabalhos do plano invisível, aliviando o esforço de nossos abnegados irmãos desencarnados, em sua grandiosa tarefa evangélica de redenção do próximo.

CAPÍTULO 31

O TRABALHO DOS GUIAS

Nas sessões, como já vimos, há sempre uma dupla assistência: a dos encarnados — que é sempre a menor — e a dos desencarnados, formada dos encarregados do trabalho no plano invisível, a saber: vigilantes, auxiliares e dirigentes, e dos Espíritos necessitados de esclarecimento e auxílio (sofredores, obsessores etc.), além de determinado público, mais ou menos numeroso, que os vigilantes mantêm a certa distância para que não perturbem os trabalhos. Todos têm seus lugares próprios e se separam por faixas fluídicas de diferentes vibrações, segundo as condições pessoais em que se apresentam, ou as funções que exercem.

Em sessões bem organizadas e conduzidas, graças a esses cuidados preparatórios, imperam sempre ordem e disciplina nos dois planos, ao passo que naquelas em que se negligenciam tais arranjos, falha a assistência espiritual superior, estabelece-se sistematicamente confusão, o trabalho espiritualmente não progride, toma cunho pessoal e os resultados, quando não são propriamente maléficos, são medíocres.

A corrente magnética de base, feita pelos encarnados, começa a formar-se desde o momento em que se faz silêncio e se inicia a concentração, fase essa que, no outro plano, já foi antecipada, de alguns momentos, pelas providências preparatórias dos trabalhadores invisíveis.

De cada indivíduo concentrado, e desde que haja uniformidade mental, partem raios fluídicos luminosos de cores que variam segundo as condições morais de cada um[48]; esses raios vão se ligando uns aos outros, a poucos centímetros dos corpos físicos, e terminam se fundindo segundo as próprias afinidades, numa corrente única que, a seu turno, se conjuga com a corrente formada pelos cooperadores invisíveis (de isolamento e proteção do ambiente geral), disso resultando um conjunto vibratório de grande força potencial que se estende em torno, numa certa área e que constitui o que se pode chamar "o campo espiritual do trabalho".

Dentro dessa área há equilíbrio vibratório, estabilidade, harmonia, e grupos de trabalhos idênticos, reunidos na mesma ocasião, algures, podem se permutar assistência e auxílio recíproco, utilizando essa caudal de energia salutar, em limites e condições mais ou menos amplos, segundo a intensidade e a elevação vibratória de cada grupo operante.

---

[48] Radiações áuricas.

Edgard Armond

Estabelecida assim a corrente e verificadas antecipadamente por eles próprios as afinidades psíquicas, os agentes invisíveis conduzem os Espíritos que se devem manifestar para junto dos médiuns em condições de trabalho, que passam então a ser influenciados nos limites de suas próprias capacidades e condições de resistência fluídicas, o que é também previamente determinado.

Essa capacidade ou resistência depende da força vital, equilíbrio psíquico, grau de desenvolvimento mediúnico, flexibilidade mediúnica e adiantamento moral de cada médium. Há médiuns que com um só trabalho ficam exaustos, e outros que podem permanecer mediunizados durante tempo mais ou menos longo.

Somente depois de estabelecidas as afinidades fluídicas é que se podem dar as ligações mediúnicas.

Antes que os médiuns sejam influenciados, os cooperadores invisíveis atuam sobre eles, preparando-os, mediunicamente, para o trabalho. Já vimos no Capítulo 12 da primeira parte, como se realiza essa preparação, segundo a descrição de André Luiz; os centros vitais são postos em equilíbrio; desembaraçados e regenerados os órgãos físicos; estimulados os centros de energia espiritual (glândulas, plexos), para que funcionem com mais intensidade, elevando a vibração fluídica de forma a se conseguir o necessário grau de sensibilização mediúnica, tudo feito com assistência do protetor individual do médium, que é sempre consultado e atendido nos conselhos e indicações que fornece em relação ao seu protegido.

Terminados os trabalhos, a corrente se desfaz, mas seus efeitos perduram no Espírito de cada um dos assistentes, na medida do que absorveu dos fluidos e radiações ambientes e na medida do quanto pôde se integrar e assimilar da essência espiritual do trabalho realizado; e o cabedal que pôde cada um incorporar a si mesmo irá em seguida realizando em seu íntimo um trabalho silencioso e profundo, de reabilitação e purificação espiritual, que se acentuará com a repetição, pela assiduidade a trabalhos semelhantes, operando-se por fim uma verdadeira transformação, material e moral, no corpo e no Espírito de cada assistente.

Por isso, julgamos que são altamente benéficos e necessários os trabalhos práticos em comum, quando realizados em boas condições, e nisto discordamos de alguns confrades que se limitam a estudos teóricos de gabinete, privando-se de ação e contatos salutares, com o que retardam de muito não só a eclosão de faculdades mediúnicas que porventura possuam em germe, como a oportunidade de um caminhar mais rápido na estrada evolutiva; nos trabalhos práticos encararão os fatos, viverão as realidades objetivas da vida espiritual, em seu dinamismo multiforme, ao invés de permanecerem comodisticamente no terreno platônico das especulações intelectivas.

MEDIUNIDADE

CAPÍTULO 32

UMA PRÁTICA A SEGUIR

Em trabalhos de desenvolvimento, temos feito inúmeras experimentações.

Começamos com uma sessão comum, mista, em que sofredores eram doutrinados, instruções eram dadas, lidos e interpretados textos de Doutrina, e enfermos assistidos.

Nessa sessão sucedia o que sempre sucede em sessões desse tipo, inclusive cenas pouco edificantes de interferências de Espíritos inferiores, ou provocadas por médiuns descontrolados e viciados na utilização de suas faculdades.

Passamos, então, a compreender que para o desenvolvimento eficiente de faculdades era necessário criar-se um ambiente especial, altamente adequado, resguardado de interferências e fortalecido de influências poderosas, uma sessão em que prevalecessem fatores de capacidade acima de nosso plano material e de nossas possibilidades pessoais.

Fomos introduzindo as modificações necessárias com vistas a esse alvo e, por fim, anos depois, resolvemos alterar completamente o regime de trabalho, pedindo, para a parte prática, a presença de um dos nossos Guias espirituais que porventura aceitasse a missão, em caráter permanente, como assessor, utilizando-se de um médium de incorporação, especialmente indicado para permanecer longo tempo em transe mediúnico.

Feito o entendimento com os mentores espirituais, iniciamos finalmente o trabalho, em sua nova modalidade, e os resultados foram, desde logo, surpreendentes: no campo material surgiram a ordem, o método, o silêncio, o respeito, a disciplina e, no espiritual, a expressão doutrinária ganhou majestade e elevação com a orientação vazada rigorosamente no Evangelho.

O ambiente espiritual modificou-se e do nosso cenáculo foram se aproximando entidades de hierarquia superior, trazendo cada uma um extenso contingente de benefícios.

Cessaram todas as possibilidades de mistificação e os casos individuais, de encarnados ou desencarnados, foram sendo considerados e solucionados com perfeita segurança e profundo conhecimento de causa.

Cessaram também as interferências, estabeleceu-se harmonia, ganhou-se estabilidade, o campo espiritual desdobrou-se amplamente e, com o aumento dos cooperadores dos dois planos, maior soma de benefícios pôde ser então distribuída.

Muitas alterações foram sendo, todavia, introduzidas à medida que a prática as aconselhava e, por fim, se estabeleceu que os trabalhos, em linhas gerais, devem ser feitos da seguinte maneira:[49]

1) todo o candidato à sua frequência é submetido previamente a um exame espiritual, de caráter mediúnico, e a tratamento espiritual preparatório;

2) havendo mediunidade em ponto de desenvolvimento, o candidato toma assento, fora das mesas, como assistente, durante três ou quatro sessões, para se familiarizar com o ambiente e com o sistema de trabalho adotado e durante esse tempo, do ponto de vista de manifestações mediúnicas, nada se passa com ele, salvo o trabalho preparatório feito pelos assistentes invisíveis;

3) passa depois à mesa dos que estão em fase de adaptação psíquica, já então dentro da corrente, período esse que é mais ou menos prolongado segundo as condições pessoais do candidato, do ponto de vista material e moral e, principalmente, segundo o avanço da gestação mediúnica;

4) terminado esse período, durante o qual também vai, concomitantemente, estudando a Doutrina e recolhendo o fruto das preleções ouvidas, e quando a aura mediúnica já pode vibrar em condições favoráveis, passa a uma mesa intermediária onde tais condições se devem avolumar a ponto de o candidato manifestar os primeiros sinais da faculdade em eclosão. Tomando como exemplo o caso de incorporação, o candidato permanece nessa mesa até que a influenciação o leve ao impulso incontido de falar;

5) nesse ponto, transfere-se, enfim, o candidato para a corrente dos médiuns que já recebem Espíritos e passa então a exercitar sua faculdade segundo o critério dos mentores espirituais do trabalho geral. Nessa situação, também permanece durante um tempo mais ou menos longo, conforme os progressos demonstrados e, por fim, quando é julgado em condições, recebe liberdade de ação e pode trabalhar onde quiser.

O médium é julgado em condições quando recebe com segurança, facilidade, naturalidade; quando só recebe durante os trabalhos; quando sabe se controlar, distinguir entidades, selecionar fluidos bons e maus; quando transmite claramente, com lógica, compreensivelmente, sem recalques ou flutuações e, sobretudo, quando está apto a receber Espíritos de hierarquia mais elevada, alheios a personalismos e cujas características são sempre os ensinamentos de expressão evangélica.

Não há, nessas sessões, limitações quanto ao número de médiuns, bastando que estejam separados segundo o grau de adiantamento já alcançado;

---

[49] Referimo-nos às casas espíritas ou trabalhos particulares onde não se adotam, desde logo, cursos especializados de desenvolvimento mediúnico.

MEDIUNIDADE

são também separados os sexos, tanto quanto possível, para se afastar toda e qualquer possibilidade de preocupação de ordem material.[50]

Finalmente, estabelecemos o sistema de Desenvolvimento por Fases, como consta da obra *Desenvolvimento Mediúnico,* que passou a ser adotado na Escola de Médiuns dessa Federação, após as experimentações necessárias e cujos fundamentos são os seguintes:

Como regra geral, tenha-se em vista que tanto o desenvolvimento como o aprimoramento mediúnicos devem satisfazer exigências dos seguintes setores:

1) do aculturamento doutrinário, por meio de estudos individuais ou frequência a sessões apropriadas;

2) da evangelização, por meio da reforma íntima; e

3) do treinamento técnico das faculdades, com frequência a trabalhos apropriados dirigidos por pessoa competente.

O treinamento deve ser feito com base nas seguintes fases através das quais o instrutor deve levar os médiuns repetidamente:

a) a percepção de fluidos;

b) a aproximação;

c) o contato;

d) o envolvimento; e

e) a manifestação do Espírito[51]

Condição importante para o êxito do desenvolvimento mediúnico é a capacidade dos dirigentes na interpretação e na execução do processo.

Nos programas da Aliança Espírita Evangélica, devidamente atualizados, a duração do curso, com plena eficiência, comporta 25 aulas de matéria teórica, 4 sobre cromoterapia, 41 de praticagem e 2 de revisões; ao todo 72 aulas.

---

[50] Na Federação Espírita do Estado de São Paulo criou-se uma Escola de Médiuns contendo 4 cursos: Preparatório, Elementar, Complementar e de Aperfeiçoamento, visando o primeiro a necessária adaptação; os dois seguintes ao desenvolvimento propriamente dito, e o último ao aprimoramento das faculdades mediúnicas. A frequência geral da Escola ascende a alguns milhares de alunos.

[51] Para maior conhecimento do assunto, consultar o livro *Desenvolvimento Mediúnico*, do mesmo autor, Editora Aliança, São Paulo.

CAPÍTULO 33

AUXILIARES INVISÍVEIS

Sob o nome de guias, em geral nos referimos às entidades que assistem cada indivíduo, em sua passagem pela Terra. Convém distinguir, nesse conjunto, uma entidade da outra, segundo as funções que exercem.

A assistência individual é feita por entidades ligadas de uma forma ou de outra ao destino dos encarnados, e o nome mais apropriado a lhes dar seria: protetores, assistentes espirituais.

Guias, na acepção conferida a essa palavra nos meios iniciáticos, somente os possuem indivíduos que têm missão a cumprir em relação à coletividade e isso independentemente de outros protetores e assistentes que possam possuir, como realmente sucede.

Esses protetores e assistentes comuns mantêm com o indivíduo ligações mais estreitas, mais íntimas e permanentes e atuam em todos os casos, interferem mesmo em detalhes da vida comum, ao passo que os Guias, propriamente ditos, somente interferem em situações de importância, agem nas grandes linhas dos acontecimentos, manifestam-se somente em ocasiões ou assuntos ligados à missão que o indivíduo deve cumprir.

E entre os Guias ainda se estabelece diferenciação, havendo "Guias de Encarnação" — ligados ao indivíduo somente em relação aos acontecimentos de uma vida no plano material — e "Guias de Evolução" — ligados a períodos mais ou menos longos de suas vidas anteriores.

O médium bem formado, tanto do ponto de vista técnico como moral e que realiza sua tarefa com nobreza e desprendimento, terá oportunidade de entrar em contato com essas diferentes categorias de entidades, e nesses contatos conseguirá identificá-las, distinguindo-as umas das outras, o que aliás é de grande utilidade e conveniência, entre outras razões pelo fato de ficar sabendo a quem deve recorrer, num ou noutro caso, segundo a natureza do problema para o qual necessita de assistência ou conselho espiritual.

Para um assunto comum, da vida doméstica, por exemplo, apelará para um assistente familiar, ao passo que para uma decisão ligada à vida pública, dirigir-se-á ao guia de encarnação, e assim por diante.

Nos casos, por exemplo, de moléstias ou de dificuldades domésticas, são os assistentes familiares que intervêm, esclarecendo ou apontando o que convém fazer.

MEDIUNIDADE

Nos casos de curas à distância, realizadas em sessões espíritas de centros ou grupos, o operador invisível, responsável pelo trabalho, nem sempre examina direta ou pessoalmente o doente, mas simplesmente lança a interrogação ao assistente familiar, que imediatamente responde dando os esclarecimentos necessários; aliás, é este a melhor autoridade para fazê-lo, porque está em contínuo e perfeito contato com o protegido; conhece todos os detalhes da questão e pode dar uma informação segura e precisa.

Somente em casos em que a interrogação feita ou a decisão a tomar escapa de sua alçada ou dos limites de suas atribuições, é que eles mesmos, os familiares, recorrem aos guias de encarnação, que possuem maior autoridade e saber e que conhecem, além disso, as ligações cármicas da vida atual do protegido que, quase nunca, são do conhecimento do assistente familiar.

Os familiares, protetores e guias, estão ligados à vida do indivíduo encarnado ou porque o pediram, em virtude de razões afetivas, ou porque receberam tais tarefas, para efeito de resgates cármicos. Têm, portanto, todo o interesse em levar a bom termo suas missões, se bem que, na maioria dos casos, encontrem dificuldades em realizá-las por falta de compreensão, conhecimentos espirituais, possibilidades de ligação, entendimento, sensibilidade e fé, da parte dos assistidos.

É preciso, pois, por todos os meios, procurar contatos com os assistentes espirituais, já que representam eles para todos nós preciosa fonte de esclarecimento, conselho e ajuda. Pensando neles, constantemente, estamos nos ligando; pedindo seu auxílio nos casos que escapam de nossas forças, estamos nos ligando; englobando essas entidades nas preces que diariamente fazemos, estamos também nos ligando; mas é necessário, além de tudo isso, reservar, de nossos labores cotidianos, alguns momentos para meditações diárias durante as quais os procuramos com nossos pensamentos, ajustamos com eles, em sincero e franco entendimento mental, os assuntos mais graves de nossa vida e, com auxílio das inspirações que então recebemos, retificamos nossos rumos.

É sabido, como já dissemos, que os assistentes não fazem o nosso trabalho, não carregam o nosso fardo, pois que isso seria contrário às leis da vida espiritual, entre outras razões porque nos tiraria o mérito da obra e destruiria o livre-arbítrio individual, que é coisa sagrada; mas, simplesmente nos orientam, nos aconselham, estimulam e inspiram o procedimento mais acertado e conveniente.

Ouvi-los, pois, é ter prudência; obedecê-los é demonstrar sabedoria.

Edgard Armond

CAPÍTULO 34

AMBIENTES BONS E MAUS

Como o planeta em que vivemos é de Espíritos retardados, que aqui vêm se submeter a provas as mais variadas, o ambiente geral do mundo ressente-se de pureza, harmonia, elevação espiritual; é desagradável e choca profundamente a sensibilidade mais evoluída de uns e outros.

Por outro lado, nos dias que vivemos, as calamidades de ordem econômica e social, geradas pelas guerras; as ambições egoísticas que cavam funda separação entrc os homens, as nações e as raças; o sofrimento de caráter coletivo não compensado por uma crença espiritual baseada em fatos; a desorientação moral decorrente do fracasso das religiões mundanas; tudo isso criou uma atmosfera saturada de miasmas, envenenada de fluidos maus, dc pensamentos negativos, de sentimentos degenerados que se refletem também no plano espiritual invisível, criando um "Umbral" pesado e sombrio, cheio de maldade e povoado de monstros.

Todo esforço espiritual, pois, deve tender a elevar o indivíduo acima dessa atmosfera pesada e maléfica, oferecendo-lhe oportunidades assíduas de reconforto e repouso, de estímulo e de esperança.

E sendo contraindicado o isolamento em si mesmo, que gera o egocentrismo, bem como a abstenção, em qualquer de suas modalidades, pois o Espírito em prova só pode realizar sua tarefa e cumprir o seu dever em pleno e permanente contato com a vida social, segue-se a necessidade de cada um de nós adotar métodos próprios, cuidados especiais, que nos permitam viver a vida em toda sua intensidade, colaborar de todas as formas com o próximo, sentir todas as reações e incorporar todas as experiências, sem contudo nos deixar prender, escravizar, dominar, pelos acontecimentos, pela trama da vida, conservando nossa liberdade individual, nosso livre-arbítrio e nossa personalidade; métodos próprios e cuidados especiais para preservar nossos sentimentos de influências perniciosas e defender nossa integridade psíquica.

Para os médiuns, principalmente, o problema avulta e é imperiosa a necessidade de bons ambientes (necessidade quase física), como imperiosa a de se instruírem na Doutrina e de se aperfeiçoarem moralmente, para que haja progresso e eficiência cada vez maiores no trabalho mediúnico, que lhes é tarefa fundamental.

Purificando-se moralmente e instruindo-se, irão obtendo resultados cada vez mais favoráveis e perfeitos no campo mediúnico, porque irão vibrando

MEDIUNIDADE

em planos cada vez mais altos do mundo espiritual e obtendo afinidade com Espíritos cada vez mais elevados na hierarquia.

É-lhes essencial, como já vimos, a sanidade da atmosfera moral que respiram, tanto nas sessões como nos próprios lares e locais de trabalho profano porque, como sensitivos que são, as influências ambientes exercem sobre eles forte impressão, afetando-os mais ou menos profundamente e porque, reciprocamente, exercem também eles influência sobre aqueles que os rodeiam, visto serem polos de aglutinação e radiação de forças espirituais boas ou más, segundo suas próprias condições individuais.

Cada um tem seu mundo, seu clima próprio de forças boas ou más e sua própria "entourage" de entidades desencarnadas. Quando entram em contato com outras pessoas, transmitem-lhes radiações desse seu mundo individual e atuam de uma forma correspondente ao grau, qualidade ou natureza dessas forças e entidades.

Por isso é preciso que cada médium conquiste uma "entourage" benéfica, o que só conseguirá quando ele mesmo estiver em condições de atrair bons elementos e de repelir os maus.

Vigiando e saneando constantemente o seu próprio mundo individual, os médiuns fazem autodefesa, e frequentando reuniões de caráter elevado, se beneficiam das influências ali predominantes que, por serem mais poderosas que as individuais, dominam a estas quando más e as exaltam e estabilizam, quando boas.

Contrariamente, descuidando-se de si mesmos e frequentando ambientes inferiores, recebem destes as más influências predominantes que se vão então somar àquelas que já lhes são próprias e adjudicam ao seu mundo individual entidades negativas, maléficas, vampirizantes, de difícil afastamento.

Estas recomendações também se aplicam aos adeptos em geral, para os quais a conquista de um bom ambiente de vida é, da mesma forma, necessária.

A solução do problema espiritual, não estando fora do indivíduo, mas nele mesmo, segue-se que o esforço de purificação interna é indispensável, esforço esse que será grandemente beneficiado com a frequência a trabalhos práticos bem conduzidos, porque ali o indivíduo se retempera, se instrui, se satura de forças boas, se alimenta de fluidos reparadores e se estimula para o bem ao contato das entidades e das forças promanadas dos mundos superiores.

E, finalmente, em relação aos centros e grupos de trabalhos práticos, devemos dizer que muito há ainda que melhorar porque se há comunidades onde as práticas são salutares e convenientemente realizadas, em muitas outras predominam a incompreensão, a rotina e a ignorância; incompreensão sobretudo do caráter e da tarefa dos médiuns, cujas faculdades são negligenciadas e mal orientadas; comunidades que trabalham em ambientes por si próprias criadas, de fundo sobremaneira materializado, e que nisso permanecem irredutivelmente, obedecendo cegamente, sem o menor exame, a determinações de "guias" muitas vezes suspeitos; estabelecendo para seu uso praxes e ritos obsoletos e desaconselháveis, mesclados de superstição religiosa, que favorecem a manifestação de entidades inferiores, que viciam e perturbam os médiuns ao invés de os aperfeiçoarem; cada grupo se isolando em seus próprios destinos, quase sempre se recusando a atender conselhos e orientação de pessoas mais autorizadas.

Há ainda, infelizmente, um grande número de centros e grupos espíritas desviados da verdadeira finalidade e compreensão espirituais e que assim perdem um tempo precioso na realização de coisas muitas vezes banais e fúteis, quando poderiam aproveitá-lo melhor conduzindo francamente os trabalhos num sentido elevado, construtivo, impessoal, que imediatamente viria beneficiar tanto a médiuns como a assistidos.

Quando todas as comunidades se instruírem, abandonarem as práticas supersticiosas e passarem a agir num padrão espiritual mais elevado — o único, aliás, compatível com suas próprias finalidades e existência — as manifestações mediúnicas ganharão um novo aspecto, o Espiritismo tomará um grande impulso e seus benefícios se farão sentir em escala mais ampla, atingindo horizontes cada vez mais vastos.

O que é preciso ter em vista em primeiro lugar, nos centros e grupos espíritas, é que o que mais importa não são as práticas em si mesmas, mas os resultados, as consequências que delas advêm para médiuns e assistidos; por isso deve ser abolido tudo aquilo que não for realmente útil a essa finalidade e, por outro lado, aceito e praticado tudo o que levar a atingi-la. Que cada centro ou grupo conquiste um ambiente espiritualizado, em pleno entendimento com assistentes espirituais de identidade e autoridade moral comprovadas; promovam a instrução doutrinária e exijam a prática evangélica em todos os atos individuais e coletivos. Não se atenham tão só à doutrinação de sofredores, mas exerçam-na unicamente como cooperação e como oportunidade de ensinamento evangélico.

Sempre houve Espíritos inconscientes e sofredores nos planos etéreos e nem por isso deixaram de ser assistidos, antes que a Doutrina fosse implantada como sistema, após a codificação do Espiritismo; nenhum deles permanece na dependência direta ou exclusiva dos que vivem na carne e somente aqui são trazidos por efeito do intercâmbio que já se estabeleceu entre os dois

MEDIUNIDADE

planos, intercâmbio esse, contudo, que deve ser constantemente melhorado, exalçado, pela elevação moral e pureza dos grupos de trabalho que o realizam.

O que importa, pois, acima de tudo, dentro das sessões ou fora delas, é a conduta moral, o esforço pela evolução espiritual de cada um; e esse esforço e essa conduta serão grandemente favorecidos e estimulados quando cada indivíduo houver conquistado para si mesmo um ambiente espiritual pacífico, harmonioso, liberto de más influências. Somente assim poderemos manter a indispensável comunhão espiritual com o Alto, pois, sem essa comunhão, que seria de nós em meio a este mar revolto de maldades, que é a Terra?

CAPÍTULO 35

OUTRAS REGRAS

Além dos esclarecimentos que já fornecemos a respeito da parte prática dos trabalhos de desenvolvimento mediúnico, acrescentamos agora as seguintes regras de caráter geral, que não sofrem modificações, seja qual for o sistema empregado no trabalho.

DEVOÇÃO E NÃO CURIOSIDADE

Ninguém deve comparecer a uma sessão como quem vai a um espetáculo recreativo, mas preparar previamente seu coração e sua mente, limpando-os de impurezas e preocupações mundanas, pois que é coisa que inspira respeito e reverência o contato a fazer com forças e entidades dos planos espirituais.

Salvo as de fundo científico, em que o coração cede lugar ao intelecto, as sessões são verdadeiros atos de prece, de recolhimento e de elevação de Espírito.

Quem assim não procede, voluntariamente se priva dos altos benefícios que ali poderia recolher, como também concorre para que o mesmo talvez suceda aos demais assistentes.

CONCENTRAÇÃO E SILÊNCIO

A concentração dos pensamentos e das mentes nos objetivos e o silêncio que deve ser mantido durante os trabalhos, permitem que o recinto e todos os que nele se encontram se isolem do mundo exterior, das preocupações e dos sofrimentos da vida material; vivam por momentos numa atmosfera de paz, de harmonia e de reconforto e comunguem durante esse tempo, de alma e pensamento, com as coisas elevadas e edificantes dos planos do espírito.

A concentração é o ato mental mediante o qual projetamos nossos pensamentos sobre dado assunto ou objeto, e como isso requer um determinado esforço maior ou menor segundo a capacidade de concentração individual, e não se pode exigir que a concentração seja mantida por tempo longo. Esse período, portanto, deve ser exigido alternativamente: para a formação da corrente (como já vimos atrás) ou seu restabelecimento em caso de rompimento;

MEDIUNIDADE

para projeção, em dado sentido, de um conjunto mais poderoso de vibrações, ou finalmente, para o encerramento dos trabalhos.

Durante o tempo restante, devem os presentes se manter em estado de recolhimento íntimo, com a atenção, sem esforço, voltada para o trabalho que está sendo realizado.

ORDEM E DISCIPLINA

Todos devem se conformar com a ordem, o método, o sistema, se se pode assim dizer, adotado para os trabalhos, segundo sua especial natureza e o plano organizado por aqueles que o dirigem. E, conforme já dissemos, como os trabalhos devem ser executados harmoniosamente nos dois planos, as mesmas exigências prevalecem para encarnados e desencarnados.

AUTODOMÍNIO MEDIÚNICO

O que se tem em vista sempre é formar médiuns senhores e não escravos da mediunidade, conscientes de suas tarefas e responsabilidades; que possam, conforme a natureza de suas faculdades, penetrar nos mundos invisíveis como elementos aptos a compreenderem e transmitirem aquilo que desses mundos necessitem os homens conhecer, ou para servirem de instrumento hábil a Espíritos de qualquer hierarquia, aptos para agirem em qualquer circunstância, com autoridade, conhecimento de causa e elevação de sentimentos.

Terminada sua preparação mediúnica, devem seguir seu próprio caminho, utilizando seus próprios recursos; por isso devem possuir em si mesmos todos os elementos necessários ao perfeito cumprimento de suas tarefas.

O médium que não se pode conduzir por si mesmo, o que não foi educado ou o foi de forma sistematicamente passiva, torna-se veículo de confusão, de indecisão, em qualquer lugar ou circunstância em que atue.

Mais hoje, mais amanhã, sua faculdade degenera ou se perde, porque será uma presa fácil das forças negativas, sempre à espreita de suas vítimas.

INTERCÂMBIO COM ESPÍRITOS SUPERIORES

Tendo esta legenda como alvo, automaticamente colocamos nossos ideais em posição elevada.

Que nos podem dar os Espíritos inferiores? Exceto as lições de ordem moral que tiramos de seus casos individuais e da oportunidade que seu intercâmbio nos concede de exercermos a caridade evangélica, pouco mais nos vem deles, que respeita ao progresso do mundo.

Por outro lado, quase tudo o quanto a eles se refere já é do conhecimento geral, pois que seus casos individuais representam sempre atraso, ignorância, faltas cometidas e sofrimentos reparadores; como também é sabido o fato de poderem ser muitas vezes auxiliares (mesmo quando inconscientes) dos Espíritos superiores para a realização de suas tarefas, quando, por exemplo, servem para provocar e manter obsessões e inúmeras outras perturbações de caráter espiritual.

Compreendido isso, resulta que, malgrado os sentimentos de solidariedade fraternal que devemos dedicar-lhes, pouco nos restará do intercâmbio que com eles mantivermos.

Uma última lição, entretanto, e altamente proveitosa, esse intercâmbio nos dá, e é justamente a convicção de que devemos nos voltar para os aspectos superiores da vida espiritual porque é daí que nos virão elementos mais avançados do conhecimento, forças mais puras, de que carecemos para apressar nossa evolução.

Precisamos oferecer maior campo às entidades dos planos superiores, já que estas muito dificilmente encontram médiuns em condições de servir-lhes de instrumento de manifestação em nosso meio.

É preciso aumentar o número de médiuns de excepcional capacidade, para acelerar o progresso do mundo e dilatar a limites mais amplos o campo, ainda tão restrito, dos conhecimentos humanos no setor do Espírito, porque, quando tal coisa acontecer, a ignorância religiosa será vitoriosamente combatida; a superstição será substituída pelas claridades do pensamento lúcido e as práticas inferiores irão sendo encurraladas nos seus antros e ali exterminadas, porque os novos horizontes já agora iluminados e transparentes não mais permitirão a existência de sombras.

Não nos detenhamos, pois, no caminho, a pervagar em sentimentalismos inócuos; nosso alvo está ainda muito além do que hoje se vê ou se sabe e devemos buscá-lo confiadamente, sem olhar para trás.

Para os que desejam passar pelo crivo do juízo, do selecionamento espiritual que já está se processando nos planos invisíveis, para a formação do mundo renovado do Terceiro Milênio, o problema está em atingir os cumes deste ciclo, mergulhado na luz para fugir às trevas.

Somente poderemos atingir as esferas mais elevadas do mundo espiritual quando largarmos todas as amarras que nos mantêm presos a este mundo de provas e expiações.

É preciso que os médiuns, principalmente, encarem suas tarefas com grande elevação de vistas, sobrepondo-se às suas próprias inferioridades e lutando por elevar ao maior grau possível de perfeição suas faculdades mediúnicas. Não se julguem em posição estacionária, nem permaneçam em

MEDIUNIDADE

situação de doentia passividade, mas se esforcem denodadamente por se tornarem melhores cada dia que passa, porque deles depende em grande escala a marcha da evolução humana em nossos dias.

Queremos um Espiritismo de claridades, de realizações mais amplas e, se não o conseguirmos desde logo, pela lentidão da nossa própria evolução, nem por isso devemos nos conformar com a rotina e nos acumpliciar com as forças retardadoras do pensamento; e muito menos com a estagnação das maravilhosas possibilidades espirituais que a Doutrina nos outorga para a realização da obra comum de redenção.

Edgard Armond

CAPÍTULO 36

AUTO-APERFEIÇOAMENTO

Se nos abandonarmos à corrente da vida, passivamente, inertemente, como uma folha levada pelas águas, os acontecimentos não deixarão de ocorrer, influindo sobre nós de certa maneira; porém levaremos um tempo muito mais longo para realizar a tarefa evolutiva que nos é obrigatória; mas se, contrariamente, entrarmos na luta com coragem e decisão, enfrentando os obstáculos resolutamente e procurando vencê-los face a face, nossa evolução será mais rápida, nesse período de maior atividade, e colheremos os frutos benéficos de nosso inteligente esforço.

Se deixarmos que o tempo resolva o caso da transformação moral por que devemos passar para atingir um grau mais elevado na escala da perfectibilidade, abandonando-nos cegamente à própria sorte, quando virá para nós algum progresso? Dentro de quanto tempo poderemos obter alguma melhoria espiritual?

Mas, ao contrário, se desde já nos esforçarmos nesse sentido, desde já iremos recebendo benefícios, melhorando nossa situação e apressando a nossa marcha.

Porque está escrito que "cada um receberá segundo suas obras".

Para ser médium não basta servir de instrumento à manifestação de Espíritos. É preciso, sobretudo, renovar-se moralmente, espiritualizar-se dia por dia, com base no Evangelho redentor.

A reforma liberta o indivíduo da escravidão das paixões. Os vícios escravizam o Espírito na carne, continuam a escravizá-lo, depois da morte e então, não podendo os viciados satisfazê-los inteiramente, pela ausência do instrumento carnal, comparecem às sessões de falso Espiritismo, assaltam os médiuns que aí encontram, incorporam-se neles e dessa forma se satisfazem, fumando, bebendo e praticando outros atos ainda menos edificantes; satisfazem-se também de alguma forma, vampirizando obsedados ou atacando, nos momentos de fraqueza ou desvario, pessoas das mais diferentes condições, porém dotadas de um certo grau de sensibilidade.

Os vícios afetam o corpo físico e envenenam as células orgânicas, mas as raízes do desejo estão sempre no Espírito e, por isso, quando este desencarna, carrega consigo esses vícios; mas com as restrições e impedimentos que a nova esfera de ação lhe favorece, passa a viver inquieto, atormentado,

MEDIUNIDADE

e por causa disso não pode evoluir; permanece apegado à Terra, desesperado por voltar e, se por qualquer circunstância não o consegue, então revolta-se e passa a engrossar as legiões de Espíritos maléficos, afundando-se assim, cada vez mais, nas sombras do Umbral.

Os mundos de expiação como este nosso, não são o *habitat* normal, natural, dos Espíritos — que é o Espaço infinito — mas sim escolas educativas, oficinas de trabalho forçado, estações provisórias de provações, tudo dependendo da reforma de cada um.

Se não nos reformarmos, como expiaremos as faltas? E não o fazendo, como poderemos nos libertar das provações?

A reforma, pois, liberta o Espírito do círculo vicioso das encarnações punitivas, arroja-o para fora dos limites dos mundos inferiores e lhe abre as portas douradas dos mundos felizes.[52]

No que respeita aos médiuns, há alguns que se esforçam e procuram obter melhoria espiritual; a maioria, porém, e infelizmente, nenhum esforço desenvolve nesse sentido e deixa-se levar passivamente pelas circunstâncias.

Por isso, paradoxalmente, as mesmas faculdades mediúnicas que são a base fundamental da propagação doutrinária, vêm servindo como elemento retardador, afastando mesmo de suas hostes inúmeros candidatos ao serviço da seara, sendo certo que muitos, após vários anos de labor profícuo, abandonam decepcionados os trabalhos práticos, privando a Doutrina de uma colaboração que poderia ser preciosa.

Não nos referimos às próprias faculdades em si mesmas, é claro, mas aos médiuns, que nem sempre estão à altura de suas tarefas, principalmente no que respeita à condição moral. Esquecidos dos compromissos que assumiram no Espaço, antes da encarnação, deixam-se dominar pelas tentações do meio ambiente, material e grosseiro, esquecem-se de suas tarefas coletivas e passam a viver vida de comodidades e de vantagens pessoais, fracassando ingloriamente.

Porque possuem determinadas faculdades, julgam que somente isso lhes basta e se esquecem de que é preciso lutar pelo aperfeiçoamento próprio, pela aquisição de verdades mais altas, visando sempre a redenção espiritual, que lhes poderá ser outorgada ou não, segundo o modo pelo qual se desempenham de seus deveres.

O ponto mais alto da expressão mediúnica na presente fase de evolução do planeta é o Evangélico, isto é, compreensão e capacidade de divulgação, segundo o espírito, das verdades ensinadas pelo Divino Mestre.

---

[52] Para auxiliar a reforma individual, foi inaugurada na Federação Espírita do Estado de São Paulo, em maio de 1950, a Escola de Aprendizes do Evangelho, com programas reformulados e atualizados pelo autor, para a Aliança Espírita Evangélica.

Pois, em que pese não a estranheza mas a lástima, é preciso dizer que a maioria dos médiuns não lê o Evangelho, uns por serem incultos, outros por falta de hábito, outros, enfim, por julgarem que esse estudo não lhes é necessário, visto que os Espíritos, que por seu intermédio se manifestam ao público, bastam para orientá-los com mais autoridade e conhecimento.

Este conceito errôneo deve ser combatido, entre outras razões porque é fora de dúvida que além dos benefícios pessoais que o médium obtém abeberando-se diretamente nessa fonte inesgotável de luzes espirituais, o trato com o Evangelho facilitará e aumentará de muito as possibilidades dos Espíritos comunicantes porque, entre outras consequências, o teor vibratório individual se purificará com esse estudo e essa exemplificação.

Eis o que já dizia o Codificador, na previsão luminosa desse estado de coisas que hoje constatamos: "Se o Evangelho, realmente, não se tornar em vosso Espírito um broquel, quem poderá socorrer-vos se a revelação tende a absorver todas as consequências, emancipando o vosso século? Se o Evangelho em vossas mãos apenas tem a serventia dos livros profanos que deleitam a alma, embriagam o pensamento, quem vos poderá socorrer, no momento dado dessa revolução planetária que já se faz sentir, dando o domínio da Terra aos bons, preparando-os para seu desenvolvimento, bem como transmigrando os obcecados e endurecidos para o mundo que lhes for próprio?".

"O que será de vós, quem vos poderá socorrer, se à lâmpada de vosso Espírito faltar o elemento da luz com que possais ver a chegada de N. S. Jesus Cristo, para testemunhar o valor dos bons e a fraqueza dos maus e dos ingratos?"

"É possível que nos preparemos para os termos que chegam dando a todo momento a nota do escândalo, apresentando-nos aos homens como homens cheios de ambição, que não trepidam em lançar mão até das coisas divinas para gozo da carne e satisfação das paixões do mundo?"

Estas são as advertências póstumas do grande irmão, aquele que impropriamente tem sido dado como o fundador do Espiritismo, aleivosia que devemos uma vez por todas afastar de nosso pensamentos.[53]

---

[53] Servimo-nos do ensejo para declarar que os inimigos da luz, as forças adversárias da Doutrina, é que espalham essa expressão. Dizem que Kardec é o autor do espiritismo para tirarem a este seu caráter de revelação divina, dar-lhe cunho pessoal e humano, confundi-lo com muitas das demais escolas existentes no mundo. O próprio Codificador, prevendo isso, declarou categoricamente que não é o autor da doutrina, que não são suas as ideias que se encontram nos seus livros, mas sim de altos Espíritos desencarnados que, por mandato de Deus, as difundiram na Terra. Portanto, não sejamos mais cúmplices de nossos adversários colaborando na difusão desse erro. Não há Espiritismo kardecista nem de outra qualquer denominação. O Espiritismo é um só e vem do Alto, como um precioso auxílio dado ao homem atual para sua redenção. É o Paracleto prometido por Jesus Cristo, conforme está expresso no Evangelho de João.

MEDIUNIDADE

Estas considerações todas nos levam a recomendar insistentemente o auto-aperfeiçoamento espiritual, isto é, o esforço e a determinação do próprio indivíduo em melhorar-se, realizando um verdadeiro combate contra si mesmo, naquilo que ainda possui de mau.

Mas, perguntarão muitos, como se poderá de forma eficiente realizar esse elevado trabalho?

Apesar de ser este um problema muito velho, uma preocupação de todos os tempos; o fundamento objetivo de muitas doutrinas religiosas e filosóficas; o ponto central da exemplificação do Divino Mestre, muitos ainda fazem a mesma pergunta, milhares a fazem, e não seremos nós, que aqui unimos o nosso apelo à sua realização e que também necessitamos dessa reforma, que iremos deitar regras e nos colocarmos presunçosamente na posição de mestre.

E seria mesmo uma tolice estabelecer regras para um esforço de pura introspecção individual e que deve ser realizado mais que tudo pela própria experiência, através de sofrimentos e de decepções de toda ordem.

Só podemos dizer que, justamente, não há regras fixas nem esquemas rígidos, nem processos determinados para esse trabalho, tratando-se, como se trata, de situações íntimas ligadas à consciência profunda de cada um.

Há compêndios de filosofias e sistemas esotéricos que oferecem misteriosamente processos infalíveis de purificação espiritual, mas de nós, não cremos que qualquer deles dê o menor resultado porque não se trata aqui de adotar processos ou de empregar regras, mas sim de mudar sentimentos, de alterar o caráter moral, e isso o homem só o consegue, como já dissemos, através de provas, em tempo mais ou menos longo; todavia é certo que quando o Espírito estiver maduro, quando a hora chegar, sobre ele descerá o fogo da redenção.

Mas como o Espiritismo chama para a redenção e exige essa reforma moral urgentemente, todos devem iniciar desde já sua luta, estabelecendo sua vida em novas bases, organizando um programa simples e viável e se utilizando com todas as energias de que dispuser, dos poderes que lhes vêm do livre-arbítrio, que é vontade, inteligência e liberdade.

Qualquer esforço neste sentido deve começar por um balanço moral, desnudando perante nossa própria consciência, sem a menor tolerância, as más qualidades que possuímos.

Raro é o homem, da atual geração, que possui mais virtudes que defeitos, o que, aliás, é natural que aconteça, porque este é um mundo atrasado e, portanto, o primeiro passo nesse esforço de reforma deve ser o exercício da tolerância recíproca, uma vez que ainda não somos capazes de amar.

O Evangelho de Jesus, segundo nos parece, não pode ser realizado pelo homem atual, por causa de suas condições de inferioridade moral; é preceito para dias vindouros, mas qualquer esforço que fizermos no sentido dessa realização será útil e meritório porque estaremos plantando os alicerces desse futuro mundo de felicidades espirituais.

Os defeitos mais comuns, a saber: o orgulho, o egoísmo, a vaidade, a ferocidade, a sensualidade, são inimigos tenazes, que devemos um por um combater e vencer, à custa de lágrimas e de sangue, porque são estigmas que nos vêm do nosso passado de brutos e estão profundamente arraigados em nosso coração.

Mas temos que passar pelas provas purificadoras e em nossas mãos está o antecipá-las, melhor sendo que o façamos por nossa própria deliberação, que obrigados pelos látegos do carma. Melhor que o façamos hoje que amanhã, como lutadores conscientes e não como vítimas passivas, pois o mérito justamente vem do exercício deliberado do livre-arbítrio.

E quando, no decorrer do tempo, todos os defeitos estiverem vencidos, teremos automaticamente conquistado as virtudes correspondentes, flores da espiritualidade que, no amanhã de nossa existência universal, torná-la-ão bela e radiosa, nas inumeráveis moradas da casa do Pai.

Uma única regra, segundo parece, poderá ser ditada, nesse salutar esforço de edificação própria: resolver lutar, começando pelo menor defeito e perseverando tenazmente até o fim.

Levamos séculos para chegar a esta situação de hoje: séculos para conquistar tão pouca coisa no rol das benemerências representadas pelas virtudes dignificantes do Espírito e não será por um gesto de malabarismo mental ou pelo simples desejo platônico de melhoria, que conseguiremos nos elevar a maiores alturas.

Comecemos, pois, pelo menor, pelo acessível, pelo mais ao alcance das armas ainda rudimentares que possuímos mas, encetada a tarefa, não nos detenhamos mais, não olhemos para trás; orando e vigiando, como recomendou o Mestre, prossigamos até o fim, porque qualquer vacilação destrói tudo quanto já se conseguiu até um dado momento.

Esse trabalho de repressão psíquica, iniciado no campo intelectual (a deliberação) irá lançando raízes profundas no subconsciente; insensivelmente irá influenciando o caráter do Espírito e modificando-o no correr dos tempos.

Desta forma prudente e segura iremos nos estimulando e fortalecendo com os resultados parciais e não teremos decepções desencorajadoras.

A luta contra nossas paixões é terrível e só consegue triunfar delas quem tem ânimo forte, vontade firme e fé, sobretudo fé, nas luzes e nas forças que nos vêm do Alto.

MEDIUNIDADE

CAPÍTULO 37

FALSOS PROFETAS...

Tanto mais necessário se torna que os médiuns sejam conscientes de suas próprias possibilidades, quanto é certo que é pela porta larga da mediunidade que os falsos profetas dos planos invisíveis intervêm no cenário da vida humana.

O Divino Mestre, no seu tempo entre nós, assim recomendava: "Guardai-vos dos falsos profetas que vêm a vós vestidos de ovelhas e são por dentro lobos roubadores. Por seus frutos os conhecereis..."

"E muitos me dirão naquele dia: Senhor! Senhor! Não é assim que profetizamos em teu nome e em teu nome expelimos demônios e em teu nome obramos prodígios? E então eu lhes direi: pois eu nunca vos conheci; apartai-vos de mim, vós que obrais a iniquidade."

E noutro ponto: "Falsos cristos e falsos profetas surgirão e farão grandes maravilhas e operarão prodígios tais que, se fora possível, enganariam até os escolhidos".

O ensino verdadeiro pode ser reconhecido pelo que contém daquilo que o Mestre recomendou quando esteve entre nós e também pelo que convier daquilo que nos tem sido e vem sendo revelado, nos nossos tempos, pelos seus enviados, com os quais mantemos intercâmbio.

Os profetas verdadeiros são, portanto, não os que somente pregam mas os que, cumprindo os preceitos da Doutrina, ao mesmo tempo exemplificam suas palavras.

Os Evangelhos também se referem aos dias da vinda do Mestre que, segundo os anúncios que temos, rapidamente se aproximam; por isso, mais que nunca devemos nos colocar em condições de conhecer os falsos pregoeiros para neutralizarmos sua propaganda, nos afastarmos do erro e não comprometermos nosso futuro espiritual.

Em nosso mundo material e em sentido geral, falsos profetas não são somente os que anunciam acontecimentos futuros, quase sempre indevassáveis aos olhares humanos, mas todos os que, sem a devida autoridade espiritual, abusivamente se fazem intérpretes de verdades transcendentes, veiculando conhecimentos misteriosos e confusos, quase sempre oriundos de sua própria imaginação exaltada, ou de faculdades mediúnicas descontroladas e por eles próprios muitas vezes renegadas.

Os que tudo fundamentam na supremacia da inteligência, subestimando o sentimento e a fé, sem compreender que estes dois atributos do Espírito, quando solidários, são as duas asas com auxílio das quais se ascende às esferas da perfectibilidade, afastando assim o homem da humildade evangélica e mergulhando-o na mais nefasta egolatria.

Os que, no campo mesmo da Doutrina, tendo dela conhecimentos superficiais ou, por presunção, aceitam umas coisas e renegam outras, substituindo-as por ideias próprias, não-concordantes com as realidades da vida espiritual.

Os que lhe enxertam concepções obsoletas e ritos de credos e filosofias puramente humanos, produzindo assim desorientação e confusão até mesmo entre os mais cultos.

E ainda, sob outro ponto de vista, os que se acobertam à sua sombra, visando interesses pessoais, mercadejando com os dons do Espírito, ou promovendo desarmonia e separação nas hostes dos obreiros.

E no plano invisível (quando o problema ainda mais avulta por ser um campo de ação mais dilatado, indefinível, que melhor escapa ao nosso restrito poder de análise) esses falsos profetas são de duas categorias:

Primeira — a daqueles que conservam suas próprias ideias e superstições religiosas e continuam de lá a combater por elas: escritores, oradores, cientistas e filósofos de toda casta que, pelo seu próprio valor intelectual conseguem impressionar os encarnados, nem sempre pregando o erro pelo amor do erro, mas por estarem dele capacitados como sendo verdades.

Segunda — a daqueles que, escravos ainda do mal, agrupam-se entre si, formando associações tenebrosas, correntes e legiões disciplinadas que interferem em todas as oportunidades valendo-se das imensas afinidades que sempre encontram por efeito do atual atraso espiritual do mundo.

Esses Espíritos malévolos aproveitam-se da mediunidade para suas realizações e, muitas vezes, conseguem dominar comunidades humanas inteiras, mormente as de fundo religioso, quando estas não possuem os indispensáveis conhecimentos de salvaguarda.

Nas comunidades espíritas, eles agem, segundo o caso, com sutileza, ardilosamente ou com fingida humildade, outras vezes com arrogância e autoridade, mas sempre apelando para as paixões humanas do interesse, da vaidade ou do egoísmo; e assim insinuando-se, dando provas materiais de poder, prometendo coisas e fingindo-se bons, vão aos poucos dominando o ambiente e as consciências e se não forem, em tempo oportuno, reconhecidos e desmascarados, arrastarão a muitos por caminhos tortuosos, tornando-os impermeáveis à assistência dos Espíritos do bem.

MEDIUNIDADE

Infelizes dos que, por ignorância ou fanatismo, se deixam enredar nesses laços; seus Espíritos se conturbam, mergulham nas trevas e perdem contato com as luzes que vêm do Alto.

Não é fácil evitá-los, mormente em certos meios, e muito menos identificá-los; porém tal tem que ser feito, principalmente pelos médiuns, para que não sejam mistificados e por sua vez se tornem mistificadores, mesmo quando inconscientes.

Obedecendo à recomendação do Mestre, atentemos sempre para os frutos se quisermos conhecer a árvore.

Os primeiros, de fato, se revelam pelo cunho materializado das concepções, pelo fanatismo, pela intolerância, pelo fantasioso das ideias, pela falta de lógica, pelo excesso de mentalismo; quase sempre querem impor, dogmaticamente, suas ideias mesmo quando elas são incompatíveis com a razão esclarecida.

Colocam, como já dissemos, o intelecto acima do sentimento evangélico, acima da fé e da humildade e, em contraposição à simplicidade — que é espelho da verdade — pregam coisas complexas, perturbadoras, que jamais edificam para o amor. Os segundos, os agentes conscientes do mal, pelas contradições que revelam em relação ao que sabemos que é o bem, pelos desvios que sugerem em relação à moral, pela duplicidade do pensamento, pela intolerância em face da fraqueza, pelos maus conselhos em face à conduta social, pelo apelo transparente às paixões humanas e aos interesses materiais.

Nas sessões podem ser também identificados pela vidência porque, como atrasados que são, não possuem luz própria, são fluidicamente pesados e sua aura constantemente reflete seus maus pensamentos.

Por outro lado não passam despercebidos a qualquer um que possua certo grau de sensibilidade, porque promovem uma sensação de mal-estar e de repulsa; roubam energia espiritual e transmitem fluidos negativos.

Por último, podem ser também identificados pela nossa própria intuição, que de pronto nos adverte de sua presença.

Em regra geral, tenha-se sempre presente o seguinte: é falso tudo o que contradisser a doutrina evangélica; condenável tudo o que conduzir para a alimentação de paixões e de interesses puramente humanos; suspeito tudo o que produzir discórdia, separação, tudo o que for artificioso, incoerente, contraditório e complexo.

Em guarda, pois, contra os falsos profetas — os eternos inimigos da verdade. Como diz a parábola, eles podem operar prodígios, impressionar as massas, confundir ou fascinar as inteligências, mas tudo será passageiro e nada construirão de definitivo no caminho da evolução humana.

Edgard Armond

Podem arrastar uns e outros, momentaneamente, para direções perdidas, mas o edifício da verdade permanecerá de pé porque é indestrutível; e se estivermos atentos aos verdadeiros Guias e mantivermos nossa vigilância e nossa fé, recuaremos sempre a tempo e terminaremos por conhecer a luz e permanecer nela.

CAPÍTULO 38

CONCLUSÃO

O Espiritismo tem três aspectos inseparáveis e bem definidos: o religioso, o filosófico e o científico.

Pelo primeiro liga suas asas, alcandora seus vôos aos céus pelo Evangelho do Cristo; pelo segundo, enfileira-se aos elementos vivos da tradição esotérica do mundo, acrescentando-lhe claridades novas; pelo terceiro, planta suas raízes na Terra, colocando nas mãos dos homens instrumentos hábeis de investigação objetiva.

O Espiritismo, se fosse somente religião, por causa dos homens cairia no dogma, restringindo as possibilidades da inteligência e fechando o campo da razão pelo fanatismo; se fosse somente filosofia, conduziria a razão às abstrações inócuas e ao mais perigoso agnosticismo, tornando-a incapacitada para qualquer realização coletiva; e, se fosse somente ciência seria uma realidade fria e sempre precária que nada de permanente construiria para a redenção espiritual do mundo.

Não pode haver, portanto, restrições em qualquer destes campos; tudo tem que ser encarado ao mesmo tempo sob estes aspectos para haver resultados que se integrem mutuamente e mutuamente se confirmem.

Tal é a essência e o caráter da Terceira Revelação; e o perpassar do tempo somente o tem confirmado, forçando-nos a ser cada vez mais liberais, menos ortodoxos, dando à faculdade da razão limites cada vez mais vastos e ao sentimento expansão cada vez maior, no estudo e nas realizações desta admirável Doutrina — que é, inegavelmente — o cristianismo redivivo.

TERCEIRA PARTE

MISSÃO SOCIAL DOS MÉDIUNS

MEDIUNIDADE

CAPÍTULO 39

ASPECTOS GERAIS

PREÂMBULO

É grande, realmente, a misericórdia do Pai permitindo estarmos presentes, muitos de nós, com a consciência espiritual despertada, neste fim de século, quando a humanidade, da qual somos parte, ultrapassa as fronteiras de um ciclo.

Três épocas houve, culminantes, na história espiritual do homem: a primeira, quando nos albores ainda dos tempos, se levantou da condição de animal para a de homem, adquirindo a faculdade da razão e a capacidade do livre-arbítrio; a segunda, quando o Mestre desceu a este orbe, num momento agudo de transição, para coroar sua obra de arquiteto divino, ensinando os preceitos da fraternidade universal e outorgando as leis morais evangélicas que devem reger a vida da espécie humana até o fim de seus dias; e a terceira, esta que vivemos hoje, quando os elementos todos da equação humana, aliados aos da própria natureza cósmica, se precipitam vertiginosamente para uma solução final; quando todos os povos se debatem nas últimas carnificinas e a besta humana, desembaraçada de suas ligaduras apodrecidas, campeia pelo mundo, emitindo seus últimos rugidos, antes que seja afastada dos caminhos, como incompatível com o advento de uma humanidade redimida; e quando, após horrorosas hecatombes, cujos efeitos ainda por muitos anos convulsionarão a Terra, o homem comparecer à presença do seu Senhor Divino para dar-lhe conta de suas tarefas e dos atos que até agora praticou.

É grande a misericórdia do Pai nos permitindo assistir ao epílogo de uma grande jornada evolutiva e ao nascimento de um novo ciclo; à morte do homem velho, saturado de materialidade e ao nascimento do homem novo, revivido de suas próprias cinzas, para as claridades de uma nova aurora.

Elevemos, pois, ao Pai, os nossos corações para agradecer tudo aquilo que já recebemos e tudo o mais que nos há de vir nos dias vindouros, como frutos de sua bondade inesgotável.

REVELAÇÃO E MEDIUNIDADE

A revelação veio pela mediunidade, em todas as épocas da história e foi sempre progressiva, acompanhando a evolução dos homens.

Os fundadores de religiões foram médiuns, seja quando se inspiraram diretamente nas fontes da sabedoria divina, elevando-se até elas, seja quando se limitaram a transmitir aos homens ensinamentos que recebiam pessoalmente dos enviados do Senhor.

No século XIX surgiu a revelação espírita, mais avançada que todas as anteriores, e que representa um desdobramento do programa dos Guias do Mundo.

Ela visa a sublimação das almas nos conhecimentos da verdade eterna e sua redenção pelas realizações do Evangelho do Cristo.

O que a distingue das demais é que não foi dada a um, mas a muitos, sendo acessível a todos, sem ostentação, restrições ou mistérios. Por isso é a única que tem, realmente, caráter universalista.

Os médiuns são, pois, os agentes materiais dessa revelação, como foram de todas as demais e seu trabalho continua a se desenvolver, cada vez com maiores amplitudes porque os Enviados, cada minuto que passa, aproximando os homens do termo final deste ciclo, têm cada vez maiores necessidades desses porta-vozes humanos para o esclarecimento do maior número, antes que se ultime o julgamento periódico, o expurgo, durante o qual serão eles selecionados, para que a humanidade suba um degrau na escada de sua evolução e este planeta se renove.

O mundo material já está maduro, a matéria já está se desagregando e o trabalho é cada vez mais urgente, colocando os homens em face de um problema impossível de ser resolvido a não ser às luzes do conhecimento espírita.

SITUAÇÃO DAS RELIGIÕES DOMINANTES

As atuais religiões, em sua maioria, mas principalmente as que se dizem cristãs, desempenharam seu papel segundo as épocas e as condições que lhes foram próprias mas, atualmente, a compreensão humana evoluiu a um ponto que não mais aceita o arcaísmo das concepções que até ontem venerava.

Essas religiões dogmáticas e materializadas, fracassaram todas; não foram capazes (porque se entregaram a Mamon) de espiritualizar os homens, e compreenderão que já estão se aproximando do fim do seu poderio. E assim como nada construíram de permanente, não permanecerão.

Incapazes de se adaptarem ao progresso e acompanhar, evoluindo, a marcha das coisas, agarram-se e continuarão a agarrar-se, obstinadas, a seus dogmas obsoletos e rituais espetaculares, na esperança ilusória de poderem assim sobreviver, como até aqui, dominando as massas com meias verdades.

Constatam que dia a dia perdem terreno e aumenta o número de seus vacilantes adeptos que desertam para engrossar as hostes da espiritualidade e,

MEDIUNIDADE

nessa situação angustiosa, estreitam e renovam suas seculares alianças com os poderes materiais do mundo, num conúbio mistificador que visa, como sempre visou, a subjugação das massas possuidoras ainda, em grande parte, de uma lastimável e incrível ignorância religiosa.

Mas o aríete espiritual bate cada vez mais forte e mais insistente e vai aos poucos derruindo os alicerces dessas construções artificiais, levantadas na areia da transitoriedade.

Tudo oscila, estremece e palpita numa compreensão nova, ao sopro desse vento que "sopra onde quer", dessa luz que afasta todas as sombras, dessa esperança que renova todos os alentos.

E o próprio Oriente, tradicionalmente adormecido em seu eterno sono místico, já agora está despertando, sacudido por forças desconhecidas e de incrível poder, para que abandone seu silêncio e seu isolamento, e ombro a ombro com os demais povos, se prepare para os novos tempos que surgem.

E inútil se torna toda e qualquer resistência, daqueles que não querem receber a nova revelação porque, quando a verdade não pode entrar pela porta larga da inteligência, à claridade do dia, entra pelas frestas da construção, na calada da noite, surpreendendo os Espíritos endurecidos nos seus redutos mais íntimos e mais caros.

Esse aríete quando não é o sofrimento, é a mediunidade, porque ambos são irresistíveis e contra eles não valem os recursos mundanos, a ciência ou os formalismos religiosos, mas somente as virtudes que vêm de uma compreensão esclarecida, da humildade do coração e da submissão completa às leis do Criador.

REFORMA DA HUMANIDADE

O Espiritismo exige a reforma do mundo nas relações dos indivíduos entre si e com a Divindade. Cada ser humano, como célula que é do grande organismo social, desde que se reforme, em si mesmo, para melhor, concorrerá para a modificação do todo.

Até certo tempo somente determinadas filosofias e religiões mais avançadas, cogitavam desse problema, encarando-o de um ponto de vista realizador; mas hoje isso é preocupação de muitos, por já haverem compreendido que a reforma é fator essencial do progresso do mundo.

Mas não será elaborando leis utilitárias de caráter social, econômico ou político, que o problema se resolverá, porque ele tem aspectos nítida e profundamente espirituais.

É necessário que o homem se instrua intelectualmente, mas que ao mesmo tempo se aperfeiçoe moralmente, se eleve no sentimento, equilibrando seus atributos e isso, processos e leis de caráter social, do ponto de vista humano, por mais hábeis e inteligentes que sejam, jamais o conseguirão.

E realmente não o têm conseguido. Os códigos legislativos humanos são imensos e, no entanto, em séculos, a moral não avançou um passo, parecendo mesmo que retrogradou.

Mas, dizendo espiritualmente, não situamos o problema em nenhum campo delimitado, religioso, filosófico ou científico. O mundo possui e sempre possuiu religiões e filosofias e uma ciência que diariamente evolui, surpreendendo e se apropriando aos poucos de segredos que a Natureza reserva ao homem, na medida de sua capacidade e de seu esforço; e, no entanto, a questão moral continua carente de solução, porque a ciência se nega a ultrapassar os limites da objetividade material e ridiculariza mesmo as realidades que estão além desse limite; as filosofias não se arredam no campo puramente especulativo e as religiões não abandonam o jogo confortável e egoísta dos interesses mundanos.

O orgulho da inteligência obstinada nas coisas materiais e a falta de idealismo espiritual, é que trouxeram o homem a esta situação dolorosa e lamentável em que hoje se encontra, afastado cada vez mais do seu Criador, chacinando-se periódica e sistematicamente, e destruindo, em momentos de inaudita violência, sua própria e laboriosa construção de milênios.

Dizendo espiritualmente, pois, ao invés de restringir, ao contrário, dilatamos o campo do conhecimento e das realidades a limites imensos porque o que é do espírito é integral, completo, universal e perfeito. E o campo espiritual a que nos referimos é aquele que leva a seguir as leis de Deus sobre as dos homens, nele entrando, harmoniosamente combinados e reciprocamente solidários, os três aspectos doutrinários que atrás citamos.

E a única doutrina que atualmente consegue realizar essa harmonização — concordância inegável de elementos aparentemente contrários — é a doutrina espírita que, sendo uma revelação, se bem que ainda parcial, de realidades cósmicas, contém, nada obstante, em si mesma, todos os elementos essenciais ao progresso moral e intelectual dos seres, neste atual ciclo da evolução planetária.

AGENTES DESSA REFORMA

O mundo se nos apresenta hoje sob um aspecto triste e desanimador, de uma parte dominado pela exaltação dos instintos inferiores que desencadeou; de outra, atemorizado pelo desconhecimento do seu destino de amanhã, tudo isso agravado por uma desoladora falta de esperança, de idealismo e de fé.

MEDIUNIDADE

Será um trabalho demorado e árduo promover sua reforma, modificando tantos elementos contrários e hostis.

Jogando unicamente com fatores essenciais e reiterando nossos conceitos anteriores, podemos dizer que só conhecemos dois elementos decisivos dessa realização: o sofrimento, que passando do campo individual, onde vem realizando há séculos um trabalho de resultados aleatórios, atinge agora a massa da humanidade, em busca de uma decisão coletiva; e as manifestações do chamado sobrenatural, de cujo campo a mediunidade é o pórtico.

Estes dois fatores são os únicos que têm autoridade para decidir a questão; o primeiro extinguindo a chama das paixões animais e domando o homem no seu orgulho estúpido; o segundo, abrindo-lhe as portas do verdadeiro conhecimento espiritual e promovendo a confraternização até mesmo de vivos e mortos. O primeiro, como agente do passado, resgatando dívidas cármicas que aplainam o caminho, regenerando, e o segundo, como elemento do futuro, aproximando os homens novamente de Deus.

Na solução deste grande problema, os médiuns entram como elementos de alto valor, tornando-se instrumentos hábeis de investigação no campo da inteligência e veículos de iluminação espiritual, no do sentimento.

Ser médium, entretanto, não quer dizer que a alma esteja agraciada por privilégios ou conquistas feitas.

Muitas vezes, pessoas altamente favorecidas com a mediunidade são, todavia, dominadas, subjugadas por entidades sombrias ou delinquentes, com as quais se afinam de modo perfeito, servindo ao escândalo e à perturbação em vez de cooperar na extensão do bem na Terra.

APÓSTOLOS DE ONTEM E DE HOJE

Nos tempos apostólicos, os discípulos eram enviados a espalhar os ensinos do Mestre por todos os caminhos do mundo então conhecido. Atinham-se ao que Jesus ensinara e cumpriam suas missões com devotamento e fé, porque estavam empolgados pelas realidades que presenciavam e sabiam que aqueles ensinos eram de salvação.

Sentiam-se gloriosos de serem artífices dessa transformação do mundo e deslumbrados pela compreensão da missão redentora do Messias.

Mas agiam na certeza de uma conquista imediata do reino dos céus, com a volta do Cristo para breves dias e não lhes ocorria nem cogitavam de que são necessários milênios para que a humanidade, nas suas primeiras etapas evolutivas, avance um milímetro. Não compreendiam que o Cristo voltaria, não nas nuvens do céu, nem no rumor do trovão, nem nas coisas exteriores, mas no coração de cada um, na intimidade de cada alma, no silêncio e na angústia de cada sofrimento, após séculos de luta tremenda contra suas próprias imperfeições.

E o Mestre lhes recomendava: "Grande na verdade é a messe e poucos os trabalhadores. Olhai que eu vos mando como cordeiros entre os lobos. Em qualquer casa onde entrardes dizei primeiro que tudo: paz seja nesta casa. Curai os enfermos que nela houver e dizei-lhes: está a chegar a vós o reino de Deus. Mas se não vos receberem, sacudi sobre ela até o pó de vossas sandálias; porque o que a vós despreza a mim despreza e despreza Aquele que me enviou".

E quando os discípulos se admiravam de poderem até mesmo sujeitar Espíritos malignos, com a só pronúncia do nome do Mestre, este lhes acrescentava: "— de sujeitarem os Espíritos malignos não é o de que vos deveis alegrar, mas sim de que os vossos nomes estão *escritos nos céus*".

Pois a situação do mundo tão pouco mudou, que o Mestre disse, há dois mil anos, está hoje, da mesma forma, de pé e deve soar aos ouvidos dos médiuns como advertências que a eles também se aplicam; pois que são os continuadores da mesma obra lançados, agora como estão, em meio de lobos, apóstolos modernos armados de semelhantes poderes espirituais, que caminham pelo mundo na mesma semeadura.

Ouçam, pois, essas vozes que soam de longe, tomem seu bordão e sigam para diante: onde quer que detenham seus passos, acendam aí suas lâmpadas e iluminem tudo em volta, com as claridades da mesma chama.

Discípulos do Cristo! Para que as ovelhas possam ser todas recolhidas ao aprisco antes que a noite chegue, com suas trevas e seus terrores, acendam as suas lâmpadas e ofereçam a todos a sua paz; curem os enfermos nos seus corpos e nas suas almas, mas digam-lhes: chegou o tempo em que devemos glorificar o Pai no Filho e no Espírito; o tempo de apresentar o testemunho do nosso esforço passado; prestarmos contas de nossos atos e nos prepararmos para o julgamento.

Levantem suas lâmpadas bem alto para que a claridade inunde campos e cidades e a todos os que vierem a crer por sua interferência digam: somos todos náufragos perdidos neste pélago; esforcemo-nos por socorrer os que se debatem conosco nas ondas, porque nossa lei é a fraternidade.

Levantem suas lâmpadas e proclamem a verdade espiritual com destemor e humildade, porque estamos nos aproximando da hora em que toda hesitação, toda dúvida, anularão as possibilidades de um decisivo impulso para cima.

Mas, se não forem atendidos e suas palavras forem desprezadas, obedecendo ao que o Mestre recomendou, digam então: ai de vós que recusais o chamamento benévolo; as trevas exteriores serão vossa morada e os esplen-

MEDIUNIDADE

dores dos céus não serão agora por vós partilhados, pois que as lâmpadas foram acesas e fugistes às suas claridades; palavras de boa vontade foram ditas e vossos ouvidos ficaram surdos; sentimentos de amor foram externados e vossos corações ficaram frios. Ai de vós, para quem a oportunidade passou!

O QUE SEPARA E O QUE UNE

Os apóstolos antigos agiam em uma sociedade em organização, ao passo que os de hoje o fazem em uma sociedade em desagregação; sociedade que ontem buscava apoios para se estabilizar e definir, quando hoje os procura, aterrorizada, para sobreviver.

É profunda a separação entre seus membros não só quanto ao conhecimento intelectual, como ao sentimento e, principalmente, ao caráter moral.

O giro dos séculos não levou para a homogeneidade mas, muito ao contrário, dia por dia aumentou a divisão e esta é a prova mais evidente e segura de que o homem se afastou de Deus, porque somente em torno de Deus se pode conseguir unidade.

Não se pode e nunca se pôde obter essa homogeneidade também porque, não havendo, como nunca houve, um ideal religioso que ligasse os homens entre si, a própria desigualdade de posição individual, na escala evolutiva, criava a separação.

Aliás, o que se passa aqui deve ocorrer igualmente em muitas das habitações planetárias de natureza inferior, pois somente em mundos superiores, habitados por Espíritos já selecionados e libertos de paixões animais, poderá existir esse equilíbrio tão desejado, de sentimentos e inteligências.

Mas, a despeito dessa heterogeneidade, há pontos comuns que nivelam os homens, dentre os quais sobrelevam: a inquietação pela vida além-túmulo, a atração pelo sobrenatural, o temor ao desconhecido e o anseio indefinível por esse amanhã misterioso que mal se esboça e tanto se dilui nas agitações, nas incertezas e nas amarguras desta vida encarnada.

Em virtude desses estados d'alma, correm os homens ansiosamente perseguindo sombras evanescentes; curvam-se perante ídolos enganadores; desiludem-se a todo instante ante miragens religiosas engalanadas de cores brilhantes que, por efeito de seu próprio atraso, ainda permanecem vivas no deserto torturado, como frutos maninhos de uma vegetação degenerada; alimentam-se de superstições grosseiras, na falta de verdades puras, malgrado o repúdio da faculdade da razão; vacilam, por fim, desamparados, num solo que flutua e estremece sob seus pés, sentindo que o arcabouço dos dogmas e das crenças herdadas de um passado morto já não lhes é como admitiam que fosse, ponto de apoio, manancial permanente e farto de compreensão, de esperança e de fé.

Mas, intuitivamente, percebem que é no Espírito e pelo Espírito, que é rasgando o véu das exterioridades e das convenções caducas, renegando o passado e afrontando o preconceito que encontrarão, finalmente, o caminho da segurança, da serenidade e da paz; as sendas verdadeiras que conduzem, segundo as promessas do Cristo, às moradas eternas, onde a verdade resplende sob o olhar misericordioso do Senhor.

No momento que vivemos, o número dos que se voltam avidamente para os fatos e os problemas da vida espiritual é muito grande.

As barreiras religiosas, opostas há séculos, à marcha do pensamento, estão se derruindo em seus fundamentos, aos golpes arrasantes das manifestações do Espírito.

Ninguém e nada poderá impedir essa mudança de direção e todas as mistificações e falsas verdades irão sendo desmascaradas, como desprezados aqueles que as pregam.

Verdades novas, que são velhas, estão agora tomando conta do firmamento, brilhando como sóis e resplandecem na Terra, no espelho vivo da mediunidade, pelas alavancas poderosas das faculdades do Espírito. Somente por meio dessas faculdades poderão os homens sofredores devassar os arcanos dos mundos invisíveis, antecipando um conhecimento que somente lhes viria, e em condições lastimáveis, após a morte.

CAPÍTULO 40

MEDIUNIDADE EM AÇÃO

Mas como poderão os médiuns realizar, de forma satisfatória, a tarefa ingente que lhes cabe?

Se o grau de evolução de todos os médiuns fosse o mesmo, o problema se resumiria a condições puramente objetivas, mas como tal não se dá, e justamente devido às diferenças, muitas vezes profundas, que existem entre uns e outros, somente podemos responder apresentando regras de caráter geral, apontando circunstâncias de natureza e necessidade comuns; por outro lado, neste particular deve-se ter em conta também o livre-arbítrio individual, as inclinações naturais de cada um e ainda a orientação, que todos devem receber, de seus próprios protetores espirituais.

O AMBIENTE ADEQUADO

Depois que tenha realizado o desenvolvimento de suas faculdades psíquicas, em círculos idôneos, deve o médium devotar-se, no ambiente que lhe for próprio, ao exercício pleno de sua relevante tarefa.

O desenvolvimento, como já temos dito e repetido, visa não só a livre e desembaraçada manifestação das faculdades mediúnicas, pelo treinamento e sujeição educacional a que o médium for submetido, como e principalmente, o aprimoramento moral que se consegue pelo refreamento das paixões inferiores e dos impulsos instintivos, como pela obtenção das virtudes que dignificam e exalçam a natureza humana.

Desse desenvolvimento, pois, surgirá o homem novo do Evangelho, armado de um alto idealismo, que imprimirá a todos os seus atos uma expressão de marcada espiritualidade.

O ambiente próprio será aquele que corresponda ao grau e à posição que o médium ocupa na hierarquia social, devendo-se evitar que se desloque dos meios de vida e das profissões usuais. O que desempenha papel modesto, em esfera humilde, aí mesmo é que terá melhores oportunidades de um trabalho proveitoso, porque nesse meio é que se sentirá mais à vontade, terá mais autoridade, agirá com mais desembaraço e será melhor compreendido.

Se um médium analfabeto, por exemplo, tiver que trabalhar para uma assistência de intelectuais, em se tratando de incorporação consciente ou semiconsciente, os resultados serão medíocres e haverá, de parte a parte, incompreensões e constrangimentos; o mesmo, entretanto, não sucederá se o fizer em ambiente que lhe corresponda, quando então poderá realizar trabalho de grande proveito e de satisfação recíproca.

Ainda exemplificando: se o médium de alta capacidade trabalhar para uma assistência inculta e rude, será pouco compreendido e o trabalho não terá a desejada repercussão ou consequências.

Isto, todavia, não impede que os médiuns em geral possam atuar, como atuam, em quaisquer circunstâncias, independentemente dessas limitações que, como sabemos, não são radicais ou inibitórias; como princípio, entretanto, acreditamos que os melhores resultados do trabalho mediúnico se obtêm quando este é realizado em ambientes afins e concordantes com a posição e a capacidade intelectual e moral do médium.

FERMENTO QUE LEVEDA A MASSA

As grandes transformações do mundo não vieram de agentes materiais porque estes, em si mesmos, nada constroem. Somente o Espírito concebe e realiza. Por isso, é imensa a força da mediunidade, que é força do Espírito levando para as coisas do Espírito.

Por outro lado, não sendo ela privilégio de classes, de fortuna, de cultura ou de posição social, surge por toda parte e a todo instante intervém na vida do homem, no sentido espiritual; acessível a todos os entendimentos, abre suas portas a todos e está ao alcance tanto do pária como do soberano, porque não depende de formalismos, rituais ou regulamentos.

Não está sujeita ao homem, mas sujeita o homem.

Nos tempos apostólicos, os enviados do Cristo se deslocavam muitas vezes a grandes distâncias, percorrendo caminhos ermos, vadeando rios caudalosos, afrontando as intempéries naturais e a dureza dos corações humanos, e isso porque naquele tempo o conhecimento não era dado às massas e a revelação não se havia generalizado; mas hoje, a propagação das mesmas verdades é feita por enviados que se movem no espaço invisível, que falam por porta-vozes humanos espalhados por toda parte.

Por isso, ninguém mais poderá alegar ignorância derivada do isolamento e os homens ou creem ou deixam de crer, abraçam ou repelem a verdade, segundo sua própria vontade, e podem, em consequência, assumir completa responsabilidade dos seus atos.

Os médiuns são o fermento evangélico e sua tarefa é levedar a massa para que o alimento se torne saudável e de fácil assimilação.

MEDIUNIDADE

Atuando primeiro em si mesmos, pela indispensável reforma, agem em seguida no círculo das famílias, parentes e conhecidos; depois, movimentam-se em âmbitos cada vez mais amplos, com aspectos cada vez mais coletivos, ensinando, corrigindo, socorrendo, orientando e levam, por fim, sua ação benéfica a limites amplos e imprevisíveis.

Dificilmente se pode calcular a extensão e as consequências do trabalho de um bom médium!

Onde alcança e cessa o setor de um começa o de outro, e assim o movimento se propaga silenciosamente, imperceptivelmente, vamos dizer, subterraneamente, atingindo grande parte da sociedade.

À medida que os dias passam, o número de médiuns aumenta; milhares ainda aguardam a sua vez de entrar na liça e outros milhares estão ainda encarnando como reservas a serem utilizadas, oportunamente, na grande batalha da espiritualização da humanidade.

Os médiuns são auxiliares poderosos dessa espiritualização porque, em grande parte, ela resulta do próprio exercício de suas faculdades; são seus agentes legítimos por serem elementos naturais do intercâmbio com o mundo invisível; oferecem, assim, aos homens encarnados viventes nas trevas ou na meia-luz, as chaves mestras que abrem as portas do verdadeiro conhecimento espiritual.

Quando adquirirem faculdades evoluídas, que permitem contato com os Espíritos superiores, se transformarão em colaboradores autorizados da harmonia social, concorrendo com seus conselhos para a estabilidade dos lares e das instituições, porque tomarão parte na educação e na moralização do povo, suprindo os Espíritos superiores que por eles falam, as deficiências próprias do Espírito humano encarnado.

Mas, para gozarem dessa autoridade, serem dignos de tais poderes, devem viver uma vida reta, orientada pela mais elevada moral, porque assim, o que se propagar será conforme a verdade, inspirará confiança, afastará confusões, duplicidades, charlatanismo, mistificações.

Dos Espíritos superiores é que poderão vir para o mundo as verdades maiores e as únicas autênticas.

Inserimos os seguintes conceitos do venerável irmão Bezerra de Menezes:

"Mediunidade com Jesus é serviço aos semelhantes.

Desenvolver esse recurso é, sobretudo, aprender a servir.

Aqui, alguém fala em nome dos Espíritos desencarnados; ali, um companheiro aplica energias curadoras; além, um cooperador ensina o roteiro da verdade; acolá, outrem enxuga as lágrimas do próximo, semeando consolações. Contudo, é o mesmo poder que opera em todos. É a divina inspiração do Cristo, dinamizada através de mil modos diferentes para reerguer-nos da condição de inferioridade ou de sofrimento ao título de herdeiros do Eterno Pai.

E nessa movimentação bendita de socorro e esclarecimento, não se reclama o título convencional do mundo, qualquer que seja, porque a mediunidade cristã, em si, não colide com nenhuma posição social, constituindo fonte do Céu a derramar benefícios na Terra, por intermédio dos corações de boa vontade.

Em razão disso, antes de qualquer sondagem das forças psíquicas, no sentido de se lhes apreciar o desdobramento, vale mais a consagração do trabalhador à caridade legítima, em cujo exercício todas as realizações sublime da alma podem ser encontradas.

Quem desejar a verdadeira felicidade, há de proporcionar a felicidade dos outros; quem procura a consolação, para encontrá-la deverá reconfortar os mais desditosos da humana experiência.

Dar para receber.

Ajudar para ser amparado.

Esclarecer para conquistar a sabedoria e devotar-se ao bem do próximo para alcançar a divindade do amor.

Eis a lei que impera igualmente no campo mediúnico, sem cuja observação o colaborador da Nova Revelação não atravessa os pórticos das rudimentares noções de vida eterna.

Espírito algum construirá a escada da ascensão sem atender às determinações do auxílio mútuo.

Nesse terreno, portanto, há muito que fazer nos círculos da doutrina cristã rediviva, porque não basta ser médium para honrar-se alguém com as bênçãos da luz, tanto quanto não vale possuir uma charrua perfeita, sem a sua aplicação no esforço da sementeira.

A tarefa pede fortaleza no serviço com ternura no sentimento.

Sem um raciocínio amadurecido para superar a desaprovação provisória da ignorância e da incompreensão e sem as fibras harmoniosas do carinho fraterno, para socorrê-las, com espírito de solidariedade real, é quase impraticável a jornada para a frente.

Os golpes da sombra martelam o trabalho iluminativo da mente por todos os flancos e imprescindível se torna aos instrumentos humanos das verdades divinas, armar-se convenientemente na fé viva e na boa vontade incessante, a fim de satisfazer aos imperativos do ministério a que foi convocado.

Age, assim, com isenção de ânimo, sem desalento e sem inquietação, em teu apostolado de curar.

MEDIUNIDADE

Estende as tuas mãos sobre os doentes que te busquem o concurso de irmãos dos infortunados, convicto de que o Senhor é o manancial de todas as Bênçãos.

O lavrador semeia, mas é a Bondade Divina que faz desabrochar a flor e preparar-se o fruto. É indispensável marchar de alma erguida para o Alto, vigiando, embora haja as serpentes e os espinhos que povoam o chão.

Diversos amigos se revelam interessados em tua tarefa de fraternidade e luz, e não seria justo que a hesitação te paralisasse os impulsos mais nobres, tão-somente porque a opinião do mundo te não entende os propósitos, nem os objetivos da esfera espiritual, de maneira imediata.

Não importa que o templo seja humilde e que os mensageiros compareçam na túnica de extrema simplicidade.

O Mestre Divino ensinava a verdade à frente de um lago e costumava administrar os dons celestiais sob um teto emprestado; além disso, encontrou os companheiros mais abnegados e fieis entre pescadores anônimos, integrados na vida singela da natureza.

Não te apoquentes, meu irmão, e segue com serenidade.

Claro está que ainda não temos seguidores leais do Senhor sem a cruz do sacrifício.

A mediunidade é um madeiro de espinhos dilacerantes, mas com o avanço da subida, calvário acima, os acúleos se transformam em flores e os braços da cruz se convertem em asas de luz para a alma livre na eternidade.

Não desprezes a tua oportunidade de servir e prossegue de esperança robusta.

A carne é uma estrada breve.

Aproveitemo-la sempre que possível na sublime sementeira da caridade perfeita.

Em suma, ser médium no roteiro cristão, é dar de si mesmo em nome do Mestre. E foi Ele que nos descerrou a realidade de que somente alcançam a vida verdadeira aqueles que sabem perder a existência em favor de todos os que se constituem seus tutelados e filhos de Deus na Terra.

Segue, pois, para diante, amando e servindo.

Não nos deve preocupar a ausência de alheia compreensão. Antes de cogitarmos do problema de sermos amados, busquemos amar, conforme o Amigo Celeste nos ensinou.

Que Ele nos proteja, nos fortifique e abençoe."

PROGRAMA DE AÇÃO

Segundo a esfera a que pertencer e o modo de vida que lhe for próprio, organizará o médium seu programa de ação individual.

Em geral, a mediunidade é exercida mecanicamente, passivamente, sem objetivo definido, pelo simples fato de existir. Mas isso é um erro. O médium deve saber porque é médium, que faculdades possui, limites de sua aplicação, consequências de sua ação, objetivos a atingir e responsabilidades que assume, tanto como indivíduo quanto como membro da coletividade.

Por isso, repetimos, organizará seu programa de ação tendo também em vista o necessário entendimento com o protetor individual.

1) *DEVERES SOCIAIS:* O exercício mediúnico não deverá prejudicar os afazeres comuns, de ordem material. Muito ao contrário, a responsabilidade como médium reforça a responsabilidade do dever para com a família e a sociedade; aumenta-lhe o devotamento, o escrúpulo e o rigor no cumprimento de suas obrigações mundanas, porque daí é que lhe virá a estabilidade material, necessária às realizações do Espírito.

2) *BENS MATERIAIS:* A pobreza, a carência de recursos e a renúncia a confortos comuns, não são condições necessárias à execução da tarefa mediúnica (salvo quando estas circunstâncias estão no quadro da provação individual); e enquanto os bens materiais não forem motivo de inquietação ou de atração para o Espírito, podem ser utilizados livremente.

No exercício de suas tarefas, não devem os médiuns manter, pois, apreensões quanto aos bens e recursos necessários à vida material, porque os protetores invisíveis preveem e provêm a todos os casos e nada do que for necessário ou justo, será negado àquele que se devota ao trabalho de evangelização e de assistência espiritual a seus semelhantes.

Aqui é que tem aplicação, mais que adequada, a parábola de Jesus quando se referiu às aves dos céus e aos lírios do campo.

Entretanto, há trabalhadores, como acima dissemos, que devem mesmo viver na obscuridade e na escassez, porque isso é o que lhes convêm em face da tarefa que lhes cabe executar, de redenção própria. Nestes casos, é preciso que haja, da parte do médium, além do esforço próprio, do campo mediúnico, humildade e paciência, no cumprimento da provação.

Devotem-se, pois, ao trabalho que lhes está determinado — que é o essencial — e não disputem com o mundo posses, títulos ou posições transitórias que, na maioria dos casos, só servirão para desviá-los de seus rumos.

3) *ESPECULAÇÃO:* A mediunidade não pode ser comerciada. Todos conhecem a advertência de dar-se de graça o que de graça se recebeu.

MEDIUNIDADE

Aquele que mercadeja com as coisas do Espírito prepara para si mesmo um porvir de privações e terá que pagar, em futuras vidas miseráveis, cem por um daquilo que ilegitimamente auferiu.

Isso quer dizer, também, que é francamente condenável todo e qualquer processo de profissionalismo interesseiro, seja de médiuns, seja de dirigentes que, imitando práticas comuns de religiões materializadas, tentam viver, ou mesmo vivem à custa da Doutrina, como parasitas.

Lembremo-nos do Apóstolo dos Gentios que de suas mãos calejadas tirava o seu sustento material para não ser pesado às comunidades cristãs que ia fundando pelos seus caminhos.

4) *PRÁTICAS INFERIORES:* O "orai e vigiai" se aplica com propriedade a este título, porque é orando e vigiando que o médium lutará por seu constante aperfeiçoamento, combatendo as influências impuras que o assaltarão a cada passo, nos contatos que forçosamente terá que manter com uns e outros.

Desses contatos, não poderá fugir em suas relações de indivíduo para indivíduo, mas o poderá em relação às reuniões coletivas que frequenta.

Se quiser manter seu equilíbrio mental, sua saúde física, sua pureza moral e sua capacidade mediúnica, deverá fugir dos contatos impuros, das reuniões de caráter inferior que envenenam o Espírito, degeneram as faculdades, desorientam e perturbam.

Essas práticas têm-se propagado enormemente em nosso país e em outros centros da vida civilizada, mormente naqueles em que predomina a descendência de raças primitivas, havendo regiões inteiras e até mesmo cidades famosas e adiantadas que se deixam dominar por elas.

É uma epidemia que vem se alastrando com auxílio da degeneração moral que atualmente impera no mundo, invertendo os valores espirituais, confundindo a muitos e permitindo lastimável exploração em torno às altas verdades doutrinárias pregadas pelo Espiritismo verdadeiro.

Esta situação é em grande parte devida aos médiuns por que é por seu intermédio que os Espíritos inferiores realizam suas manifestações; mas os sacerdotes desses cultos terão suas atividades muito reduzidas se seu concurso lhes for negado.

Está nas mãos dos médiuns trabalharem para o bem ou para o mal, selecionarem suas atividades e os meios que frequentam, escolhendo um caminho reto ou tortuoso, colaborando com Espíritos atrasados ou adiantados, mas certos sempre de que colherão conforme semearam e serão responsabilizados pelo que deixaram de fazer.

Bastará que em cada centro exista um médium idealista e bem orientado, para que o ambiente possa ser saneado de impurezas, porque, por intermédio dele, os Espíritos esclarecidos poderão ali descer e espalhar a luz, derrotando as trevas. E, cada alma que assim se salvar por seu intermédio, será uma tocha que se acenderá, no dia da prestação de contas, para iluminar seu julgamento.

5) *RESPEITO ÀS LEIS:* A sociedade humana se rege por duas ordens de coisas: umas transitórias, mutáveis, falíveis, criadas pelos homens, visando a harmonia social, a ordem pública e o respeito relativo aos direitos individuais; outras, estabelecidas pelo Criador, permanente e infalíveis, visando o aperfeiçoamento moral e o progresso evolutivo de todos os seres.

As primeiras são fruto da própria experiência humana e se baseiam em interesses materiais deste mundo, ao passo que as últimas resultam da sabedoria divina e se aplicam a todo o Cosmo.

Os médiuns devem ter em vista estas duas ordens de leis, dando a César o que é de César, para que possam viver em concordância com os homens e com Deus, visto não serem agentes de perturbações mas de harmonização, não de rivalidades mas de concórdia.

Como regra geral e no campo do Espírito, devem ter em contas, porém, que tudo aquilo que contrariar as leis de Deus deve ser rejeitado, mesmo quando seja exigido pelas leis dos homens, porque o Espírito deve prevalecer sobre todas as coisas.

6) *ATITUDE ANTE O BEM E O MAL:* O progresso espiritual se opera ao impulso de dois agentes potenciais: o bem e o mal. São princípios sempre antagônicos, o primeiro impelindo para a frente e para cima, como elemento acelerador da evolução; o segundo, atraindo sempre para trás e para baixo — como elemento retardador.

Desta ação antagônica resulta a espiral mística, representação geométrica do desenvolvimento evolutivo dos seres.

As forças do bem são evidentes por si mesmas, na Natureza e na consciência humana, pois traduzem harmonia e bem-estar; as do mal, todavia, são cavilosas e traiçoeiras, enganando constantemente por seus inúmeros artifícios. São as chamadas "forças arimânicas" que confundem, desorientam e iludem os Espíritos os mais atilados, tornando-se, por isso, extremamente perigosas.

Ambas, entretanto, exercem influência benéfica na evolução dos seres, porque é dos contatos com uma e outra que resultam a experiência e a aplicação sábia do livre-arbítrio. Torna-se, pois, necessário conhecê-las bem e, nos conflitos que provocarem, os médiuns, mais que quaisquer outros, precisam saber distinguir a verdade do erro, para optarem pelo mais acertado.

MEDIUNIDADE

Seus recursos para isso serão as preces, as meditações, o apelo aos protetores e, sobretudo, a intuição, de todos o mais elevado e o menos suscetível de limitações ou dúvidas.

7) *NECESSIDADE DE ESTUDO:* A possibilidade, sempre iminente, de poderem ser iludidos e influenciados pelos multiformes agentes dos planos espirituais inferiores: a responsabilidade que lhes pesa sobre os ombros como propagadores de verdades transcendentes e orientadores da opinião; e a necessidade de preservação própria nos ambientes e condições diversas em que atuam, obrigam os médiuns a acrescentarem constantemente conhecimentos novos àqueles que, porventura, já possuam.

Por outro lado, devem se manter ativos e conscientes, combatendo esse estado tão comum de passividade inerme, que os tornam presas fáceis de forças, de influências e de entidades espirituais que, na maioria dos casos, desconhecem.

No mínimo precisam saber de que natureza são e qual a origem dos agentes que atuam sobre eles em dado momento; se são, por exemplo, larvas vitalizadas por pensamentos humanos; ideias do seu próprio subconsciente, ou de mentes estranhas agindo telepaticamente; seres elementares na natureza, elementais humanos, ou enfim, Espíritos encarnados ou desencarnados de uns e outros, dos muitos planos espirituais.

Como se vê destas simples e ligeiras referências, muitas coisas há a aprender para que possam agir com segurança, conhecimento de causa, para que possam se transformar em autênticos e autorizados intermediários, para se libertarem da ignorância e da superstição, que obscurecem o verdadeiro conhecimento, e para se emanciparem desse empirismo tão generalizado, que os transforma muitas vezes em agentes retardadores do esplêndido movimento espiritual que está renovando o mundo e acelerando a evolução dos homens.

Sem a indispensável preparação física e moral não devem os médiuns tentar transpor as barreiras vibratórias que separam os dois mundos, invocando potências invisíveis de qualquer natureza para desenvolvimento de faculdades ou produção de fenômenos.

A lei das afinidades, nestes casos, provoca dolorosas surpresas, porque as respostas podem vir de forças e entidades dedicadas ao mal, com grave prejuízo para a integridade do médium.

Os que buscam fenômenos, batendo levianamente às portas do desconhecido, lembrem-se que a Natureza mesma representa um conjunto maravilhoso de fenômenos de toda ordem, que estão ainda por desvendar.

Isto quer dizer que a solução do problema espiritual humano não está na presenciação de fenômenos, por mais interessantes que sejam, mas na obtenção de virtudes morais enaltecedoras.

Ser médium não é agir desvendando mistérios, mas "servir", elevando-se gloriosamente para Deus.

A DOR COMO ELEMENTO DE PROGRESSO

O sofrimento do mundo aumenta a cada dia que passa e aumenta porque os homens, até o momento, salvo as manifestações do sobrenatural, como já dissemos, são insensíveis a outro qualquer agente de progresso espiritual.

Este é um dos mundos de sofrimento e a dor é a herança comum de seus habitantes.

Por ela o Espírito é tocado, primeiro em seu sentimento, depois na sua inteligência e desse tormentamento contínuo resultam a compreensão da verdade, a humildade e a fé, que, por fim, elevam, sentimento e inteligência conjugados, para o Alto, em busca de Deus, que é sempre a esperança que não morre.

Somente atingidos pelo látego da dor, estacam os homens em sua desenfreada corrida para as ilusões da materialidade, do egoísmo e do orgulho.

Os cataclismos periódicos da natureza, as convulsões sociais e as guerras, com seu inevitável cortejo de fome, peste e miséria econômica, que cada dia aumentam de intensidade e de extensão, são-nos exemplos vivos desta verdade.

A humanidade, sendo um só e único organismo, deve ser atingida em todos os seus elementos constitutivos e ninguém pode escapar às experiências necessárias ao aperfeiçoamento geral.

A missão social dos médiuns, em face destas circunstâncias, avulta sobremaneira porque nas horas de aflição é que, de preferência e instintivamente, os Espíritos se voltam para as coisas de Deus. Devem, pois, se preparar, hoje mais que nunca, para o desempenho de uma tarefa tão profundamente humanitária.

Como instrumentos de poderes espirituais extraterrenos, exercerão a caridade na verdadeira acepção evangélica, levantando os ânimos abatidos, revigorando a fé nos destinos espirituais da vida humana, ensinando a paciência e a resignação aos corações afogados na dor.

Curando o corpo e a alma de seus irmãos aflitos, restabelecerão a crença na fraternidade humana e nos diversos preceitos do amor universal.

OS TEMPOS SE PRECIPITAM

A humanidade evolui lentamente, colhendo os frutos de suas próprias experiências. Gerações se sucedem uma às outras, num esforço contínuo de solidariedade, quase sempre inconsciente, porém nem por isso menos real, recolhendo uns o resultado do trabalho de muitos.

Durante todo esse tempo imemorial, vêm os homens construindo morosa, porém infatigavelmente, o edifício majestoso desta atual civilização.

Nesse período de lutas, cometeram erros profundos e, sob o império das paixões inferiores prevalecentes, afastaram-se de Deus, glorificando a matéria inanimada.

A misericórdia divina porém é infinita; uma grande margem de tolerância sempre existe e a Providência está constantemente intervindo, corrigindo as falhas, orientando, amparando e trazendo o caminhante para o sulco, quase sempre indistinto, da verdadeira rota.

Mas tudo tem seu termo e chega, afinal, o tempo em que os erros e as transgressões se imprimem na face do homem como um estigma de obstinação e rebeldia. Então a tolerância cessa, e os homens passam a ser julgados segundo seus próprios méritos, pelos códigos infalíveis do tribunal divino.

Esta humanidade está penetrando numa época de julgamento e tudo se vem precipitando para o fim, na Terra, nos céus e nas almas envoltas em dolorosas conjecturas.

Os médiuns são agentes vivos dessa precipitação, visto que colocam os homens diretamente em face de todos os problemas e fatos, possibilitadores de redenção, oferecendo-lhes evidências e provas seguras das realidades da vida espiritual.

Esses problemas e fatos não podem mais ser ignorados e devem ser resolvidos individualmente, segundo o livre-arbítrio de cada um e segundo o grau de compreensão que a cada um corresponda.

NO TERCEIRO MILÊNIO

Na atualidade, o Espiritismo germina e só futuramente estenderá sua fronde, oferecendo sombra para todos. No momento está se enraizando e elaborando as primícias de sua fecundidade futura.

Os que por ele agora se batem são uma geração de construtores que ampliam os fundamentos de uma grande obra superiormente iniciada por um grande Espírito.

O esforço desta geração, portanto, não resolverá o problema do mundo e limita-se unicamente a aproximar sua solução.

Assim como o Evangelho não foi praticado pelos homens em vinte séculos de tolerância divina, porque é lei para humanidades evoluídas, assim o Espiritismo não será praticado, nem mesmo compreendido, pela maioria dos que estão aqui hoje.

É Doutrina para homens de boa vontade e homens de boa vontade existem poucos. Por isso a solução a que nos referimos será dada pelos descartes, pelo selecionamento, coisa que não depende de nós, mas de Deus.

A uma grande massa de Espíritos, está sendo concedida agora a mediunidade, para que se acendam no mundo todas as luzes da representação dos últimos atos do drama. Esta é, pois, a principal missão dos médiuns: disseminar a luz nas trevas para que todos a vejam; e os que, mesmo assim, não forem tocados por ela ou a rejeitem, como a rejeitaram no tempo de Jesus, não voltarão mais à Terra nas próximas encarnações e irão habitar mundos inferiores. E esses serão maioria porque o problema espiritual é qualitativo e não quantitativo.

Mas os que se salvarem desta crise, habitarão um mundo renovado, como uma raça de vencedores que se conquistou a si mesma.

Outra verdade a dizer é esta: o Espiritismo, salvo a parte evangélica que é lei para a eternidade, também passará por profundas modificações, tanto no seu conhecimento como nas suas manifestações.

Nesse mundo renovado do Terceiro Milênio, terá ele outros horizontes, outras perspectivas, outras amplitudes.

Haverá conhecimentos mais dilatados no campo do espiritualismo cósmico e sua prática não será mais condicionada à apoucada inteligência humana e às suas imperfeições intrínsecas, mas será a execução consciente e espontânea dos ensinos do Evangelho de Jesus, a comunhão com Espíritos mais evoluídos, habitantes de mundos superiores; prevalecerá a moral como lei soberana e a fraternidade como fato comum.

O Espiritismo está também servindo à sua época, para a humanidade no estado inferior em que se encontra, mas, para os homens redimidos de amanhã, será um conhecimento muito mais amplo, uma realidade muito mais avançada.

Porque haverá uma Quarta Revelação, mas essa será dada somente àqueles que estejam em condições de vivê-la, segundo os altos padrões espirituais dos mundos superiores.

E, de acordo com as promessas d'Aquele que para nós é o caminho, a verdade e a vida, todos nós, algum dia, estaremos em condições também de vivê-la.

Que assim seja.

SINOPSE
GERAL DO LIVRO

1ª PARTE — MEDIUNIDADE

TEORIAS

- **Mistificação** { Arranjos – Habilidades mecânicas – Truques.

- **Ilusão** { Alucinação – Sugestão.

- **Demoníaca** { Obra dos Demônios.

- **Elementais** { Gnomos – Silfos – Fadas – Gênios etc.

- **Cascões Astrais** { Envoltórios semi-materiais destinados à decomposição (teoria dos Teósofos).

- **Loucura** { Anormais – Produto de perturbação mental.

- **Emoção** { Teoria de Swendenborg – Desenvolvimento momentâneo.

- **Automatismo Psicológico** { Fenômenos do subconsciente individual.

- **Força Psíquica** { Força especial e definida – Magnetismo, fluido nervoso, causador dos fenômenos.

- **São Martinho** { Pela graça de méritos próprios, estabelece o médium ligações com a Divindade.

- **Dom** { Derramado por Deus sobre uns e outros.

- **Batismo do Espírito Santo** { Virtude que baixará sobre todos aqueles que forem beneficiados pelo Espírito Santo.

- **Personalismo** { Apropriação, pela mente dos sensitivos, do caráter de personalidades estranhas.

- **Animismo** { Desdobramento de consciência do sensitivo, que se coloca fora do corpo físico.

- **Teoria Espírita** { Faculdade possuída por certos indivíduos denominados médiuns, para servirem de intermediários entre os mundos físico e espiritual.

Edgard Armond

1ª PARTE — MEDIUNIDADE
(continuação)

HISTÓRICO
- **Regime Patriarcal**: Faculdades atribuídas a poucos com reinado espiritual sobre os demais.
- **Colégios Sacerdotais**: Castas privilegiadas de inspirados.
- **Seitas e Fraternidades**: Na Índia, Pérsia, Egito, Grécia e Roma, concedida por meio de iniciação.
- **Advento Espírita**: Documentação Bíblica. Popularização – O papel dos cientistas.

SUA EVOLUÇÃO
- **Evolução da Mediunidade**: Evolui com a evolução do Espírito. Pela apuração da sensibilidade – Manifestação progressiva de Deus aos homens por meio de sua Criação em todos os pontos do Universo – Experiência terrena – Se manifesta em todos os graus da hierarquia da Criação.

SENSIBILIDADE
- **Sensibilidade Individual**: Mundo físico – Hiper-físico. Involução – Evolução – Sintonia vibratória. Mediunidade, faculdade do Espírito – Condição estático-vegetativa – Estado dinâmico funcional.

MEDIUNIDADE

1ª PARTE — MEDIUNIDADE
(continuação)

Quanto à Natureza
- **Natural** – Conquista individual.
- **De prova** – Tarefa para reajuste.

Quanto ao Médium
- **Consciente / Semiconsciente / Inconsciente**
  - Comunicações
    - Orais
    - Escritas

Quanto ao Fenômeno

- **Lucidez**
  - Vidência
  - Audiência
  - Psicometria
  - Intuição
  - Sono
  - Sonhos
    - Do Subconsciente
    - Reais

- **Incorporação**
  - Parcial
    - Transmentação
    - Psicografia
    - Desenhos, Pinturas etc.
  - Total
    - Sonambúlica
    - Letárgico
    - Transfiguração

- **Efeitos Físicos**
  - Levitação
  - Transporte
  - Tiptologia
  - Materialização
  - Voz Direta
  - CORRELATOS
    - Desdobramento
    - Bilocação
    - Bicorporeidade
    - Dupla-Personalidade
    - Mediunidade Curadora

- **Obsessões**
  - Externas
  - Internas

Edgard Armond

2ª PARTE — DESENVOLVIMENTO MEDIÚNICO

Considerações Gerais
- Críticas desautorizadas.
- Campos da mediunidade natural.
- Limitações impostas à mediunidade de prova.

Verificações Iniciais
- Processos a empregar.
- Exame da aura mediúnica.
- Classificação das faculdades.

Adaptação Psíquica
- Efeitos das perturbações.
- Processo equilibrante.
- O Ambiente
  - Individual.
  - Doméstico.
  - De Trabalho.
  - Características do ambiente favorável.
- A Corrente
  - No que consiste, como se forma e como age. A boa vontade.
- Os Passes
- Passes e Radiações
  - Processos e aplicações visando as curas*

O Desenvolvimento
- Necessidade de sua metodização.
- Observações preliminares.
- Passividade mediúnica.
- Regras a observar desde o início.
- Conjugação do trabalho.
- Hábitos a evitar.
- Preconceitos e constrangimentos prejudiciais.

Oportunidade do Desenvolvimento
- Épocas apropriadas e nocividade dos retardamentos.
- Maturação mediúnica.

Sinais Precursores
- Incorporação
  - Adormecimento.
  - Fluidos.
  - Idéias e impulsões.
  - Entorpecimento – Frio – Rigidez.
  - Alheiamento – Esvaimento – Vertigem.
  - "Ballonnement"
- Lucidez
  - Sonhos.
  - Visões.
  - Audições.

* Matéria desenvolvida no livro Passes e Radiações, do mesmo autor.

MEDIUNIDADE

2ª PARTE — DESENVOLVIMENTO MEDIÚNICO
(continuação)

Na Intimidade do Processo

- 1ª Fase — Como se Processa o Desenvolvimento
  - Saneamento da aura mediúnica – Dissoluções das placas fluídicas – Afastamento das interferências – Harmonização vibratória.
- 2ª Fase
  - Ação dos protetores invisíveis – Equilíbrio vibratório – Influência da vida moral.

A Direção dos Trabalhos Regras a Observar

- Quanto à direção
- Quanto à assistência.
- Quanto aos médiuns.

Atividades Conscienciais

- Os três estados conscienciais
  - Consciente
  - Subconsciente.
  - Supraconsciente
- As quatro atividades conscienciais.
  - Atenção.
  - Concentração.
  - Meditação.
  - Êxtase.

Modalidades de Trabalhos

- Efeitos físicos.
- Psicografia.
- Vidência e audição.

A Doutrinação

- Precariedade dos agentes.
- Sentido geral da doutrinação.
- Personalismo.
- O trato com os Espíritos.

As Comunicações

- Categoria dos Comunicantes
  - Errantes.
  - Familiares.
  - Protetores.
  - Sofredores.
  - Obsessores.

O Trabalho dos Guias

- O ambiente invisível, seus agentes e como se forma.
- A ação dos cooperadores.

Uma Prática a Seguir

- A organização de um sistema ideal.
- Vantagens e conseqüências.

Edgard Armond

2ª PARTE — DESENVOLVIMENTO MEDIÚNICO
(continuação)

Auxiliares Invisíveis
- Como se classificam e como agem.
- Vantagens de entendimentos recíprocos.

Ambientes Bons e Maus
- A conquista do ambiente favorável.
- Perigos a evitar.
- Recomendações aos médiuns.

Outras Regras
- Devoção e não curiosidade.
- Concentração e silêncio.
- Ordem e disciplina.
- Auto domínio mediúnico.
- Intercâmbio com Espíritos Superiores.

Auto Aperfeiçoamento
- Palavras do Codificador.
- Como realizá-lo.
- Conselhos preliminares.

Falsos Profetas
- Quais são.
- Como agir.
- Como conhecê-los e evitá-los.

Conclusão
- Espiritismo religioso.
- Espiritismo filosófico.
- Espiritismo científico.

3ª PARTE — MISSÃO SOCIAL DOS MÉDIUNS

Aspectos Gerais
- Preâmbulo.
- Revelação e mediunidade.
- Situação das religiões dominantes.
- Reforma da humanidade.
- Agentes dessa reforma.
- Apóstolos de ontem e de hoje.
- O que separa e o que une.

Mediunidade em Ação
- O ambiente adequado.
- Fermento que leveda a massa.
- Programa de ação.
- A dor como elemento de progresso.
- Os tempos se precipitam.
- No terceiro Milênio.

Trilogia História Espiritual da Humanidade

Aliança

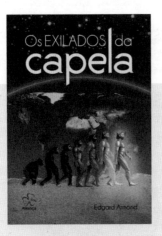

Os Exilados da Capela
Edgard Armond
16x23 cm | 192 Pág.

A formação e evolução das raças no planeta Terra. Obra extraordinária que cuida das grandes indagações dos homens acerca do início da humanidade.

Na Cortina do Tempo
Edgard Armond
14x21 cm | 128 Pág.

Sobreviventes salvos da Atlântida preservam seus conhecimentos destinados à posteridade.

Almas Afins
Edgard Armond
16X23 cm | 128 Pág.

A trajetória de Espíritos afins desde a submersa Lemúria até os dias atuais.

Campanha de Preservação da Vida
EDITORA ALIANÇA
Tema: PREVENÇÃO AO SUICÍDIO